日本關東旅遊達人

部落格
千萬人氣作家

King
Chen——著

東京

自由行

終極指南

作者序

　　歷經 4 年多 (從 2016 年至 2020 年) 的取材及寫作，2021 年開始再遇到新冠疫情、2023 年 6 月 16 日東京哈利波特影城開幕，以及 2023 年 10 月 1 日 JR 地鐵周遊券及各鐵道公司的車資調漲等，內容需要再增修，總之這本創作時間真的非常漫長，也十足珍貴。時間就是金錢，東京自由行的行程都幫你準備好了，你還要考慮什麼？這本書可以教你節省時間及輕鬆有效率地準備自助旅行功課，想初次體驗東京自由行的朋友可以帶著這本書一起去旅行。

　　《東京自由行終極指南》主要是以讀者角度來規畫東京等地區的自助旅行，內容範圍有詳細的交通資訊及路線規畫，相信你只要踏出自助旅行的第一步，那就是成功的開始。

　　在寫作與拍攝外景的過程中，首先要感謝曾經一起旅行的親朋好友們，包括 Julia Chen、Herchyn Huang、Penny Liao、Eric Chen、Oiio Liao、Neal Wu、Chang LiWen 與 Joyce 等團友們，旅行的過程中有你們幫忙顧行李、顧孩子，以及協助拍攝特定的照片，這本書才有機會完整精彩呈現；最後要感謝九歌、健行出版社的編輯晶惠、美編與工作團隊，謝謝你們與我一起努力製作，有大家的情義相挺，King Chen 才能順利完成這本書的創作。

King Chen

目錄 CONTENT

1 行前準備得心應手

常見 Q&A	004
準備護照	008
搞定機票	009
安排住宿	012
旅行預算	025
行李打包	026
出境入境	028
日本通訊	038
匯兌預算	041
購物退稅	042
旅遊情報	043
緊急應變	046

2 交通票券資訊介紹

成田國際機場	048
成田機場往返東京	056
羽田機場第三航廈	073
羽田機場往返東京	076
東京都交通資訊	086

3 行程規畫輕鬆上手

東京 1 日遊	120
橫濱 1 日遊	127
東京親子 5 日遊	128
東京親子 6 日遊	130
東京 6 日遊	132
東京 8 日遊	134

4 人氣景點玩樂購物

東京篇	淺草寺	139
	晴空塔	147
	錦系町	150
	上野	153
	根津神社	161
	秋葉原	164
	東京車站	169
	銀座	176
	築地場外市場	178
	東京鐵塔	180
	汐留	183
	清澄庭園	188
	富岡八幡宮	190
	明治神宮	193
	小石川後樂園	197
	六義園	201
	六本木	205
	新宿	209
	澀谷	218
	惠比壽	223
	池袋	226
	東京華納兄弟哈利波特影城	231
	台場	234
	豐洲市場	239
	三井奧特萊斯購物城	241
	東京迪士尼樂園	243
	自由之丘	247
	吉祥寺	250
	三鷹之森吉卜力美術館	253
	深大寺	255
	龜有	257
	三麗鷗彩虹樂園	260
	藤子‧F‧不二雄博物館	264
	國營昭和紀念公園	267
懷舊荒川篇	荒川區	270
東京番外篇	橫濱	277

chapter 1

行前準備
得心應手

在開心地飛往東京之前,事先準備的功課可千萬不能少,本章告訴你出發前要打包哪些東西,如何搞定機票和住宿,以及一些必須知道的旅遊資訊。

常見 Q & A

Q 東京自助行程要如何安排?旅行費用?

A 基本費用就包含機票、住宿、交通、飲食、門票等,由於每個人的生活環境與消費需求皆不相同,詳細的說明請參閱 P.25。

Q 東京都、東京23區、東京近郊是指哪裡?

A 大家印象的東京,大多是指日本東京都或東京市的地區,其實東京有 23 個區,包括中央區、千代田區、新宿區、港區、品川區、文京區、目黑區、大田區、世田谷區、澀谷區、中野區、台東區、墨田區、江東區、荒川區、足立區、江戶川區、葛飾區、杉並區、豐島區、北區、板橋區、練馬區。東京都除了 23 區之外,東京近郊包括神奈川縣橫濱、鎌倉、江之島、日光、輕井澤、埼玉縣川越、千葉縣東京迪士尼樂園、茨城縣水戶等地。

Q 東京一年四季氣候?

A 日本東京地區處於溫帶季風氣候,夏季(6～8月)氣候高溫多濕,每年 6 月下旬到 7 月中旬是多雨的梅雨季節,每年 7～8 月則是夏季氣溫全年中最炎熱的季節,氣溫可高達 32 度以上,冬季(12～2月)氣候較為乾冷,每年 1 月分則是全年中度最冷的季節,須穿戴厚毛衣、厚夾克外套及圍巾。春季(3～5月)及秋季(9～11月)氣候較為涼爽,但日夜溫差較大,可以穿著針織衫、薄外套或風衣,怕冷的話可另外多準備薄圍巾。

Q 如何選擇傳統航空與廉價航空的機票?

A 傳統航空及廉價航空票價及服務大不同,購買傳統航空一般經濟艙的機票,基本服務包括手提行李 7 公斤 1 件、託運行李 23 公斤 1 件、機上餐點、機上娛樂等,若更改航班時間或退票

東京每月分平均氣溫及雨量比較表

月分	1月	2月	3月	4月	5月	6月	7月	8月	9月	10月	11月	12月
最低氣溫	0.9 ℃	1.7 ℃	4.4 ℃	9.4 ℃	14.0 ℃	18.0 ℃	25.8 ℃	23.0 ℃	19.7 ℃	14.2 ℃	8.3 ℃	3.5 ℃
最高氣溫	9.6 ℃	10.4 ℃	13.6 ℃	19.0 ℃	22.9 ℃	25.5 ℃	32.2 ℃	30.8 ℃	26.9 ℃	21.5 ℃	16.3 ℃	11.9 ℃
雨量	52mm	56mm	118mm	125mm	138mm	168mm	124mm	148mm	210mm	198mm	93mm	51mm

需要另收手續費（不可抗力因素則免），而廉價航空基本服務包括手提行李 7 公斤或 10 公斤以內 1 件（含個人隨身物品 1 件）、託運行李及其他服務都得另外加購。詳細的說明請參閱 P.9。

Q 東京的鐵路交通這麼複雜？票券該如何選擇？

A 東京市區的交通四通八達，對東京的民眾來說，電車及巴士是最主要的交通工具，地鐵包括 JR 東日本地鐵、東京地鐵、都營地鐵及各私營地鐵等路線，每家地鐵及巴士公司都有推出優惠交通券及周遊券，購買優惠車券之前，第一須先了解所安排的景點需求？包括航班時間及住宿的地理位置等，才能比較精確地評估，哪種優惠方案的交通券及周遊券才適合使用，假如行程沒有規畫好就直接購買交通券的話，可能會發生使用率不高，以及不必要的金錢浪費。

Q 成人、大人、小人、兒童年齡怎麼區分？交通？門票？

A 年齡區分為：成人為 18 歲以上、大人為 12 歲以上、小人（兒童）為 6 ～ 12 歲、6 歲以下為幼兒（1 歲至 5 歲）、嬰兒（未滿 1 歲）。

電車：
- 12 歲以上依大人票價收費，但 12 歲的小學生仍按照兒童票價收費。
- 兒童（6 歲～未滿 12 歲）的普通車票、特急券及指定座票依兒童票價收費（兒童票價為大人票價的一半，個位數無條件進位，

使用 IC 卡乘車時，小數點後無條件捨去），但頭等車廂票券等票種的兒童票價與大人票價相同，兒童票可於自動售票機購買，或在「售票窗口」購買。
- 未滿 6 歲的幼兒、嬰兒，可免費搭乘電車，但下列情形則須購買兒童票：
  ❶ 1 位大人或兒童可攜 2 位幼兒乘車，人數超過 2 人時，第三人以上須購買兒童票。
  ❷ 幼兒或嬰兒單獨使用指定座席、頭等（綠色）車廂座席或臥鋪時。
  ❸ 幼兒單獨旅行時。
  ❹ 相關規定請至鐵路公司的官方網站查詢。

長途／機場巴士：
1 位大人可攜未滿 6 歲的兒童免費搭乘，但不提供座位，若需要座位的幼童，須另購買兒童座席的車票。相關規定請至巴士公司的官方網站查詢。

東京都市區巴士：
- 大人票價：12 歲以上（初中生以上）。
- 兒童票價：兒童 6 ～ 11 歲（包括 12 歲的小學生）、幼兒 1 ～ 5 歲（包括尚未上學的 6 歲兒童）。
- 免費搭乘：嬰兒未滿 1 歲。
相關規定請至巴士公司的官方網站查詢。

Q 東京地區的住宿地點該如何選擇？

A 建議住宿的地區，例如：上野、淺草、新宿、品川、澀谷、池袋、橫濱車站附近，原因是交通非常便利，不管你從哪出發，都可以很快抵達你要前往的目的地。請參閱 P.12。

Ⓐ 購買入場票券的方法如下：

1. 東京迪士尼樂園現場售票處。
2. 東京迪士尼樂園官方網站購票。
3. 與迪士尼樂園合作的日本飯店（僅住宿者才可購買）。
4. 與迪士尼樂園合作的旅行社。
5. 旅行套票商城（美金或其他外幣計價）。
6. 日本 LAWSON 便利商店內的 Loppi 機台。

▲ 電子版東京迪士尼樂園一日券

▲ 美女與野獸設施通關券（Stand by Pass）

Ⓠ 哪類型的通訊上網方案才適合？

Ⓐ 在日本上網的方式有租賃 Wi-Fi 數據機、手機 SIM 卡等方案，而每一項方案所推出的服務內容也都不同，一切還是要先了解自身的需求才能選擇適合的上網方案，詳細的說明請參閱 P.38。

Ⓠ 神社、神宮及寺院如何參拜？

Ⓐ 神社、神宮參拜方法如下：

走到鳥居牌坊面前請先整理衣裝再進入神社，參拜神明之前需要於「手水舍」先淨心淨身，參道中央是神靈經過的場所，因此要靠左右兩側通行。參拜步驟如下：

1. 右手取水杓，舀一瓢水，由掌心向指頭淋下，將左手洗淨。
2. 左手拿著水杓，舀一瓢水，由掌心向指頭淋下，將右手洗淨
3. 右手持水杓舀一瓢水，放在左手掌心上，將水送至口中漱漱口後吐掉，兩手將水杓垂直，將水杓的柄清洗乾淨。

走到主殿面前先輕輕鞠躬後搖鈴，將硬幣投入賽錢箱（指的是香油錢），一般民眾會投入硬幣祈福，日幣 5 円（「ご縁」代表與神明結緣的意思）、10 円（2 枚 5 円，代表重疊的緣分）、15 円（代表「十分ご縁」，滿滿的緣分）、45 円（代表「始終ご縁がありますように」，願自始至終與神明結緣）。 賽錢箱的上方有個繫著鈴鐺的繩索，若心中有事祈求神明的話，可拉著繩索搖 1 ～ 2 下來呼喚神明，若沒有拉著鈴鐺的話，一般的拜禮的方式為「二拜、二拍手一拜」，再輕輕鞠躬行禮後方離開。*

▲ 注連姻緣繩

寺院參拜方法

進入「山門」之後，面向本堂深深鞠躬。如有設置「手水舍」則洗手、漱口（請依照上述參拜步驟進行）。參拜前點燃蠟燭及線香（棒狀香）進行獻燈、獻香，若寺院沒有提供獻香、獻燈的話，只須將錢幣投入賽錢箱、響「鰐口（從上往下吊著的佛具）」，「合掌、一禮」，立正閉目，面朝御本尊靜靜地胸前雙手合掌祈禱參拜即可，離開之前再鞠躬行禮，走出山門時再面向本堂深深鞠躬。

＊ 獻燈是照亮世間的黑暗，請佛祖引導正確的方向；獻香則是供奉佛祖及淨身。

注意事項：

- 蠟燭及線香點火時，請使用寺廟的火點燃，禁止從其他參拜者的蠟燭或線香點燃，此行為是「借火」，據說會接收他人的罪惡或業障。
- 許多寺院本堂、寶物館及佛堂內是禁止拍照攝影。
- 有些神社、神宮及寺院會因宗教的思想不同，而參拜的方式會略有不同。

根津神社

▲ 機場移民署旁可協助申請自動通關 E-Gate 及護照相關問題

前往日本觀光、出差或探親者，可免簽證入境及停留 90 天，首次申辦普通護照者必須親自辦理，若未能親自辦理者，本人必須先親自前往戶政事務單位辦理「人別確認」的證明後，再委任代理人（如親屬、旅行社等）前往外交部領事事務局或外交部辦事處辦理護照。

護照有效期為 10 年，通常護照有效期剩餘不足 6 個月時，會建議你在出發前先辦理更換新的護照。

申請護照的準備項目

- 身分證正本及正、反面影本各 1 份。
- 近 6 個月內所拍攝彩色半身、正面、脫帽、五官清晰、白色背景的相片（直 4.5 公分、橫 3.5 公分，不含邊框）乙式 2 張。
- 護照申請表 1 份。
- 男性須提供相關兵役證明。
- 費用新台幣 1,300 元。未滿 14 歲者為新台幣 900 元。
- 未滿 14 歲者首次申請護照應由法定代理人、直系血親尊親屬或旁系血親三親等內親屬陪同親自辦理，陪同辦理者應繳驗國民身分證正本及影本，並提供最近 3 個月內申請的戶口名簿或戶籍謄本。
- 男子年滿 14 歲之日至年滿 15 歲當年 12 月 31 日、男子年滿 15 歲之翌年 1 月 1 日起，未免除兵役義務，尚未服役致護照效期縮減者，每本收費新台幣 900 元。

申辦護照工作天數（自繳費之次半日起算）：一般件為 10 個工作日；遺失補發為 11 個工作日，辦理時間為週一至週五，早上 08:30 至下午 17:00，中午不休息；另每週三延長受理至晚間 08:00 止（國定例假日除外）。詳細資訊請參閱外交部領事事務局網站。

@外交部領事事務局

傳統航空 VS 廉價航空

　　航空公司會根據市場需求及浮動油價等因素而制定機票價格，兩者差異在於傳統航空經濟艙方案可攜帶 1 件手提行李 7 公斤內，託運行李每件行李重量不得超過 23 公斤（加購第二件合計 30 公斤內）；廉價航空基本方案的機票費用不包含其他額外附加服務，例如：指定座位、託運行李、機上餐點、優先登機及機上娛樂設施等，廉價航空的優惠機票價格可低於傳統航空約 30 ～ 60%，但最後還是要依航空公司特價活動及旅客本身需求來選擇適合的飛航服務及機票價格。

購買傳統航空及廉價航空機票的方式

- 洽詢旅行社購買機票。
- 電腦及手機 APP 上網連線至航空公司的官方網站購買機票。
- 打電話至航空公司的客服中心，或機場櫃檯訂購。

各家傳統航空公司資訊

航空公司	電話	
中華航空	+886-2-412-9000	
長榮航空	+886-2-2501-1999	
國泰航空	+886-2-2715-2333	
日本航空	+886-2-8177-7006	
全日空 ANA	+886-2-2521-1989	
星宇航空	+886-2-2791-1199	

注意事項

- 若在航空公司網路刷卡購買機票者，有些航空公司為了保障信用卡持卡人權益，記得請務必攜帶購票的信用卡至機場 check in 櫃檯核對，這是為了預防信用卡被盜刷事件所制定的購票規則，相關規定請詳細瀏覽航空公司網站內容，以免權利受損。
- 若遇天候等不可抗力之因素導致航空班機大幅延誤或取消航班的情況，或是因航空公司的因素，而導致航班大幅度延誤或取消航班的情況時，第一先到各航空公司官方網站查詢相關公告，第二再打電話到客服單位確認退費方法或移轉航班等相關程序。若是與旅行社購買機票者，請直接洽詢旅行社服務人員。
- 因行程變更或取消申請退票者，依各家航空公司之相關規定收取相關退票手續費。若是與旅行社購買機票者，請直接洽詢旅行社服務人員。

各家廉價航空公司資訊

台灣虎航（Tigerair）

機票方案	服務類型	官方網站
tigerlight	手提行李 10 公斤。	
tigersmart	手提行李 10 公斤、1 件託運行李 20 公斤、免費虎厝邊選位。	
tigerpro	手提行李 10 公斤、1 件託運行李 20 公斤、所有座位選位、經濟組合餐、變更航班日期或時間免手續費 1 次，機票差價另計。	

酷航（Scoot）

機票方案	服務類型	官方網站
經濟艙方案	手提行李 10 公斤。	
PLUS（豪華經濟艙）方案	手提行李 15 公斤、1 件託運行李 30 公斤（長寬高總和不得超過 158 公分）、提供一份免費的餐點，可選擇飲料、優先報到及登機、Wi-Fi 連線 30mb、座位電源。	

樂桃航空（Peach Aviation）

機票方案	服務類型	官方網站
Simple Peach	手提行李 7 公斤。	
Value Peach	手提行李 7 公斤、1 件託運行李 20 公斤（長寬高總和不得超過203公分）、預選座位（標準座位或樂享座位）、免費更改航班（日期、時間）及航班取消之退款（將從已支付款項中扣除手續費，剩餘款項將以樂桃點數退還）。	
Prime Peach	手提行李 7 公斤、2 件託運行李（總重量在 32 公斤內）、預選座位（標準座位、樂享座位及巧選座位）、免費更改航班（日期、時間）及航班取消之退款（從已支付款項中扣除手續費，剩餘款項將以樂桃點數退還）。	

捷星航空（JetStar）

機票方案	服務類型	官方網站
基本方案	手提行李 7 公斤。	
Flex	手提行李 14 公斤、前艙或標準座位、更改航班日期或時間（收取票價差額）、彈性票價（同日更改）、取消航班（消費額現金券）。	
加值	手提行李 7 公斤、1 件託運行李 20 公斤、選擇標準座位、捷星點數或禮券、機上餐膳優惠。機票日期和時間異動會收取票價差額。	
頂級	手提行李 7 公斤、1 件託運行李 30 公斤、選擇標準座位、捷星點數或禮券、機上餐膳優惠、彈性票價、取消航班（消費額現金券）。	

注意事項

- 廉價航空的基本方案限制每人手提行李 1 件（含個人隨身物品 1 件，例如手提包或電腦包），手提行李每人總計不能攜帶超過 2 件，可攜帶 7 公斤或 10 公斤以內的手提行李登機，隨身物品與手提行李需經由機場服務人員測量大小、數量、重量等並確認行李箱尺寸（長、寬、高）等資訊。
- 行李箱尺寸包含拉桿握把、口袋、輪子等高度，相關資訊請參閱各航空公司官方網站。
- 在網路選購機票時，建議預先購買適合的機票方案 (例如行李託運、選擇座位等)，若事後臨時加購行李重量、餐食、選擇座位、更改航班、更改姓名的話，會依航空公司規定額外收取相關項目的費用及手續費。
- 在網路選購機票時，如果不喜歡航空公司所搭配的機票方案的話，可以先選擇機票最基本的方案，然後再個別選擇是否要行李託運及選擇座位等項目，費用也會依項目個別計算，價格費用也會比配套方案來得便宜。
- 若透過客服中心、機場櫃檯的方式訂購或加購服務項目時，會依航空公司規定額外收取開票手續費。
- 臨時更改航班日期及時間、更改姓名時，有可能須支付相應的變更手續費和票價差額。
- 若需要購買不同進出點的機票時，航空公司訂票網站假如沒有提供不同進出點的機票選項服務的話，則必須分開為每項航班時段訂位，機票訂購在不同的訂單紀錄中，或可透過客服中心協助訂位並支付相應的訂位服務費。
- 不可攜帶飛機餐以外的食物登機，機內不提供任何冷、熱水及飲料服務。
- 未在規定時間內辦理登機手續或錯過登機時間時，航空公司是不接受退款及票價損失。
- 一般廉價航空公司的政策是不提供退票及退款服務，目前有幾家航空公司可申請退回部分基本費用，或轉換為會員點數等方式，因各家廉價航空公司退票及退款政策的規定不同，相關規定及辦法請參閱各家航空公司官方網站。
- 若發生天然災害或不可抗力的因素時，廉價航空公司會盡力為旅客安排搭乘下一個尚有空位的相同航點表訂航班。
- 高爾夫球用具、單車、滑雪板、單板滑雪板及衝浪板須以運動用品辦理託運，費用及規定將依各家航空公司所公告之事項。
- 如要託運易碎的個人物品時，須自行確保其包裝方式。
- 以上注意事項之詳細內容，請參閱各家航空公司網站所公告之規定。

安排住宿

東京地區鐵路的交通非常便利，只要住宿的地點在車站附近，不管要前往哪裡旅遊都是相當方便的。選擇適合的住宿地點是一門很大的學問，第一優先是要了解團友及自己的住宿需求，再來是選擇住宿的地點及費用。在旅行的過程之中，假如天天換住宿地點，以及天天打包行李是一件非常累人的事情，難得出國旅行的時間是非常寶貴的，通常會建議住宿地點可以盡量固定下來，減少舟車勞頓之苦。

東京都的範圍這麼大，住宿地點該如何選擇比較好？通常會建議選擇交通便利的車站附近，或者在百貨購物商圈附近，例如：

- 新宿地區可以選擇新宿、東新宿、西新宿、新大久保、大久保、新宿三丁目、都廳前等車站附近為主。
- 台東地區可以選擇上野、鶯谷、入谷、稻荷町、仲御徒町、御徒町、上野御徒町、淺草、淺草橋、藏前等車站附近為主。
- 墨田地區可以選擇押上、錦糸町、兩國等車站附近為主。

- 千代田區可以選擇東京、秋葉原、有樂町等車站附近為主。
- 荒川地區可以選擇日暮里、西日暮里等車站附近為主。
- 江東區可以選擇森下、清澄白河、門前仲町等車站附近為主。
- 中央區可以選擇銀座、築地市場、東日本橋等車站附近為主。
- 港區可以選擇品川、台場、六本木、赤羽橋等車站附近為主。
- 豐島區可以選擇池袋車站附近為主。
- 澀谷區可以選擇澀谷、惠比壽等車站附近為主。

住宿種類：
膠囊旅館

膠囊旅館又稱為太空艙旅館，大多設計為一整排上下鋪的小房間，有如膠囊般密閉小空間（長約 2 公尺、寬約 1.25 公尺、高約 1 公尺的空間），住房的入口處設有窗簾或是面板來維護住宿隱私，缺點是隔音較差。旅館有提供基本生活用品，

洗手間及淋浴設施屬於共用，男女客房會依不同的樓層來區分住宿範圍。膠囊旅館每人每晚費用約日幣 6,000 円〜 8,000 円（依設施的等級）。通常大多數的背包旅客會選擇便宜的膠囊旅館住宿，若較重視隱私及睡眠品質的話，就不適合住膠囊旅館。特色是提供很多單人住的小房間。

青年旅館及民宿

日本民宿經營類型有兩種，一為混合式民宿，規模大一點稱為青年旅館，二為家庭式民宿。若選擇混合式民宿的話，通常是按床位計算費用，室友可能來自於不同的國家，也有可能男女生同房，通常民宿的房間不多，大多為簡單的單人床、上下床鋪、日式榻榻米，或者是木板通鋪為主，若洗手間及淋浴設施屬於共用的話，住宿費用會比較便宜。若選擇家庭式民宿的話，民宿老闆可能住在同個屋簷下，或者是一整層屋子的房間提供給遊客住宿。民宿的房型大多為 4 〜 8 人一室，每人每晚費用約日幣 4,500 円〜 7,000 円左右（早餐另計）。

注意事項
- 建議預約合法營業的民宿。
- 民宿房間與青年旅館要求的清潔品質不同，喜歡乾淨，或有潔癖習慣的朋友需要謹慎評估。
- 若浴室、廁所及廚房的設備為共用，須保持清潔，例如使用廚房的鍋具者，使用完畢後，須清洗乾淨給下一位住宿的遊客使用。
- 通常日式木造的房間隔音較差，假如重視睡眠品質的話，就不適合住日式房間。

公寓式旅館

公寓式旅館（例如 MYSTAYS）房間內的設施有開放式或簡易型廚房、浴室、書桌等，適合長期工作出差或旅行的客人。旅館的房型有很多種，大多以標準型及豪華型 1 〜 4 人的房間為主，住宿費用分為單日、連續住宿 3 天以上、連續 7 天、連續 14 天及連續 30 天等，旅館經常推出連續入住的優惠方案，若想撿便宜好康的話，就須經常關注旅館的官方網站公告，單人房每晚費用約日幣 7,500 円〜 11,500 円，雙人房每晚費用約日幣 9,500 円〜 16,000 円左右。通常公寓式旅館是沒有包含每天清潔整理房間的服務，若有打掃房間的需求，須另外付清潔費用，至於早餐的部分是另外計費。

商務飯店

日本全國各地有許多連鎖經營的商務飯店，例如：東橫 INN、Super Hotel、APA Hotel 等，以上飯店的價位與環境，是自助旅行者的最愛，尤其是在捷運車站附近。房間內的空間雖不大，但設備很齊全，包含 Wi-Fi、電冰箱、熱水壺、吹風機、電視、衛浴用品等。單人房每晚費用約日幣 8,500 円〜 13,000 円，雙人房每晚費用約日幣 9,500 円〜 16,500 円，通常東橫 INN、Super Hotel 會包含早餐，至於其他飯店的早餐是另外計費，詳細資訊請參考飯店的官方網站。

高級大飯店

東京地區知名的豪華大飯店（星等級別為 4 〜 5），例如華盛頓、希爾頓、蒙特利、日航、阪急飯店等，通常航空公司都會與大飯店搭配機加酒的活動，價格相對也比較便宜，若是透過知名的訂房網站訂房的話，建議在出發 3 個月前訂房會有意想不到的優惠價錢！大飯店的設施齊全，單人房每晚費用約日幣 16,000 円以上，雙人房每晚費用約日幣 22,000 円以上，詳細資訊請參考各豪華大飯店的官方網站。

如果已經計畫好前往東京旅遊的話，建議先預約房間會比較安心，尤其是每年元旦、春天櫻花季、秋天楓葉季、當地祭典活動、日本黃金假期等旺季，因為訂房需求量大，住宿費用也會比一般平常日還要貴，建議要提早 3 〜 6 個月前訂房。只要是口碑不錯的民宿與商務旅館，一開放訂房的那瞬間，不到 30 〜 40 分鐘的時間，房間馬上被預訂光。

訂房的方式如下：
- 航空公司機票加酒店方案
- 旅行社服務人員訂房
- 國際全球網路平台訂房
- 飯店的官方網站網路訂房，懂日文或英文的人可以直接打電話訂房

目前有許多知名的全球訂房網站，除了有提供日文版的訂房服務之外，也有英文版、中文版，以及各國語言的版本服務，訂房網站也可依照客戶的各種需求，包含住宿天數、住宿人數、房間類型、地點、價位高低或範圍等條件來搜尋出適合的住宿資訊，每間住宿所提供的資訊都很詳細，包含交通、地圖、旅客評語等。

訂房網站參考如下：

▲ 公寓式旅館提供簡易型廚房

訂房須知

- 飯店及訂房網站會不定期地推出好康優惠活動，總之把握時機與提早訂房，相對住宿費用會比較便宜。
- 每週六晚上的住宿費用，以及交通便利的飯店住宿費用會比較高。
- 日本都會區的飯店房內空間小，大多沒有加床的服務。
- 日本訂房與國內訂房文化不同，如選擇雙人房的話，住宿人數就只能是 1 位或 2 位，如果預訂雙人房，而實際報到人數為 3 位，或明知有兒童隨行，卻沒有申報兒童的人數，在辦理入住登記時，可能會被要求追加客房或住宿費用，嚴重的話第三人會被飯店拒絕

入住，所以記得在訂房之前，先詳細瀏覽飯店官方網站的訂房規定。

- 抵達住宿地點時，請拿出訂房證明及所有住房旅客的護照，前往服務櫃檯辦理 check in 登記。
- 要遵守 check out 時間，民宿、商旅及飯店都有寄放行李的服務，服務台人員會詢問回來取件的時間，並發放號碼牌作為取件之用，或者會以一張小卡片、登記本等方式，須寫上名字及行李件數，以便領取。
- 住宿費用有包含消費稅及服務等費用，則不須另給小費。
- 商旅及飯店的房間內，都有免費 Wi-Fi 上網的服務，通常房間內都有使用說明（包含帳號及密碼），若有不明白之處，可前往服務櫃檯詢問。
- 通常住宿基本訂房的費用是不包含早餐，若要包含早餐的話，除了可在官方網站訂購之外，還可以當場在飯店服務櫃檯購買餐券。
- 公寓式商旅價錢雖然便宜，但基本上是沒有包含每日房間打掃的服務，若有打掃房間的需求，可以當場跟服務櫃檯購買清潔服務即可。

注意事項

- 若旅遊日期會遇到新年元旦、櫻花季、楓葉季、祭典活動、黃金假期等，因訂房需求量大，為了避免選擇不到理想的飯店與房間，建議提早 3～6 個月前完成訂房作業。
- 飯店的房間一般都是禁菸房，若住宿的房型有分為禁菸房及吸菸房的話，對於無法忍受菸味的房客，就不能選擇吸菸房，因為真的有菸味。
- 日本的房間分為洋式及日式和室，日式的床型屬於地鋪榻榻米，洋式房型分為：單人房（Single Room）、雙人房（Double Room 及 Twin Room）、三人房（Triple Room）、四人房（Fours Room）等。大多民宿及商旅的單、半雙人房型會標示可容納 1～2 人，房間的空間都一樣大，床的尺寸約 137x190 公分，通常兩位大人睡在一起是比較擠，若是屬於共宿混合的房間，1 人 1 張床，單人床的尺寸約 105x190 公分。設備等級較高的商旅及大飯店的雙人房（Double Room）是指 1 張大床（尺寸約 186x190 公分），Twin Room 是指 2 張單人床（尺寸約 137x190 公分）；三人房（Triple Room）不見得是指 3 張單人床，也有可能是含 1 張沙發床；四人房（Fours Room）有可能是 4 張單人床，或 2 張雙人床，以上相關資訊必須要查詢仔細，以免因認知不同而困擾掃興。
- 預約民宿之前，須確認是否為合法民宿。

東京地區住宿

住宿名稱	交通資訊	官方網站 QR
Ryokan Asakusa Shigetsu 旅館（淺草指月）	東京地鐵銀座線淺草駅 1 號出口步行約 5 分鐘抵達；都營地鐵淺草線淺草駅 A4 號出口步行約 7 分鐘抵達	
雷門大門飯店	東京地鐵銀座線「淺草駅」2 出口步行約 2 分鐘、都營地鐵淺草線「淺草駅」A4 出口步行約 3 分鐘、東武スカイツリーライン「淺草駅」中央口步行約 4 分鐘、つくばエクスプレス「淺草駅」A1 出口步行約 8 分鐘	
淺草中央酒店	東京地鐵銀座線「淺草駅」1 出口步行約 3 分鐘、都營地鐵淺草線「淺草駅」A4 出口步行約 5 分鐘、東京地鐵銀座線「田原町駅」3 出口步行約 5 分鐘、東武伊勢崎線（スカイツリーライン）「淺草駅」正面出口步行約 5 分鐘、つくばエクスプレス「淺草駅」A1 出口步行約 4 分鐘	
淺草里士滿國際飯店	東京地鐵銀座線「淺草駅」1 出口步行約 8 分鐘、東京地鐵銀座線「田原町駅」3 出口步行約 8 分鐘、都營地鐵淺草線「淺草駅」A4 出口步行約 10 分鐘 つくばエクスプレス「淺草駅」A1 出口步行約 3 分鐘、東武伊勢崎線（スカイツリーライン）「淺草駅」正面出口步行約 8 分鐘	
Hotel Mystays Asakusa	都營地鐵淺草線「藏前駅」A4 出口步行約 8 分鐘、都營地鐵大江戶線「藏前駅」A7 出口步行約 4 分鐘、JR 總武線「兩國駅」步行約 15 分鐘	
東京淺草藏前 1 號店東橫 INN 飯店	都營淺草線「藏前駅」A4 出口步行約 4 分鐘、都營大江戶線「藏前駅」A6 出口步行約 3 分鐘、東京地鐵銀座線「淺草駅」A5 出口步行約 8 分鐘	

住宿名稱	交通資訊	官方網站 QR
淺草藏前 APA 飯店	都營大江戶線「藏前駅」A6 出口步行約 2 分鐘、都營淺草線「藏前駅」A2 出口步行約 4 分鐘、都營淺草線「淺草駅」A2a 出口步行約 4 分鐘、東京地鐵銀座線「淺草駅」4 出口步行約 9 分鐘	
淺草飯店旅籠	都營地鐵淺草線「淺草駅」A2b 出口步行約 2 分鐘、東京地鐵銀座線「淺草駅」4 出口步行約 6 分鐘、東武伊勢崎線「淺草駅」正面出口步行約 8 分鐘、都營地鐵大江戶線「藏前駅」A7 出口步行約 5 分鐘	
淺草駒形 Wing 飯店	都營地鐵淺草線「淺草駅」A2b 電梯出口步行約 1 分鐘、東京地鐵銀座線「淺草駅」4 番出口步行約 3 分鐘、都營大江戶線「藏前駅」A7 出口步行約 6 分鐘、東武伊勢崎線（スカイツリーライン）「淺草駅」步行約 7 分鐘	
淺草駅前 APA 飯店	都營地鐵淺草線「淺草駅」A1 出口步行約 1 分鐘、東京地鐵銀座線「淺草駅」A3 出口步行約 3 分鐘、東武スカイツリーライン「淺草駅」正面口步行約 6 分鐘、都營大江戶線「藏前駅」A6 出口步行約 6 分鐘	
淺草超級飯店	都營地鐵淺草線「淺草駅」A5 口步行約 9 分鐘、東京地鐵銀座線「淺草駅」6 出口步行約 6 分鐘、東武伊勢崎線「淺草駅」北口步行約 6 分鐘、つくばエクスプレス「淺草駅」A1 出口步行約 8 分鐘	
東京押上 Richmond Premier 酒店	京成押上線、東京地鐵半藏門線、都營地鐵淺草線「押上駅」B32 出口步行約 1 分鐘	
MyCUBE 膠囊旅館	都營地鐵淺草線「藏前駅」A2 出口步行約 1 分鐘、都營地鐵大江戶線「藏前駅」A6 出口步行約 4 分鐘	
淺草雷門 APA 飯店	都營地鐵淺草線「淺草駅」A4 出口步行約 2 分鐘、東京地鐵銀座線「淺草駅」2 出口步行約 3 分鐘	
HOTEL MYSTAYS Ueno East	JR 地鐵「上野駅」淺草口出口步行約 8 分鐘、東京地鐵銀座線「稻荷町駅」3 出口步行約 2 分鐘	

住宿名稱	交通資訊	官方網站 QR
Hotel Mystays Ueno Iriyaguchi	JR 地鐵「上野駅」入谷口出口步行約 5 分鐘、東京地鐵銀座線「稻荷町駅」3 出口步行約 3 分鐘、東京地鐵日比谷線「上野駅」出口步行約 5 分鐘	
Hotel New Ueno	JR 地鐵「上野駅」淺草口出口步行約 2 分鐘、東京地鐵銀座線「上野駅」9 出口步行約 2 分鐘、東京地鐵日比谷線「上野駅」9 出口步行約 2 分鐘	
上野燦路都星辰大飯店	JR 地鐵「上野駅」中央改札、淺草口出口步行約 2 分鐘、東京地鐵銀座線「上野駅」9 出口步行約 2 分鐘、東京地鐵日比谷線「上野駅」9 出口步行約 2 分鐘、京成電鐵「京成上野駅」正面口出口步行約 5 分鐘	
Sutton Place Hotel Ueno	JR 地鐵「上野駅」淺草口或入谷口出口步行約 3 分鐘、東京地鐵銀座線「上野駅」9 出口步行約 3 分鐘、東京地鐵日比谷線「上野駅」9 出口步行約 3 分鐘	
上野入谷口超級飯店	JR 地鐵「上野駅」入谷口出口步行約 3 分鐘、東京地鐵銀座線「上野駅」9 出口步行約 5 分鐘、東京地鐵日比谷線「上野駅」9 出口步行約 5 分鐘	
上野駅前 APA 飯店	JR 地鐵「上野駅」廣小路口出口步行約 3 分鐘、東京地鐵銀座線「上野駅」3 出口步行約 1 分鐘、東京地鐵日比谷線「上野駅」3 出口步行約 1 分鐘、京成電鐵「京成上野駅」正面口出口步行約 6 分鐘	
Hotel sardonyx ueno	JR 地鐵「上野駅」廣小路口出口步行約 7 分鐘、JR 地鐵「御徒町駅」北口出口步行約 3 分鐘、東京地鐵日比谷線「上野駅」A8 出口步行約 1 分鐘、京成電鐵「京成上野駅」正面口出口步行約 7 分鐘	
京成上野站前 APA 飯店	JR 地鐵「上野駅」不忍口出口步行約 3 分鐘、京成電鐵「京成上野駅」池之端口出口步行約 1 分鐘	
上野百夫飯店	JR 地鐵「御徒町駅」北口出口步行約 3 分鐘、東京地鐵千代田線「湯島駅」2 出口步行約 2 分鐘、東京地鐵銀座線「上野廣小路駅」A3 出口步行約 2 分鐘	

住宿名稱	交通資訊	官方網站 QR
三井花園上野飯店	JR 地鐵「上野駅」淺草口出口步行約 2 分鐘、東京地鐵銀座線、日比谷線「上野駅」1 出口步行約 1 分鐘、京成電鐵「京成上野駅」正面口出口步行約 6 分鐘	
Hotel Dormy Inn Ueno	JR 地鐵「上野駅」廣小路口出口步行約 5 分鐘、東京地鐵銀座線及日比谷線「上野駅」4 出口步行約 4 分鐘、京成電鐵「京成上野駅」正面口出口步行約 6 分鐘、JR 地鐵「御徒町駅」北口出口步行約 5 分鐘、東京地鐵銀座線「上野廣小路駅」、東京地鐵日比谷線「仲御徒町駅」及都營大江戶線「上野御徒町駅」A8 出口步行約 1 分鐘	
Ueno-Okachimachi 超級飯店	東京地鐵日比谷線「仲御徒町駅」5 出口步行約 1 分鐘、JR 地鐵「御徒町駅」南口出口步行約 3 分鐘、東京地鐵銀座線「上野廣小路駅」A1 出口步行約 6 分鐘、都營大江戶線「上野御徒町駅」A8 出口步行約 3 分鐘	
上野御徒町相鐵 FRESA INN 飯店	JR 地鐵「上野駅」不忍口出口步行約 7 分鐘、JR 地鐵「御徒町駅」北口出口步行約 3 分鐘、東京地鐵千代田線「湯島駅」2 或 4 出口步行約 3 分鐘、東京地鐵銀座線「上野廣小路駅」A1 出口步行約 6 分鐘、京成電鐵「京成上野駅」正面口出口步行約 5 分鐘	
上野稻荷町駅北 APA 飯店	JR 地鐵「上野駅」入谷口出口步行約 5 分鐘、東京地鐵銀座線「稻荷町駅」3 出口步行約 3 分鐘、東京地鐵日比谷線「上野駅」1 出口步行約 7 分鐘	
東京丸之內大都會大飯店	JR 地鐵「東京駅」八重洲北口改札出口步行約 2 分鐘（地下通道直通）、JR 地鐵「東京駅」日本橋口地下通路直通步行約 1 分鐘、東京地鐵東西線「大手町駅」B7b 出口步行約 1 分鐘	
Premier 東京站八重洲中央口超級酒店	JR 地鐵「東京駅」八重洲中央口改札出口步行約 4 分鐘、東京地鐵銀座線「京橋駅」8 出口步行約 4 分鐘	
東京站八重洲京王 PRESSO INN 飯店	JR 地鐵「東京駅」八重洲中央口改札出口步行約 3 分鐘、東京地鐵銀座線「京橋駅」8 出口步行約 2 分鐘、都營地鐵淺草線「寶町駅」A5 出口步行約 6 分鐘	

住宿名稱	交通資訊	官方網站 QR
京橋三井花園飯店	JR 地鐵「東京駅」八重洲中央口出口步行約 5 分鐘（八重洲地下街 24 出入步行約 1 分鐘）、東京地鐵銀座線「京橋駅」7 出口步行約 2 分鐘、都營地鐵淺草線「寶町駅」A5 出口步行約 5 分鐘、東京地鐵銀座線、東西線、都營地鐵淺草線「日本橋駅」B3 出口步行約 5 分鐘、東京地鐵有樂町線「銀座一丁目駅」7 出口步行約 6 分鐘	
東京京橋大和 Roynet 飯店	JR 地鐵「東京駅」八重洲南口出口步行約 7 分鐘、東京地鐵銀座線「京橋駅」6 出口步行約 1 分鐘、都營地鐵淺草線「寶町駅」A5 或 A7 出口步行約 4 分鐘	
京王廣場大飯店	JR 地鐵「新宿駅」西口出口步行約 5 分鐘、都營地鐵大江戶線「都廳前駅」B1 出口步行約 1 分鐘	
新宿華盛頓飯店本館	JR 地鐵「新宿駅」南口出口步行約 8 分鐘（地下聯絡道）、都營地鐵大江戶線「都廳前駅」A3 或 A4 出口步行約 5 分鐘	
京王 PRESSO INN 新宿飯店	JR 地鐵・小田急線・京王線「新宿駅」南口甲州街道出口步行約 10 分鐘、都營地鐵大江戶線「都廳前駅」A4 出口步行約 8 分鐘	
新宿 JR 九州 Blossom 飯店	JR 地鐵・小田急線・京王線「新宿駅」南口甲州街道出口步行約 3 分鐘、都營地鐵大江戶線・都營地鐵新宿線「新宿駅」4 出口步行約 2 分鐘	
新宿燦路都廣場大飯店	JR 地鐵・小田急線・京王線「新宿駅」南口甲州街道出口步行約 3 分鐘、都營地鐵大江戶線「新宿駅」A1 出口步行約 1 分鐘，或 A4 出口步行約 3 分鐘、JR 地鐵「JR 代代木駅」北口出口步行約 7 分鐘	
小田急世紀南悅酒店	JR 地鐵・小田急線・京王線「新宿駅」南口甲州街道出口步行約 3 分鐘、都營地鐵大江戶線「新宿駅」A1 出口步行約 1 分鐘、JR 地鐵「JR 代代木駅」北口出口步行約 4 分鐘	
豪華膠囊旅館安心之宿新宿站前店	JR 地鐵「新宿駅」東南口出口步行約 2 分鐘，或南口出口步行約 3 分鐘、東京地鐵丸之內線・副都心線「新宿三丁目駅」E5 出口步行約 5 分鐘	

住宿名稱	交通資訊	官方網站 QR
新宿區役所前膠囊旅館	JR 地鐵「新宿駅」東口出口步行約 4 分鐘、西武地鐵「新宿駅」出口步行約 4 分鐘	
新宿王子飯店	JR 地鐵・小田急線・京王線「新宿駅」西口或東口改札出口步行約 5 分鐘、都營大江戶線「新宿駅」西口出口步行約 2 分鐘、西武地鐵「新宿駅」出口步行約 1 分鐘	
新宿歌舞伎町塔 APA 飯店	JR 地鐵「新宿駅」東口改札出口步行約 11 分鐘、都營地鐵大江戶線・東京地鐵副都心線「東新宿駅」A1 出口步行約 3 分鐘、東京地鐵丸之內線「新宿駅」B10 出口步行約 11 分鐘、JR 地鐵「新大久保駅」出口步行約 10 分鐘	
太陽城王子大飯店	JR 地鐵・西武池袋線・東京地鐵・東武東上線「池袋駅」出口步行約 8 分鐘、東京地鐵有樂町線「東池袋駅」出口步行約 3 分鐘、都電荒川線「東池袋四丁目駅」出口步行約 6 分鐘	
池袋駅北口 APA 飯店	JR 地鐵「池袋駅」西口或 20a 出口步行約 4 分鐘、東京地鐵「池袋駅」20a 出口步行約 3 分鐘、西武地鐵池袋線「池袋駅」出口步行約 4 分鐘、東武地鐵東上線「池袋駅」出口步行約 4 分鐘	
東京池袋北口 1 號店東橫 INN 飯店	JR 地鐵「池袋駅」西口或 20a 出口步行約 4 分鐘、東京地鐵「池袋駅」20a 出口步行約 3 分鐘、西武地鐵池袋線「池袋駅」出口步行約 4 分鐘、東武地鐵東上線「池袋駅」出口步行約 4 分鐘	
東京池袋北口 2 東橫 INN 飯店	JR 地鐵「池袋駅」西口或 20a 出口步行約 4 分鐘、東京地鐵「池袋駅」20a 出口步行約 3 分鐘、西武地鐵池袋線「池袋駅」出口步行約 4 分鐘、東武地鐵東上線「池袋駅」出口步行約 4 分鐘	
Lohas 池袋駅北口超級飯店	JR 地鐵「池袋駅」西口或 20a 出口步行約 5 分鐘、東京地鐵「池袋駅」20a 出口步行約 4 分鐘、西武地鐵池袋線「池袋駅」出口步行約 5 分鐘、東武地鐵東上線「池袋駅」出口步行約 5 分鐘	
Sakura Hotel Ikebukuro	JR 地鐵「池袋駅」西口出口步行約 6 分鐘、東京地鐵「池袋駅」20a 出口步行約 5 分鐘、西武地鐵池袋線「池袋駅」出口步行約 6 分鐘、東武地鐵東上線「池袋駅」出口步行約 6 分鐘	

住宿名稱	交通資訊	官方網站 QR
東京池袋大都會大飯店	JR 地鐵「池袋駅」西口出口步行約 3 分鐘	
Dormy Inn 池袋 Natural Hot Spring 飯店	JR 地鐵「池袋駅」地下聯絡道 35 出口步行約 9 分鐘、東京地鐵有樂町線「東池袋駅」出口步行約 11 分鐘、都電荒川線「向原駅」出口步行約 8 分鐘	

千葉縣、迪士尼樂園地區住宿

住宿名稱	交通資訊	官方網站 QR
東京迪士尼海洋觀海景大飯店	JR 地鐵京葉線「舞濱駅」下車，從南口步行約 2 分鐘至度假區總站再搭乘迪士尼度假村專線（Disney Resort line）於第 1 站東京迪士尼海洋駅（東京ディズニーシー・ステーション）下車，往東京迪士尼海洋巴士總站北面方向步行時間約 7 分鐘抵達。 搭乘羽田空港巴士／成田空港巴士至東京迪士尼海洋巴士總站北面下車，步行時間約 4 分鐘抵達。	
東京灣喜來登大酒店	JR 地鐵京葉線「舞濱駅」下車，從南口步行約 2 分鐘至度假區總站再搭乘迪士尼度假村專線於第 2 站海濱（ベイサイド・ステーション）駅下車，車資約 260 円，步行時間約 3 分鐘抵達。可乘坐園區內的接駁巴士。	
東京灣大倉酒店（Hotel Okura Tokyo Bay）	JR 地鐵京葉線「舞濱駅」下車，從南口步行約 2 分鐘至度假區總站再搭乘迪士尼度假村專線於第 2 站海濱駅下車，車資約 260 円，步行時間約 3 分鐘抵達。可乘坐園區內的接駁巴士。	
東京灣希爾頓酒店	JR 地鐵京葉線「舞濱駅」下車，從南口步行約 2 分鐘至度假區總站再搭乘迪士尼度假村專線於第 2 站海濱駅下車，車資約 260 円，步行時間約 4 分鐘抵達。可乘坐園區內的接駁巴士。	
東京迪士尼度假區玩具總動員飯店	JR 地鐵京葉線「舞濱駅」下車，從南口步行約 2 分鐘至度假區總站再搭乘迪士尼度假村專線於第 2 站海濱駅下車，車資約 260 円，步行時間約 9 分鐘抵達。	

住宿名稱	交通資訊	官方網站 QR
東京灣舞濱酒店 （Tokyo Bay Maihama Hotel）	JR 地鐵京葉線「舞濱駅」下車，從南口步行約 2 分鐘至度假區總站再搭乘迪士尼度假村專線於第 2 站海濱駅下車，車資約 260 円，步行時間約 9 分鐘抵達。	
東京灣舞濱日航大酒店	JR 地鐵京葉線「舞濱駅」下車，從南口步行約 2 分鐘至度假區總站再搭乘迪士尼度假村專線於第 2 站海濱駅下車，車資約 260 円，步行時間約 7 分鐘抵達。	
東京灣舞濱酒店 琺爾斯特度假村	JR 地鐵京葉線「舞濱駅」下車，從南口步行約 2 分鐘至度假區總站再搭乘迪士尼度假村專線於第 2 站海濱駅下車，車資約 260 円，步行時間約 10 分鐘抵達。	
東京迪士尼樂園大飯店	JR 地鐵京葉線「舞濱駅」下車，從南口步行約 7 分鐘抵達，從舞濱駅步行約 2 分鐘至度假區總站再搭乘迪士尼度假村專線於第 3 站海東京迪士尼樂園駅下車，車資約 260 円，步行時間約 1 分鐘抵達。	

橫濱地區住宿

住宿名稱	交通資訊	官方網站 QR
橫濱皇家公園酒店	港未來線（みなとみらい）「港未來（みなとみらい）駅」出口步行約 4 分鐘抵達、從 JR 地鐵京濱東北線、JR 橫濱線、市營地下鐵藍線「櫻木町駅」出口步行約 5 分鐘抵達。	
橫濱洲際渡假飯店	港未來線「港未來駅」出口步行約 7 分鐘抵達	
Breeze Bay Hotel Resort & Spa	JR 地鐵京濱東北線、根岸線「櫻木町駅」南改札出口步行約 3 分鐘、市營地下鐵藍線「櫻木町駅」4 出口步行約 1 分鐘抵達。港未來線「馬車道駅」3 出口約 7 分鐘抵達、橫濱空中纜車站步行約 9 分鐘抵達、京濱急行線「日之出町駅」出口步行約 10 分鐘抵達。	

住宿名稱	交通資訊	官方網站 QR
JR 東日本ホテルメッツ櫻木町	JR 地鐵京濱東北線、根岸線「櫻木町駅」南改札出口步行約 1 分鐘（專用改札營業時間：07:00 ～ 22:30），或 JR 櫻木町駅西口出口步行約 2 分鐘、市營地下鐵藍線「櫻木町駅」1 或北 3 出口步行約 1 分鐘抵達。	
橫濱櫻木町華盛頓飯店	JR 地鐵京濱東北線、根岸線、市營地下鐵藍線「櫻木町駅」南改札東口出口步行約 1 分鐘、橫濱高速鐵道港未來線「馬車道駅」1b 出口步行約 3 分鐘抵達。	
橫濱櫻木町東橫 INN 飯店	JR 地鐵京濱東北線、根岸線、市營地下鐵藍線「櫻木町駅」南改札東口出口步行約 4 分鐘、橫濱高速鐵道港未來線「馬車道駅」3 出口步行約 1 分鐘抵達	
橫濱灣喜來登大飯店	JR 地鐵橫濱車站西口步行約 1 分鐘、橫濱 CITY AIR TERMINAL（YCAT 橫濱車站東口）步行約 7 分鐘	
橫濱威斯汀酒店	橫濱高速鐵道港未來線「港未來駅」1 出口步行約 8 分鐘、橫濱高速鐵道港未來線「高島町駅」2 出口步行約 8 分鐘	
Mystays 橫濱飯店	市營地下鐵藍線「阪東橋駅」5 或 3A 出口步行約 3 分鐘、京濱急行電鐵本線「黃金町駅」駅出口步行約 2 分鐘抵達	
橫濱・關內超級飯店	JR 地鐵京濱東北線、根岸線、「關內駅」南口出口步行約 9 分鐘、JR 地鐵京濱東北線、根岸線、「石川町駅」北口出口步行約 10 分鐘、市營地下鐵藍線「關內駅」1 出口步行約 8 分鐘、橫濱高速鐵道港未來線「日本大通り駅」3 出口（情文センター口）步行約 4 分鐘、橫濱高速鐵道港未來線「元町・中華街駅」1 出口（山下公園口）步行約 9 分鐘抵達	
橫濱公園大和魯內酒店	JR 地鐵京濱東北線、根岸線、「關內駅」南口出口步行約 7 分鐘、市營地下鐵藍線「關內駅」1 出口步行約 5 分鐘、橫濱高速鐵道港未來線「日本大通り駅」2 出口步行約 5 分鐘	

住宿名稱	交通資訊	官方網站 QR
橫濱體育場前 2 東橫 Inn 飯店	JR 地鐵京濱東北線、根岸線「關內駅」南口出口步行約 5 分鐘、市營地下鐵藍線「關內駅」1 出口步行約 5 分鐘、橫濱高速鐵道港未來線「日本大通り駅」3 出口步行約 5 分鐘	
橫濱關內東橫 Inn 飯店	JR 地鐵京濱東北線、根岸線「關內駅」南口出口步行約 5 分鐘、市營地下鐵藍線「關內駅」南出口步行約 5 分鐘、橫濱高速鐵道港未來線「日本大通り駅」1 出口步行約 3 分鐘	
Comfort Hotel Yokohama Kannai	JR 地鐵京濱東北線、根岸線「關內駅」北口出口步行約 3 分鐘、市營地下鐵藍線「關內駅」3 出口步行約 1 分鐘、橫濱高速鐵道港未來線「馬車道駅」5 出口步行約 5 分鐘	
橫濱關內 MYSTAYS 飯店	JR 地鐵京濱東北線、根岸線「關內駅」北口出口步行約 3 分鐘、市營地下鐵藍線「關內駅」8 出口步行約 1 分鐘、港未來線「馬車道駅」5 出口步行約 5 分鐘抵達	
橫濱灣東急飯店	JR 地鐵京濱東北線、根岸線、市營地下鐵藍線「櫻木町駅」出口步行約 10 分鐘、橫濱高速鐵道港未來線「港未來駅」出口直通步行約 1 分鐘	

▲ 雙人床房型

旅行預算

如果想要來一趟日本東京自助旅行的話，旅費要怎麼控制才會達到心目中的理想開銷呢？光是基本費用就包含機票、住宿、交通、飲食、門票等，由於每個人的生活環境與消費需求皆不相同，以下整理的內容僅供參考。

基本項目	內容
機票費用	**傳統航空來回機票** 1. 限制航班，例如早班去中午班回、下午班去早班回，或晚班去中午班回的航班經濟艙機票費用約新台幣 12,000 ～ 23,000 元（含稅）。 2. 正常航班，例如早班去下午班回，或早班去晚班回的航班經濟艙機票費用約新台幣 13,000 ～ 25,000 元（含稅）。 **廉價航空來回機票（基本方案）** 1. 紅眼航班，例如深夜班去清晨班回，或清晨班去清晨班回的航班經濟艙機票費用約新台幣 7,000 ～ 22,000 元（含稅）。 2. 正常航班，例如早班去下午班回，或早班去晚班回的航班經濟艙機票費用約新台幣 8,000 ～ 24,000 元（含稅）。 **注意事項** • 想買便宜機票的方法，就是愈早購買會比較便宜，愈晚購買有機會變貴，原因是限定的便宜機票賣完之後，接下來會依機位的狀況，調整機票的價錢。 • 廉價航空機票雖然便宜，但行李重量、件數、選機位、餐點飲食等服務都須另外購買。 • 每年日本櫻花及楓葉季節的月分，機票價錢都會比平常價更貴很多。 • 農曆過年期間的機票價錢都會比平常價再貴一倍以上。 • 實際機票的價錢，以航空公司公告為主。

住宿費用		
民宿	每人每晚費用約 5,500 円～ 9,000 円	
膠囊旅館	每人每晚費用約 6,500 円～ 12,000 円	
公寓式旅館	單人房每晚費用約 7,500 円～ 11,500 円	雙人房每晚費用約 8,500 円～ 15,500 円
商務飯店	單人房每晚費用約 8,500 円～ 13,000 円	雙人房每晚費用約 9,500 円～ 16,500 円
高級大飯店	單人房每晚費用約 15,000 円以上	雙人房每晚費用約 22,000 円以上

住宿費用 注意事項

• 每年日本櫻花及楓葉季節的月分，房間價錢都會比平常價再貴一倍。每週六及日本國定假日房間價錢都會比平常價貴。
• 實際房間的價錢，以飯店公告為主。

交通、門票及飲食

須詳細列出行程的規畫內容才能評估交通、門票及飲食費用。門票費用與年齡有關，相關資訊彙整如下：

• 成年人（18 歲以上）　大人（12 歲以上）、6 ～ 12 歲為小人（兒童）、6 歲以下須大人陪同
• 小學生（6 年教育，6 ～ 12 歲）　中學生（3 年教育，12 ～ 15 歲）　高中生（3 年教育，15 ～ 18 歲）

注意事項

• 實際的門票價錢與規定，以現場公告為主。
• 若神社、神宮、寺院及遊樂園等地方的規定只標示至小學生以上須購買門票的話，那表示 6 歲以下免費入場，例如迪士尼樂園 4 歲以下可免費入場。

行李打包

每家航空公司對行李重量及大小尺寸的規定都不同，一般搭乘傳統航空經濟艙的遊客託運行李重量為 23 公斤，隨身手提行李為 7 公斤；廉價航空隨身行李有尺寸及重量的限制，並且隨身包行李加手提式行李箱基本總重量須在 7 公斤或 10 公斤內，除非另外購買行李的總重量公斤數。

近幾年飛行安全的規定要特別遵守，隨身行李攜帶規定應注意下列事項：

- 每名旅客僅能攜帶 1 個附有密封夾鍊的透明塑膠袋，容量不可超過 1 公升。
- 身上或隨身行李內所攜帶之液體（例如眼藥水）、膠狀及噴霧類物品之容器，其體積不可超過 100 毫升，並妥善放入透明塑膠袋內。
- 打火機（每人限攜帶一把）及電子香菸須妥善放入透明塑膠袋內，並出示給安檢人員檢查，再放入置物籃內進行 X 光機檢查。
- 醫藥用器材及特殊食物用品（例如嬰兒奶粉、尿片、奶瓶等），必須與隨身手提行李分開檢查。
- 手機及相機的鋰電池、電池類及行動電源等，請隨身攜帶放入手提行李內。

- 樂器、運動用品（如高爾夫用具、衝浪板、衝沙板、風箏衝浪板、寬板滑水板、風帆衝浪板、滑雪／雪地滑板用具、潛水器材、自行車等），醫學電子器材、精密儀器、藝術品、陶瓷器、玻璃製品、酒類等易損毀物品，請參閱航空公司及各國各地交通部民航局所制訂的行李相關規定。

行李打包的技巧

- 可將日常生活用品整齊分裝在夾鏈袋裡。
- 可將平價的衣服、褲子、襪子及圍巾對摺，然後捲起圓筒狀，整齊放入收納袋。
- 若衣服、褲子等怕被壓皺的話，可摺好平疊放在行李箱上層。
- 鞋子或收納盒等物品可放在行李箱下層。
- 可將瓶罐塞入衣物空隙裡，預防行李託運時物品受擠壓及位移。
- 假如行李超重裝不下時，可另外準備一個手提式行李袋放置物品。

出國搭機前，生活用品及衣物都打包完成了嗎？許多人都在出發前一天才急急忙忙地整理行李，下列清單提供給出國讀者確認與勾選。

隨身行李清單

1. □護照　□電子機票　□錢包　□信用卡
□提款卡　□新台幣　□日幣
□廉價航空機票購買證（包含購買編號或條碼）
2. □行程規畫（書及地圖）　□筆
□票券證明　□筆記本（含蓋紀念章使用）
□訂房證明等資料
3. □日本租車
（租車證明、汽車駕照、日文駕照譯文本）
4. □手機　□行動電話　□租賃 Wi-Fi 機
□網路 SIM 卡　□網路分享器
5. □相機　□平板電腦　□筆電　□記憶卡
□電池　□行動電源　□充電器　□自拍棒
6. □胃藥　□暈車藥　□感冒藥
□過敏藥□其他
7. □太陽眼鏡　□帽子　□圍巾
8. □嬰兒奶粉及食品　□嬰兒用品（如尿布）

託運行李清單

1. □生活清潔用品（牙刷、牙膏、洗面乳等）
□隱形眼鏡清潔用品　□換洗衣服
□免洗用品　□外套　□羽絨衣　□摺疊雨傘
2. □化妝水　□面膜　□口紅　□髮蠟
□眉筆　□粉餅　□眼線筆　□睫毛膏
□假睫毛　□腮紅　□卸妝用品□護髮霜
□防曬用品　□護唇膏　□乳液　□護手霜
□眼藥水　□防蚊乳液

隨身行李內不可攜帶下列物品

- 各種刀具及帶刃物品（例如剪刀、劍、小折刀、指甲剪及任何銳利刀具等）。
- 武器（例如玩具槍、鞭子、雙節棍、警棍等）。
- 運動設備（例如大型三腳架、棒球棒、高爾夫球桿、曲棍球桿、撞球桿等）。

- 尖銳物品類（例如金屬或木頭製的長雨傘、自拍棒）。

隨身行李或託運行李嚴格禁止攜帶下列物品

- 爆裂物（炸藥或未爆彈等）、槍械武器、煙火和照明彈。
- 行李箱內含煙火產品（如大量的火柴及打火機燃料、露營使用及家用暖爐、酒精濃度超過 70 度之液體等）。
- 壓縮氣體（易燃、不可燃的或有毒的），例如：丁烷、丙烷、水中呼吸器氣瓶、打火機燃料或補充劑、高壓瓦斯（含灌充式爐具用瓦斯罐）等。
- 運動用氧氣隨身瓶。
- 易燃液體，例如：油漆和黏合劑。
- 易燃固體，例如：安全火柴和易點燃的物品。
- 行動抑制設備，例如：荳蔻香料或辣椒噴霧器等裝有刺激物質的設備。
- 劇毒藥品，例如：殺蟲劑。
- 蝕性物質，例如：水銀（可能包含在溫度計或血壓表中）、酸、鹼和濕電池。

若要從機場登機回國時，日本政府有規定

1. 禁止隨身攜帶液體物品登機，有奶油的蛋糕、味噌、醬菜、優酪乳、果凍、布丁、牙膏、洗髮精及沐浴乳等，通常廉價航空公司規定禁止攜帶外食，相關規定請洽所搭乘的航空公司。
2. 筆電、平板、相機等電子裝置放到託運行李內時，必須完全關機，以防止進入睡眠模式的機器無預警啟動。
3. 為了避免鋰電池因衝擊遭受到破壞，規定使用防震緩衝包裝材料或使用衣物保護電子裝置，須放進堅固的行李箱內。

若違反以上規定，當局將可處以最高日幣 50萬元的罰鍰。

出境步驟

　　抵達機場後，請到航空公司櫃檯辦理報到（Check-in）手續及託運行李。

Step 1　飛機起飛前兩小時抵達機場，查詢 Departures Information，前往航空櫃檯報到（Check in）辦理登機手續及託運行李。請出示護照及訂票序號（QR Code 條碼）。

Step 2　檢查隨身行李（包含外套夾克、手錶、大衣、平板電腦、筆記型電腦及金屬物品等）放置籃中，進行 X 光機掃描及安全檢查。

Step 3　購買免稅商品者，須依稅關櫃檯張貼步驟，執行護照（含照片）掃描作業。

Step 4　出境審查時，請在審查區排隊及等待，護照交給移民官檢查。

Step 5　前往登機門的候機區休息，等待機場廣播及空服人員通知登機訊息。

入境步驟

　　填寫出入境卡（ED 卡）的內容時，請依卡片的內容指示填寫英文。

Step 1　若在飛機上已拿到 ED 卡的話，建議在抵達日本東京成田／羽田機場之前，請填寫完畢「外國人入國記錄」（ED 卡）、及「海關申告書」的內容。

Step 2　入境審查時，請在外國人審查區排隊及等待，將外國人入國記錄及護照交給入境審查人員檢查。若親人或朋友為行動不便者，可協同辦理。

Step 3　審查櫃檯前有台電腦螢幕，請依照螢幕的內容指示，將雙手食指朝螢幕下方的指紋辨識器按指紋，完成後請將雙眼直視螢幕上方的鏡頭，並拍攝臉部照片。

Step 4　程序完成後，入境審查人員就會交還護照。請查詢行李領取資訊（Baggage Information）。

Step 5　領取行李後，將海關申告書及護照交給海關人員檢查，海關人員可能會抽檢你的行李，或詢問一些問題，例如到日本的目地、天數、人數等問題。檢查通過後，就可以開始旅行了。

外國人入國記錄卡填寫範例

外國人入國記錄 DISEMBARKATION CARD FOR FOREIGNER 外國人入境記錄
英語又は日本語で記載して下さい。Enter information in either English or Japanese. 請用英文或日文填寫。

【ARRIVAL】

◀ 外國人入境卡正面

氏 名 Name 姓名	Family Name 姓(英文) LIN		Given Names 名(英文) MING	
生年月日 Date of Birth 出生日期	Day 日 日期 Month 月 月份 3 1 1 2	Year 年 年度 1 9 7 5	現 住 所 Home Address 現住址	国名 Country name 國家名 Taiwan / 都市名 City name 城市名 Taipei
渡航目的 Purpose of visit 入境目的	☑ 観光 Tourism 旅遊 □ 商用 Business 商務 □ 親族訪問 Visiting relatives 探親 □ その他 Others 其他目的 ( )	航空機便名・船名 Last flight No./Vessel 搭乘班船號 BR198 日本滞在予定期間 Intended length of stay in Japan 預定停留期間 9 天		
日本の連絡先 Intended address in Japan 在日本的聯絡處	シェラトン都ホテル東京 (Sheraton Miyako Hotel Tokyo) 1-1-50 Shirokanedai, Minato-ku, 品川, 東京, 日本, 108-8640	TEL 電話號碼 0358062420		

裏面の質問事項について、該当するものに☑を記入して下さい。Check the boxes for the applicable answers to the questions on the back side.
對反面的提問事項，若符合請打勾。

1. 日本での退去強制歴・上陸拒否歴の有無
   Any history of receiving a deportation order or refusal of entry into Japan
   在日本有無被強制遣返和拒絕入境的經歷
   □ はい Yes 有　☑ いいえ No 無

2. 有罪判決の有無（日本での判決に限らない）
   Any history of being convicted of a crime (not only in Japan)
   有無被判決有罪的記錄（不僅限於在日本的判決）
   □ はい Yes 有　☑ いいえ No 無

3. 規制薬物・銃砲・刀剣類・火薬類の所持
   Possession of controlled substances, guns, bladed weapons, or gunpowder
   持有違禁藥物、槍炮、刀劍類、火藥類
   □ はい Yes 有　☑ いいえ No 無

以上の記載内容は事実と相違ありません。I hereby declare that the statement given above is true and accurate. 以上填寫內容屬實、絕無虛假。
署名 Signature 姓名　　　　與護照上相同的簽名

*

請參照護照上的出生西元年月日，以日、月、西元年的順序填寫。出生西元年請填寫四碼數字。（例如 1975 年 12 月 31 日出生，請填寫「31/12/1975」）

▶ 外國人入境卡背面

E.D.No.出入国記録番号　区分
HTTL 7219575　61

【質問事項】【Questions】【提問事項】

1. あなたは、日本から退去強制されたこと、出国命令により出国したこと、又は、日本への上陸を拒否されたことがありますか？
   Have you ever been deported from Japan, have you ever departed from Japan under a departure order, or have you ever been denied entry to Japan?
   您是否曾經有過被日本國強制性的遞送離境、被命令出國、或者被拒絕入境之事？

2. あなたは、日本国又は日本国以外の国において、刑事事件で有罪判決を受けたことがありますか？
   Have you ever been found guilty in a criminal case in Japan or in another country?
   您以前在日本或其他國家是否有過觸犯刑法並被判處有罪的經歷？

3. あなたは、現在、麻薬、大麻、あへん若しくは覚せい剤等の規制薬物又は銃砲、刀剣類若しくは火薬類を所持していますか？
   Do you presently have in your possession narcotics, marijuana, opium, stimulants, or other controlled substance, swords, explosives or other such items?
   您現在是否攜有麻藥、大麻、鴉片及興奮劑等限制藥物或槍枝、刀劍及火藥類？

官方様
Official Use Only

KA6HTTL721957561

▲ 辦理日本快速通關服務台

注意事項

- 在機場內的入境審查廳旁有設置 ED 卡填寫專區。
- 年滿 16 歲以上的旅客入境日本都要按兩手食指指紋與拍攝大頭照片。
- 入境審查時須依指示按兩手食指指紋（記得依照螢幕畫面上的指示操作），最後眼睛要看鏡頭拍攝大頭照片。
- 每個人的外國人入境卡及海關申告書的內容一定要填寫完整，不能留下空白，小朋友的外國人入境卡，大人可以代理填寫，出入境卡背面的金額欄位可以填 0 圓。
- 海關申告書可同一個家族填寫一份。

海關申告書填寫方法

(A面)
海關樣式C第5360－E號
日本國稅關

攜帶品‧另外寄送的物品 申告書

請寫下列與背面表格、並提交海關人員。
家族同時過關時只需要由代表者填寫一份申告書。

搭乘班機(船舶)名	BR198	出發地	台灣

入國日	2,0,2,4年 5月 1日

姓名	英文名字 護照英文名字

現在日本住宿地點	第一天住宿飯店名稱、地址及電話號碼
	電話 ⌐___⌐(___⌐___)

國籍	TAIWAN	職業	Student

出生年月日 1,9,7,5年 1,2月 3,1日

護照號碼 X X X X X X X X X X X X

同行家人	20歲以上 2人	6歲以上20歲未滿 0人	6歲未滿 0人

※ 回答以下問題、請在□內打「✔」記號。

1.您持有以下物品嗎? 　　　　　　　　是　　否
　① 禁止或限制攜入日本的物品(參照B面) 　□　☑
　② 超過免稅範圍(參照B面)的購買品、名產
　　 或禮品等 　　　　　　　　　　　　　□　☑
　③ 商業貨物、商品樣本 　　　　　　　　□　☑
　④ 他人託管物品 　　　　　　　　　　　□　☑
　＊上述問題中、有選擇「是」者，請在B面填寫您入國攜帶的物品。

2.您現在攜帶超過100萬日圓價值的現金 　是　否
　或有價證券嗎? 　　　　　　　　　　　□　☑
　＊選擇「是」者，請另外提交「支付方式等攜帶進口申告書」。

3.另外寄送 　您是否有入國時未隨身攜帶、但以郵寄等方式、
　的物品 　　另外送達日本的行李(包括搬家用品)?
　　　　　　　　□ 是 　　個 ☑ 否
　＊選擇「是」者，請入國時攜帶入境的物品記載於B
　　面、並向海關提出此申告書2份、由海關確認。(限入國後
　　六個月內之輸入物品)
　　另外寄送的物品通關時、需要海關確認過的申告書。

《注意事項》
在國外購買的物品、受人託帶的物品等、要帶進我國時、
依據法令、須向海關申告且接受必要檢查、敬請合作。
另外、漏申告者或是虛偽申告等行為、可能受到處罰、敬
請多加留意。

茲聲明以上申告均屬正確無誤。
旅客簽名 　與護照上相同的簽名

▲ 申告書正面

※ 職業：例如
　學生 Student、
　銀行會社員、
　IT 會社員等

(B面)

※ 请把入境的时候携带的物品填入下面的表 (A面的第1和
　第3的提问都选择「否」的旅客不需要填入。)
(注意) 在其他物品的品名上只限自用的物品，不需填写各
品种的总额不超过1万日元的物品(据境外市价)，也不需写
分离运输的物品的详细的内容

酒　　類		瓶	※海关记入
烟草	香烟	支	
	雪茄	支	
	其他	克	
香　　水		盎司	
其他物品的品名	数量	价格	

＊海关记入

日元

◎ 禁止携入日本的物品
① 麻药、向精神药、大麻、鸦片、兴奋剂、摇头丸(MDMA)等
② 手枪等枪支、这枪枪支的弹药及零件
③ 爆炸物、火药类、化学兵器的原材料及疴疽细菌等的病原体等
④ 货币、纸币、有价证券及信用卡等的伪造物品等
⑤ 黄色杂志、激光视盘等(DVD)，以及儿童色情物品等
⑥ 假冒名牌商品、盗版等侵害知识产权的物品

◎ 限制携入日本的物品
① 猎枪、气枪、以及日本刀等的刀剑类
② 根据华盛顿条约限制进口的动植物及其制品(鳄鱼、蛇、
龟、象牙、麝香及仙人掌等)
③ 有必要事前检疫的动植物、肉类产品(包括香肠、牛肉干
等)蔬菜、水果及大米等
＊有必要事前在动‧植物检疫台接受检疫。

◎ 免税范围 (乘务员除外)
‧酒类 3瓶(760ml/瓶)
‧香烟，外国制品和日本制品每个都是 200支以内的免税范围
(不住在日本的旅客的免税范围比住在日本的多一倍。总之每
个都是400支以内的免税范围)
　＊关于未满20周岁的人不适用酒类和烟草的免税范围。
‧香水 2盎司(1盎司是约28ml)
‧境外市价的总额不超过20万日元的物品
(只限入境者自用的物品。)
　＊境外市价是在外国通常的零售价格(购买价格)。
　＊价格20万日元以上的一个物品，价格全部上税。
　＊关于未满6周岁的幼儿，除了玩具等幼儿本人使用的物品以外，
　　不适用免税范围。

根据法令，到日本入境的所有的旅客需要填写申报单并提
交海关。

▲ 申告書反面

注意事項

* 填寫「外國人入國記錄卡」及「海關申告書」，或填
　寫電子版 Visit Japan Web，皆可辦理日本入境程序。
* 若父母親帶幼小兒童入境日本時，機場服務人員會
　優先引導通關服務，避免因排隊時間太久的辛勞。

填寫日本入境審查及海關申報 Visit Japan Web（簡稱 VJW）步驟如下：

Step 0　建立帳號、登入

1. 註冊新帳號時，需要輸入電郵地址。

2. 須同意以下連接的規定，再進行至下一步

3. 輸入電郵地址帳號資料

4. 輸入密碼，密碼須 10 個字元以上、大寫英文 + 小寫英文 + 數字

+符號的組合，密碼範例如下：+-*/=.,;:`@!#$%?|~^（）[]{}_，請再次輸入密碼。

5. ■我是人類（判斷正確的影像圖片位置）

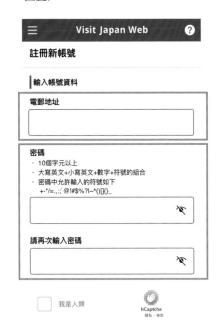

6. 確認電郵信箱之「認證碼」，至 Visit Japan Web 註冊新帳號輸入「認證碼」。

7. 註冊完成。

Step 1　登錄使用者資料（本人資料、同行家人資料）

登錄入境、回國手續

1. 您持有日本政府發行的護照嗎？□是 ■否

2. 您是住在日本，並以（被認可的）再入國許可入境日本嗎？□是 ■否

確認使用免稅手續

3. 是否使用免稅 QR 碼？
　　■是 □否

4. 掃描護照

掃描護照資料時,建議使用手機版填寫,並選擇允許使用相機功能,拍攝臉部護照的頁面,系統判讀護照內容。護照資料可自行編輯。

5. 自行輸入護照資料包括護照號碼、護照英文姓、護照英文名、國籍、西元出生日期、有效期截止日期,基本資料包括職業、國家名、城市名。

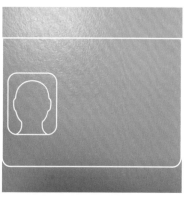

6. 資料確認後登錄。

7. 同行家人資料可選擇「追加」,輸入內容與上列步驟相同。

注意事項

* 入境手續的文件資訊須每人個別填寫 1 份,無法自行辦理手續者(例如嬰幼兒、行動不便者)可登錄為同行家人。

登錄入境、回國預定

已登錄的「登錄入境、回國預定」資料僅沿用在日本的聯絡處，若要沿用已登錄的資料，請選擇沿用項目後按下一步，若未登錄，請選擇「不沿用並繼續登錄」。

1. 無 VISA 發行編號者免選擇與填寫「沿用申請 VISA 時的資料」。
2. 不沿用並繼續登錄。

3. 旅行名稱：東京 6 日
4. 抵達日本預定日 2024/05/01
5. 出發地 TAIPEI
6. 航空公司名稱 BR：EVA AIRWAYS（EVA）
7. 航班號 （僅限數字） 198

輸入日本的聯絡處

1. 郵遞區號 1100015（不需連號）
2. 都道府縣 TOKYO TO
3. 市區町村名 TAITO KU
4. 町字、番地 5-5-6 HIGASHI UENO
5. 住宿處、飯店名稱 HOTEL MYSTAYS UENO EAST
6. 在日本國內可聯絡的電話號碼 0358062420
7. 選擇同行家人，再次確認輸入的內容，登錄預定。

在日本的聯絡處（住宿處）

請於在日本的聯絡處輸入您的第一個住宿地點
如果您不是在飯店等處住宿，請輸入您要前往的地點資訊

郵遞區號
不需連字號

範例：1020094

以郵遞區號自動輸入

都道府縣 必須

\- ▼

市區町村名 必須

\- ▼

町字、番地 必須

範例：ZZ CHO 1CHOME-2-345

住宿處、飯店名稱

範例：ZZ HOTEL 123

Visit Japan Web

登錄入境、回國預定

選擇同行家人

家庭成員同時辦理入境/回國手續時可登錄為同行家人

入境、回國手續為一人一人分別實施
入境手續的文件，需要一人1份

請選擇同行家人

▢ ░░░░░░░░ 本人

☑ ░░░░░░ 同行家人

返回　　　確認輸入內容

注意事項

- 「登記入境、回國預定」輸入後，將可直接顯示預先輸入在日本的聯絡處資料，若在日本有固定住址或有頻繁使用的住處則建議輸入。
- 以上住宿須填寫英文版地址，英文須大寫（系統會協助自動轉換成英文大寫），若住宿飯店沒有提供英文地址者，可自行使用 google map 查詢或使用翻譯功能。
- 「抵達日本預定日」可選擇至下一年 12 月 31 日為止，例如 2024 年 1 月 15 日開始填寫「抵達日本預定日」，內容可選擇至 2025 年 12 月 31 日。
- 若選擇以前登錄過的「登記入境、回國預定」資料，將僅顯示「日本的聯絡處」的內容。
- 內容輸入及確認完成後，須執行「登錄預定」程序才算完成，以免造成資料沒有儲存成功。

Step 3　填寫外國人入境記錄及海關申報

1. 入境日本審查之前須填寫外國人入境記錄及海關申報（攜帶物品、單獨託運物品申報）。

登錄編輯及確認內容（範例）如下：

(1) 基本資料包括職業：公司員工、現住址：國家名 TAIWAN、現住址：城市名 NEW TAIPEI CITY、

入國日 2024/05/01、出發地 TAIPEI、抵達航班號 BR198、同行家人 6 歲未滿 1 人。

(2) 在日本的聯絡處（住宿處）包括郵遞區號、都道府縣、市區町村名、町字、番地、住宿處、飯店名稱、電話號碼。

(3) 外國人入境記錄包括入境目的為旅遊、預定停留期間為 0 年、0 月、9 天。

(4) 提問事項
- 您是否曾經有過被日本國強制性的遣送離境、被命令出國、或者被拒絕入境之事？
  ○有 ●無
- 您以前在日本或其他國家是否有過觸犯刑法並被判處有罪的經歷？
  ○有 ●無
- 您現在是否攜有麻藥、大麻、鴉片及興奮劑等限制藥物或槍枝、弩、刀劍及火藥類？
  ○有 ●無

(5) 同行家人一併申報
- 您要連同同行家人的攜帶品、後送物品一併進行申報嗎？
  ●是○否

(6) 提問事項
您有攜帶以下物品嗎？（包含手提或寄放行李及後送等物品）
- 毒品、槍砲、爆裂物等禁止攜入日本的物品？
  ○是●否
- 肉類製品、蔬菜、水果、動植物等限制攜入日本的物品？
  ○是●否
- 金條或者金製品？
  ○是●否
- 超過免稅範圍的購買品、名產或禮品等？
  ○是●否
- 商業貨物、商品樣本？

○是●否
- 他人託帶物品（包括行李箱等搬運工具以及沒被告知理由的交付物）？
  ○是●否
- 您現在是否有攜帶超過相當 100 萬日幣價值的現金、有價證券或超過 1 公斤的貴金屬等？
  ○是●否
- 您是否有入國時未隨身攜帶，但以郵寄等方式，另外送達日本的行李（包括搬家用品）？
  ○是●否

(7) ■以上的輸入內容均與事實相符，完成登錄。

Step 4 抵達日本後之入境程序
於入境日本時，入境審查、海關申報及行李檢查的過程中，須與入境審查人員及海關人員顯示 QR 碼，即可完成檢查與通關。

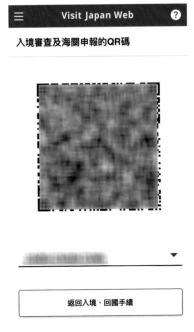

Step 5　建立免稅 QR 碼

在日本停留期間購買免稅商品時，可顯示 Visit Japan Web 的免稅 QR 碼代替出示實體護照，並將必要的資訊提供給店家。使用前請先與店家確認是否支援免稅 QR 碼。

建立免稅 QR 碼步驟如下：

1. 選擇「在日本停留期間的手續」。
2. 選擇「建立免稅 QR 碼」。
3. 翻開入境審查人員貼在護照內頁的入境許可證明章 (日本入境時) 右下方的 QR 碼。
4. 開啓手機的相機功能，掃描 QR 碼。
5. 確認護照的資訊，完成登錄。

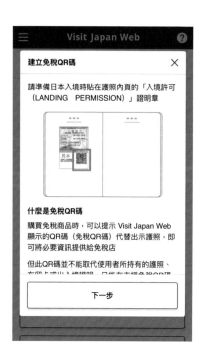

注意事項

- 由於 2024 年 1 月 25 日系統入境審查的 QR 碼和海關申報的 QR 碼被整合為一個 QR 碼，則不可再用系統更改前的入境審查和海關申報的 QR 碼。

- 使用「下線狀態使用 Visit Japan Web」功能時，資訊內容修正更新後須與 VJW 終端系統 (設備) 連線及登錄完成，若不慎刪除網頁資料將無法復原。

- 建議入境日本前，可先 Copy 入境審查 (外國人入境記錄) 及海關申報 (攜帶物品、單獨託運物品申報) QR 碼的 1 個圖示，避免遇到網路無法正常連線而造成入境通關不順。

- 可填寫紙本的外國人入境記錄及海關申報 (攜帶物品、單獨託運物品申報) 入境日本。

- 修正護照資料時，因辦理入境審查及海關申報手續時所生成的 QR 碼不會自動更新，故修正內容後，請記得登錄更新內容。

- 投保海外旅行保險、生病或受傷情況下的資訊、緊急資訊、日本觀光局等內容可自行至官方網站閱覽。

- 檢疫 (確認健康狀況) 內的提問項目，目前是否有感到身體不適 (如發燒、咳嗽) 的問題及回答不會登錄至 Visit Japan Web 服務內。

行動網路通訊 APP

　　近幾年使用智慧型手機的人愈來愈多,也非常普及,而且依賴 APP 軟體的人也愈來愈多,只要能夠連線網路,就可以使用行動 APP 軟體 Google Map 地圖導航 GPS 至欲前往的景點,也可以使網路通訊 APP 軟體撥打電話給親朋好友聊聊日本東京旅遊有多好玩呀!好用的網路通訊 APP 軟體包括 LINE、Skype、WhatsApp、Facebook 等。

　　日本電信數據公司有 docomo、Softbank、au 等,在日本上網的方式有租賃 Wi-Fi 數據機 (4G、5G)、手機 SIM 卡、電信漫遊、免費 Wi-Fi 等方案。使用數據機連線接收日本當地的 5G 或 4G 數據網路時,會再轉換成 Wi-Fi 分享給手機、平板電腦或筆記型電腦連線上網。市面上租賃 Wi-Fi 數據機的公司或業者很多,租賃的方案也很多,每一項方案推出的內容也都不同,例如:上網下載容量每日 500MB、1GB,或不限制下載容量 (吃到飽)。Wi-Fi 數據機租金的部分,例如:每日固定租金新台幣 139 ~ 299 元,或第一天租金新台幣 300 ~ 400 元,第二天起的租金新台幣 40 ~ 250 元不等。新的機型功能支援多,租金費用就

▲ docomo SIM & Wi-Fi 方案及設定

高,相對的舊機型的功能支援少,費用就便宜,租賃機器的押金約新台幣 3,000 ~ 5,000 元,所以要記得歸還設備!Wi-Fi 數據機可以支援 10 ~ 15 人同時連線使用,若是多人分享出資使用是滿划算的。

日本電信業者推出的 SIM 產品卡種類很多,SIM 卡規格分為標準(Standard)卡、Micro 卡與 Nano 卡,近幾年新款手機都使用 Nano 卡。通常 SIM 卡使用期限為 30 ~ 90 天,通信數據的速度為 150Mbps 以上 (此下載速度適合分享其他人使用),下載容量約為 1 ~ 5GB,費用約 3,000 ~ 6,000 円。

若短期間 5 ~ 15 天內使用的話,可以選擇電信漫遊方案、國內旅行社或旅遊網路平台 (例如 KKday、Klook 等) 購買 SIM 卡,通信數據的速度分別為 4GB 或 5GB 等方案,若高速上網限制使用量用完的話,降速分別為 128Kbps 或 256Kbps,或者要等到隔一天凌晨才能重新計算上網容量,此 SIM 卡方案下載速度適合 1 人使用,雖然下載速度慢,但相對費用比較便宜,若每日下載容量為 1 ~ 5GB 的費用約新台幣 450 ~ 900 元,若產品標示下載使用量為吃到飽不降速的話,費用就比較高。相關 SIM 的使用方法請參閱各家業者商品的操作手冊及官方網站。

注意事項
* 須確認購買的 SIM 卡所支援的手機品牌、款示及型號,避免造成無法使用上網的問題。

日本 Wi-Fi 的特色與在台北 TPE-WiFi 及 CHT 中華電 Wi-Fi 一樣,熱點是固定的,所以使用 Wi-Fi 上網時只能在固定有熱點的地方上網。Wi-Fi 有分為免費使用與付費使用,通常免費使用的 Wi-Fi 申請步驟較為複雜,至於好不好使用,無法評論。付費的 Wi-Fi 會保持一定的使用品質。

空航機場、都會區的車站、百貨商圈、7-11、LAWSON、全家便利商、星巴克等地,都有 docomo、Softbank 等電信公司的 Wi-Fi 設備,只要到官方網站申請,就會發 mail 或簡訊告知使用的 SSID、帳號及密碼。

▲ 支援 4GB Wi-Fi 數據機

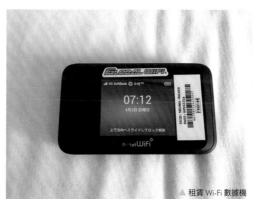

▲ 租賃 Wi-Fi 數據機

日本的郵遞業務

郵筒的右邊是投放國際郵件,包含要寄回台灣的明信片,左邊是投放日本國內一般郵件,若看到日本傳統紅色郵筒的話,因為沒有分國際郵件及日本國內郵件區,所以請直接將明信片投入郵筒內即可。

寫明信片方法：

請在明信片空白處，先寫上寄送的地址後，再寫上對方的名字即可，

地址寫法如下：

台灣台北市 XX 區 XXX 路 XX 號 XX 樓

（台灣也可以寫英文 Taiwan）

林小明　收

日本郵局的郵遞業務主要有寄送信件、包裹、明信片、海運國際包裹，以及國際航空快遞 (EMS) 等方式，其中最常用的是國際航空快遞，這種郵寄方式的好處是通關手續簡單，郵遞速度快 (約 3 ～ 4 天)，但缺點是郵資費用比較貴，會依據郵件地區及重量來計算費用。假如選擇海運郵寄，費用雖然便宜，但等待所需的時間比較長 (約 3 週以上)。從日本寄送到台灣或其他亞洲地區的國際明信片郵資為 100 円。郵局營業時間為週一～週五 09:00 ～ 17:00。

日本郵政國際快遞 EMS 價格表 (請參閱下方 QR Code 網站資訊中第 1 地帶アジア亞洲國家的部分)。

@日本郵政

撥打國際電話

從日本東京撥打電話回台灣方法

撥打電話方式	國際碼	國碼	區域代碼	電話號碼
當地電話撥打台灣市話	001	886	區域代碼去 0	XXXX-XXXX
當地電話撥打台灣手機	001	886	N/A	912-XXX-XXX（手機號碼去 0）
使用台灣手機撥打電話	N/A	+886	N/A	912-XXX-XXX（手機號碼去 0）

從台灣撥打電話至日本東京方法

撥打電話方式	國際碼	國碼	區域代碼	電話號碼
台灣電話撥打當地市話	002	81	區域代碼去 0	XXXX -XXXX
台灣手機撥打當地市話	002	81	區域代碼去 0	70-XXXX-XXXX（手機號碼去 0）
台灣手機撥打日本手機	002	81	手機號碼去 0	70-XXXX-XXXX（手機號碼去 0）

注意事項

* 使用自己的台灣手機門號撥打回台灣之前，要先與電信公司確認，是否有開通日本國際通話漫遊的服務！
* 智慧型手機已成為現代的通訊主流，撥打方法為「0 按鍵」壓 2 秒後顯示為「+」符號，再撥打 886（國家碼）-912-XXXXX（手機門號）。
* 在日本東京當地撥打市內電話的方法，例如東京上野 XXX 酒店的市內電話號碼為 03-XXXX-XXXX，撥打 XXXX-XXXX 即可。

在前往日本之前，都會先去銀行（外匯指定）兌換日幣（紙鈔），各家銀行的日幣匯率不同，有的銀行匯率較低，但會多收一筆手續費，有的銀行雖然匯率高了些，但不收手續費，總之預先兌換好日幣才是王道，也可以於出發當天在機場的台灣銀行或兆豐銀行櫃檯窗口（24小時服務）兌換日幣。

因近幾年日本政府開始施行貨幣寬鬆政策後，日幣對新台幣匯率波動很大，依據2024年2月分日幣對新台幣的匯率為0.215～0.225之間。兌換日幣之前，請先瀏覽銀行外幣匯率查詢的網站。

近幾年外國觀光遊客前往日本旅遊的人數日益增多，在日本使用信用卡及電子支付APP消費已相當普遍，使用的範圍包括百貨購物商場、知名品牌服飾店、電子3C量販店、飯店住宿、餐廳等，可使用的信用卡種類包括VISA、Master、AMEX(美國運通卡)、JCB、Diners(大萊卡)、中國銀聯卡等，只要店內有標示信用卡公司及電子支付的標記都可以進行交易付款。

在日本東京旅行的途中發現身上沒有現金怎麼辦？此時必須尋找有支援VISA或Mastercard等金融卡功能的跨國ATM提款機，才可以提領現金。

Step 1 先尋找有支援金融卡跨國提款功能的ATM提款機，通常在國際機場、便利商店、百貨公司及大型購物中心內都有設置金融跨國ATM提款機。

Step 2 將提款卡或是信用卡（含有跨國提款或預借現金功能）插入ATM提款機內。

Step 3 選擇語言，請選擇「中文」（為簡體中文）。

Step 4 畫面上會出現「取款」或「餘額查詢」的選項，請選擇「取款」。

Step 5 畫面出現「信用帳戶」、「儲蓄帳戶」以及「支票帳戶」3個選項，若使用信用卡預借現金的話，請選擇「信用帳戶」，若使用提款卡的話擇選擇「儲蓄帳戶」。

Step 6 輸入密碼。

Step 7 選擇提款金額。

Step 8 顯示交易處理中的畫面。

Step 9 退出卡片以及交易明細表。

Step 10 取現金紙鈔。

▲ ATM 外幣提款機

注意事項

* 前往東京之前，須先前往銀行確認與申請國外提款密碼。
* ATM提款機一定要有VISA或Mastercard等金融卡的標示才有支援跨國提款現金的服務。
* 現金提款的金額以萬元為單位，例如10,000円、20,000円、30,000円、50,000円，每次提領上限為5萬円，金融卡提款金額每日最高可提領10萬円，銀聯卡每日最高可提領20萬円。
* ATM提領現金須支付銀行匯率費用及手續費用。

申請退稅資格及條件

- 非居住於日本，須購買者本人（不可委託代理人）。
- 於日本停留不超過 6 個月之外籍人士。
- 居住於海外 2 年以上，暫時返日並停留不超過 6 個月之日籍人士。

可退稅商品分為一般商品及消耗品，一般商品為家電用品、鞋類、手提包、服飾、鐘錶、珠寶首飾類等，消耗品為食品類、飲料類、化妝品、藥品等，購買金額條件為日幣 5,001 円 (未稅)～日幣 500,000 円 (未稅)，以上不包含修理費、加工費。

辦理退稅時，須出示資料

- 購買者本人之護照、Visit Japan Web 免稅 QR 碼，或國外居留簽證。
- 購物收據及結帳所使用之信用卡。

注意事項

- 申請地點及期間限購買當日 (營業時間內) 與購買地點退稅。
- 不是每項商品都可以退稅，例如機票、交通券 (FREE PASS)、門票 (快速通關)、書籍文具、超商及餐廳等都不含退稅範圍。
- 購買免稅商品者，要購買合計 5,001 円 (未稅) 以上才能退稅，也就是含稅要 5,401 円以上才能退稅的意思。
- 依日本政府規定，消耗品類密封包裝後不可開封使用，否則將課徵消費稅。
- 購買免稅商品者，請於 30 天內出境日本。
- 若在百貨公司辦理退稅時，會另外收取購買總金額約 1.1% 的服務手續費。
- 日本國際機場沒有退稅服務，出境檢查身分之前，請記得先到關稅櫃檯上的電腦掃描器驗證護照資訊再排隊辦理出境手續。

旅遊情報

行前準備

　　日本關東地區一年四季都很美，四季變化分明，於每年 3 月 26 日～4 月 10 日期間為春天賞櫻花的旺季，以及每年 11 月 16 日～12 月 5 日期間為秋天賞楓葉的旺季，賞櫻花及賞楓紅期間的遊客人潮絡繹不絕！所以在此時購買的機票及住宿的費用也是最貴，不過遊客不會因為費用較高，而放棄前往觀光旅遊！

蒐情旅遊資訊有哪些方法呢？

- 參考旅遊相關的書籍雜誌

　　自助旅行的功課須花很多時間安排與準備，實用的旅遊工具書籍及雜誌可以幫忙節省許多時間來準備旅遊功課，內容包含行程規畫、航空機票、住宿地點、觀光景點等資訊。在旅遊的過程中，若有機會及空餘時間，記得到當地的觀光案內所或觀光情報所索取免費的資料，對往後的旅遊規畫會有很大的幫助！

- 參考日本觀光旅遊官方網站的資訊

　　善加運用網路資訊，許多日本觀光旅遊官方網站可以查詢，包含氣象、賞櫻花最前線、神社寺院、文化、景點、美食等資訊。

- 實用的旅遊資訊

日本氣象廳 (Japan Meteorological Agency)

日本政府氣象單位所發布的消息，除了可以查詢天氣預測之外，也可查詢火山噴發、地震、積雪情報等資訊。

日本雅虎氣象

日本 Yahoo 網站提供天氣預測資訊，氣象預報人員網路 ONLINE 說明，包含天災、氣溫及降雨機率等。

日本旅遊與生活指南

提供日本觀光資訊網站，介紹觀光景點、美食購物、交通線路、住宿等資訊。

日本政府觀光局中文版網站

可以查詢日本各大地區的美食、主題樂園、購物等資訊。

さくら開花予想	
提供查詢每年日本全國櫻花開花預測情報及交通等資訊。	
日本紅葉観るなび (日本観光振興協会)	
提供查詢每年日本全國紅葉預測的情報及交通路線等資訊。	

• **查詢電車時刻表的網站：**

えきから時刻表	
提供 JR 電車、新幹線及私鐵交通時刻表查詢、車站地圖等交通資訊。	
JR おでかけネット	
提供 JR 電車及新幹線交通時刻表查詢、車站設施、車票費用、地圖等交通資訊。	

行程規畫

　　日本是一個治安很好的國家，很適合安排自助旅行，在規畫的過程中，首先想想興趣是什麼、思考一下想要去什麼景點遊玩。經參考相關旅遊書籍及蒐集網路資訊之後，就可以開始規畫行程

▲ 上野車站旅遊服務資訊

了，規畫行程的步驟如下：

Step 1　**購買機票**

　　機票購買完成後，這就代表旅行時程也確定了。因有幾間航空公司都可以提早 360 天以內選購機票，若預定櫻花或楓葉季節前往，且又想購買到便宜的優惠機票者，建議在 10 個月前完成訂票。有的廉價航空公司有分夏季或冬季的機票方案，若也想購買到便宜的優惠機票，就須隨時注意各家航空公司官方網站的公告與通知，例如樂桃及虎航有分冬季機票 (10/30 ～隔年 3/25) 約 7 月初至中旬公告開賣，夏季機票 (3/26 ～ 10/29) 約前年 12 月初至中旬公告開賣。

Step 2　**住宿訂房**

　　住宿的類型包含膠囊旅館、民宿、公寓式旅館、商務飯店及高級大飯店 (詳見 P.12，可依住宿需求品質及價位，選擇出適合的住宿地點。

Step 3　**依天數列出想去的景點**

　　在安排行程景點時，建議要以地區性為主，第一優先考量自身的體力與行動力，若是 1 ～ 3 人小團體的話，建議 1 天內安排的景點約 3 ～ 4 個景點，但景點之間的距離不能太遠；若是 4 ～ 6 人以上的團體，或者有年長者、年幼小朋友的話，建議 1 天內安排的景點約 2 ～ 3 個比較適合。當然也可以運用周遊券的路線圖來規畫旅行哦！

Step 4　**選擇適合的交通車券**

　　依天數排列好行程之後，就可以來研究東京地區有哪些交通周遊券在旅行的過程中是比較適合的，除了交通費用可以比較省錢之外，還有些知名的景點門票及美食商店等，也有優惠券可以使用！有些朋友是屬於隨興買機票、訂住宿及走景點，或許這種隨興的玩法也是旅遊的一種方式，但若能提早準備的話，就更事半功倍啦！

Step 5　**再次確認行程安排的合理性**

　　旅行的過程中難免會遇到天候不佳等因素影響到行程的計畫，要懂得適度地調整備案行程，才不會因天候等因素而無法開心地遊玩，例如陰雨天可調整前往室內購物商圈或室內主題樂園遊玩。

日本假期

通常日本國定假期的時候，在成田／羽田機場會看到正準備出國的人潮，還有日本民眾也會安排前往風景區旅遊，這時會發現新幹線、特級列車及快速巴士的座位比較難訂得到，還有深受大眾喜愛的迪士尼樂園的人潮相對也會比較多。其實在日本黃金假期這幾天還是可以安排前去旅行，若安排的活動大多時間都是在購物中心及百貨商場的話，所受的交通影響及程度並不大哦！日本國定假期的資訊整理如下：

月分及日期	假日名稱
1/1	新年元旦（年底 12/29 ～ 1/4 新年假期）
1 月分第二週的星期一	成人日
2/11	建國記念日
2/23	天皇誕生日
3/20	春分之日（掃墓）
4/29 ～ 5/5	黃金週假期 (4/29 昭和天皇誕生日、5/3 憲法紀念日、5/4 綠之日、5/5 兒童節)
7 月分第三週的星期一	海之日（海洋節）
8/11	山之日（於 2016 年起實施）
8/13 ～ 8/16 前後	盂蘭盆節，非國定假日，但日本人會安排休假
9 月分第三週的星期一	敬老日
9/22	秋分之日
10 月分第二週的星期一	體育之日 (紀念東京奧運會)
11/3	文化之日 (明治天皇誕生日)
11/23	勤勞感謝日（感謝父母及每一位勞動者的辛勞）

＊日本的法定節假日如逢週六或週日則次日補假一天。

緊急應變

遺失物品了怎麼辦？

在旅途中若物品遺失的話，可直接撥打110，或向派出所警察單位請求協助。若在公共場所及交通運輸場所（包括購物商圈、餐廳、球場、車站、電車、巴士、計程車）等處遺失物品的話，可直接向相關場所的遊客服務中心或管理單位請求協助。

護照遺失了怎麼辦？

申請補發程序步驟如下：

Step 1

向當地附近的警察局報失，並取得報失證明。

Step 2

向駐日單位辦理手續，相關文件如下：

- 報失證明。
- 身分證或駕照。
- 2 張 2 吋彩色照片。
- 返國入境證明函。

Step 3

持補發護照或入境證明函出境，若有逾期停留情形，先向入國管理局報到。詳細的內容請參閱外交部領事事務局官方網站。

信用卡遺失了怎麼辦？

立即聯絡發卡銀行機構，並申請掛失，若有需要緊急預借現金，可另外申請緊急替代卡。

遇到地震時怎麼辦？

日本關東地區也處於地震地帶，當搭乘電車或新幹線時，因日本電車及新幹線的預警系統非常先進，地底下層發生震動的時候，電車及新幹線的車速會立即緩慢下來並停駛，等地震結束後，鐵路公司還須花時間確認交通的狀況，所以電車不會馬上行駛及通車，此時須聽從列車長的廣播及指揮。所搭乘的電車若遇到地震而延誤無法搭乘前往機場的話該怎麼辦？此時只能選擇搭乘計程車前往機場，但必須要先請司機確認交通狀況是否安全之後，才可以前往機場。

單身女性不宜去哪？

日本的治安雖然很好，但夜晚還是有機會遇到喝醉酒、發宣傳拉客，以及飆車族，所以女生在夜晚外出時，結伴出門會比較安全。大多百貨公司及購物商圈於晚上 21:00 之前會準備關店打烊，除了拉麵店、居酒屋等連鎖餐飲店有 24 小時營業之外，建議早早回飯店休息才是王道。

在夜深寧靜的時候，有哪些地方是單身女性不宜前往呢？

- 無人窄巷及街道。
- 公園及無人管理的公共廁所。
- 酒店風化區（切記！不允許拍照哦！）

身體不適生病、受傷怎麼辦？

日本東京地區每年春、秋兩個季節早晚溫差約 10～12 度左右，有過敏體質（鼻子或氣管）的遊客，比較容易因氣候溫差的影響而感冒，或是慢性病者（如長期頭痛、胃痛、糖尿病、高血壓等），建議在出國之前自行準備好醫生已開好的長期藥方，並隨身攜帶。

東京市區知名的藥局及藥妝店會有專業的藥劑師，若身體有感冒症狀的話，可以請藥劑師協助，可準備一張紙與筆寫上漢字或英文的症狀來溝通，或者運氣好的話，可以遇到會中文的服務人員幫忙翻譯，例如症狀為發燒的話，日文為「発熱」；而感冒的日文為「風邪」，假如皮膚突然過敏紅腫，可以現場將此症狀給藥劑師看看及諮詢，雖然日本的藥劑師可提供專業諮詢與服藥指導的服務，但若能前往醫院及診所看病才是正確的做法。

非日本國籍的人在日本醫院看病費用很高，且須全額自費，費用包括醫療費及醫藥費，出國前可以向保險公司投保海外旅行平安險或醫療保險（記得向醫院索取診斷證明）。若遇緊急狀況或發生急病時，請撥打電話 110 或 119 叫救護車，並且立即與駐日機關人員聯絡及請求協助。

台北駐日經濟文化代表處
Taipei Economic and Cultural Representative Office in Japan

地址：東京都港區白金台 5-20-20
電話：(81-3) 3280-7811
傳真：(81-3) 3280-7929
E-mail：information@mofa.gov.tw
辦公時間 (週一至週五)：09:00～12:00，13:00～18:00
領務開館時間 (週一至週五)：09:00～11:30，13:00～16:00

台北駐日經濟文化代表處台灣文化中心

地址：東京都港區虎之門 1-1-12 虎之門大樓 2 樓
電話：(81-3)6206-6180
傳真：(81-3)6026-6190
E-mail：twcc@moc.gov.tw

台北駐日經濟文化代表處橫濱分處

地址：橫濱市中区日本大通り 60 番地　朝日生命橫濱ビル 2 階
電話：(81-45)641-7736 轉 8
傳真：(81-45)641-6870
E-mail：yok@mofa.gov.tw

chapter 2

交通票券
資訊介紹

飛往東京的主要聯外國際機場分別為「成田國際機場」及「羽田機場」，不管選擇搭乘的是哪一家航空公司及航班，只要抵達成田機場或羽田機場，都可以選擇搭乘鐵路電車或機場巴士前往東京及各地觀光景點自助旅行。

成田
國際機場

日本最大的國際機場位於日本千葉縣成田市，機場名為成田國際空港 (Narita International Airport，代碼為 NRT)，距離東京市中心約 60 公里，機場範圍包括第一航廈、第二航廈及第三航廈。

 成田機場第一航廈

第一航廈中央大樓分為北翼及南翼，1 樓入境大廳北翼及南翼設有巴士的售票服務台，而航站大樓門口外則是巴士乘車處。地下 1 樓 (B1F) 範圍包括 JR 電鐵及京成電鐵的售票處、服務台及成田機場第 1 航廈站 (成田空港駅) 入口。飛往成田第一航廈的航空公司包括全日空航空、長榮航空、樂桃航空、新加坡航空、中國國際航空、山東航空、深圳航空、廈門航空、四川航空 等，假如要轉機飛往日本國內線各地的話，航空公司包括全日空航空、樂桃航空及伊別克斯 (IBEX) 航空。

❶ 京成電鐵旅遊資訊中心 SKYLINER & KEISEI INFORMATION CENTER

❷ JR 東日本電鐵旅客服務中心（JR EAST Travel Service Center)

❸ 前往搭乘 JR 電鐵或京成電鐵

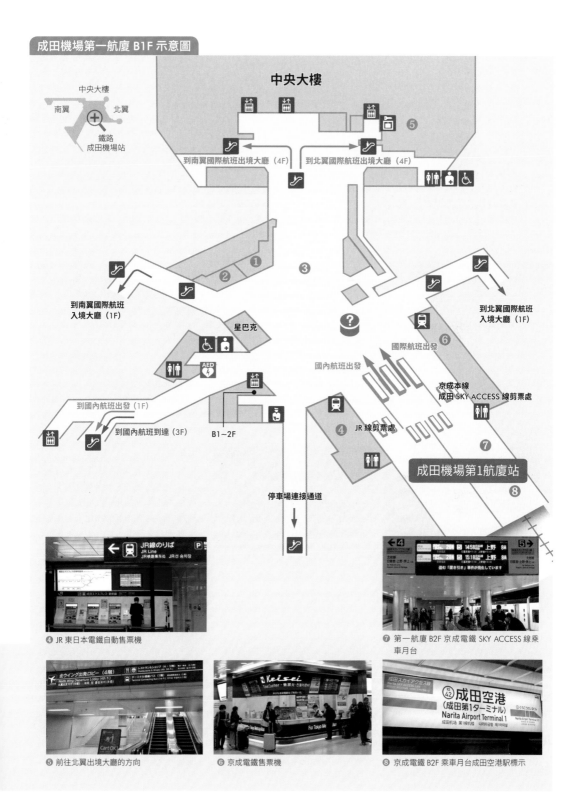

成田機場第一航廈 B1F 示意圖

中央大樓
南翼　北翼
鐵路
成田機場站

中央大樓

到南翼國際航班出境大廳（4F）　　到北翼國際航班出境大廳（4F）

到南翼國際航班
入境大廳（1F）

星巴克

AED

到國內航班出發（1F）
到國內航班到達（3F）
B1~2F

停車場連接通道

國內航班出發

國際航班出發

到北翼國際航班
入境大廳（1F）

京成本線
成田 SKY ACCESS 線剪票處

JR 線剪票處

成田機場第1航廈站

④ JR 東日本電鐵自動售票機

⑦ 第一航廈 B2F 京成電鐵 SKY ACCESS 線乘車月台

⑤ 前往北翼出境大廳的方向

⑥ 京成電鐵售票機

⑧ 京成電鐵 B2F 乘車月台成田空港駅標示

第一航廈各樓層設施與服務資訊

樓層	機場設施與服務資訊
5F	商店、餐廳、便利商店、瞭望台
4F	UNIQLO、ABC MART、無印良品、TEAVEL SHOP MILESTO、MARVEL、樂高授權專賣店、書店、手工藝品店、特產商店、餐廳、服飾鐘錶、行李寄送及寄存 (營業時間平日：09:00～18:00；週末、休假日：09:00-17:00)、郵便局 (營業時間：08:30～20:00) 等
3F	國際航班出境大廳、日本國內航班大廳、免稅商店、餐廳、咖啡廳、松本清藥妝店
2F	客服中心、停車場連接通道
1F	入境大廳、巴士售票櫃檯、外幣兌換、ATM 服務、手機與 Wi-Fi 租賃、FUKUTOMI、汽車租賃服務台、行李寄送及寄存 (南口 S3 及北口 N3 門口旁)
B1F	JR OFFICE TICKET、JR EAST Travel Service Center、SKYLINER & KEISEI INFORMATION CENTER、京成電鐵售票處、LAWSON、Family Mart、成田機場駅

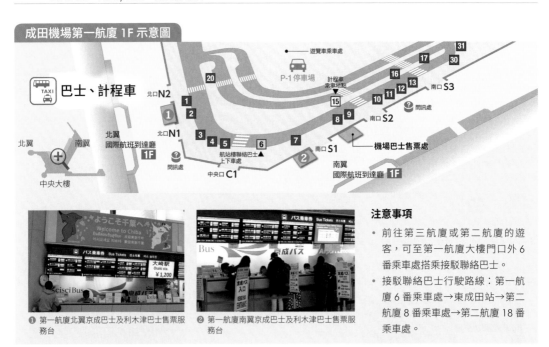

成田機場第一航廈 1F 示意圖

❶ 第一航廈北翼京成巴士及利木津巴士售票服務台

❷ 第一航廈南翼京成巴士及利木津巴士售票服務台

注意事項

- 前往第三航廈或第二航廈的遊客，可至第一航廈大樓門口外 6 番乘車處搭乘接駁聯絡巴士。
- 接駁聯絡巴士行駛路線：第一航廈 6 番乘車處→東成田站→第二航廈 8 番乘車處→第二航廈 18 番乘車處。

第一航廈 1F 巴士乘車處

乘車處 (番號)	前往目的地
10	東京城市航空總站、東京駅、日本橋、新宿 (經由 TCAT)、池袋、目白、九段、後樂園、芝 (僅停靠東京芝塞萊斯廷酒店站)、汐留、竹芝、台場、有明、日比谷、銀座、澀谷、二子玉川、歌舞伎町 (東急歌舞伎町大廈)、淺草、錦糸町、豐洲、東陽町、新木場、千葉 (新浦安、舞濱、東京迪士尼度假區)
11	芝 (停靠除東京芝塞萊斯廷酒店以外車站)、六本木、赤坂、立川、昭島、新宿 (不經過 TCAT)、輕井澤
12	羽田機場、惠比壽、品川、橫濱城市航空總站 (Y-CAT)、港未來
13	若葉台駅、稻城駅、調布駅、高尾、八王子、南大澤駅、京王多摩中心駅、聖蹟櫻丘駅、埼玉 (富士見野、新座、志木、朝霞台、新越谷駅、草加駅、八潮駅)
5	葛西駅、一之江駅、小岩駅、JR 稻毛駅、千葉 (中央駅、幕張新都心、稻毛海岸駅、松戶駅、柏駅、柏之葉公園)、京都府、大阪府、宮城縣 (仙台)、長野縣

乘車處 (番號)	前往目的地
3	大崎駅、豐洲市場前 (MiCHi-Terrace Toyosu)、池袋駅、澀谷駅 (SHIBUYA FUKURAS)、埼玉 (川口駅、赤羽駅)
8	神奈川 (新橫濱駅、中心南駅、多摩廣場駅、新百合丘駅、町田駅、相模大野駅、橋本駅)、埼玉 (坡戶駅、川越駅、埼玉新都心駅、大宮駅)、茨城縣、栃木縣、群馬縣、山梨縣
9	吉祥寺駅、神奈川 (本厚木駅、平塚、藤澤駅、辻堂駅、茅崎駅)
4	千葉木更津、埼玉 (和光市駅、東所澤駅、所澤駅)、靜岡縣、新潟縣、富山縣・石川縣
7	東京駅、銀座站 (有樂町)、東雲車庫
30	機場周邊 (AEON MALL NARITA、SHISUI PREMIUM OUTLETS、航空科學博物館、三里塚、成田駅)、千葉縣海濱幕張站 (僅限早晨)
16、**17**	機場附近飯店巴士、一般民眾停車場
20	租車業者服務、巴士接送區
15	計程車服務區
6	第二航廈聯絡巴士、東成田駅 (服務時間 05:10 ～ 22:54)

成田機場第二航廈

第二航廈中央大樓分為 A 大廳及 B 大廳，1 樓入境 A 為南口，B 大廳為北口，兩處設有巴士的售票服務台，而航站大樓門口外則是巴士乘車處，地下 1 樓 (B1F) 範圍包括 JR 電鐵及京成電鐵的售票處、服務台及成田機場第 2・第 3 航廈站 (空港第 2 ビル駅) 入口。若搭乘紅眼班機於清晨時抵達成田機場的話，可以到第二航廈 B 大廳靠近廁所這裡有免費的休息區提供旅客休息。飛往成田第二航廈的航空公司包括日本航空、中華航空、星宇航空、國泰航空、酷航 (Scoot)、台灣虎航、中國東方航空、香港快運、香港航空、澳門航空、菲律賓航空、馬來西亞航空等，假如要轉機飛往日本國內線各地的話，航空公司包括日本航空。

第二航廈各樓層設施與服務資訊

樓層	機場設施與服務資訊
4 F	Bic Camera、星巴克、ABC MART、無印良品、麥當勞、美食餐廳、書店、特產商店、服飾鐘錶等
3 F	國際航班出境大廳、客服中心、UNIQLO、松本清、郵便局 (營業時間：08:30 ～ 20:00)、行李寄送及寄存 (營業時間平日：09:00 ～ 18:00；週末、休假日：09:00-17:00) 等
2 F	日本國內航班出入境大廳、寵物旅館、咖啡簡餐、便利商店、Nine hours 膠囊旅館、停車場連接通道
1 F	入境大廳、巴士售票櫃檯、外幣兌換、ATM 服務、手機與 Wi-Fi 租賃、SIM 卡自動販賣機、汽車租賃服務台、行李寄送及寄存、旅客休息區
B1 F	JR EAST Travel Service Center、JR OFFICE TICKET、SKYLINER & KEISEI INFORMATION CENTER、京成電鐵售票處、7-Eleven、Family Mart、機場第 2・第 3 航廈站

▲ 第二航廈 JR 東日本電鐵旅客服務中心（JR EAST Travel Service Center)

▲ 第二航廈 UNIQLO

▲ Bic Camera

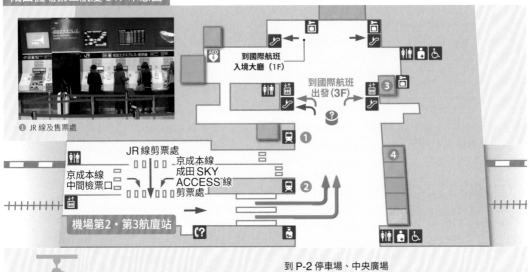

AED
到國際航班
入境大廳（1F）

到國際航班
出發（3F）

❸

JR線剪票處

京成本線
成田 SKY
ACCESS 線
剪票處

京成本線
中間檢票口

機場第2・第3航廈站

❹

❶

❷

❶ JR 線及售票處

到 P-2 停車場、中央廣場

主樓

❷ 京成本線、成田 SKY ACCESS 線　　❸ JR EAST Travel Service Center　　❹ SKYLINER & KEISEI INFORMATION CENTER

第二航廈 1F 巴士乘車處

乘車處（番號）	前往目的地
1	第三航廈聯絡巴士 (服務時間：05:00 ～ 23:00)
6	東京駅、銀座駅 (有樂町)、東雲車庫
14	若葉台駅、稻城駅、調布駅、高尾、八王子、南大澤駅、京王多摩中心駅、聖蹟櫻丘駅、埼玉 (富士見野、新座、志木、朝霞台、新越谷駅、草加駅、八潮駅)
15	羽田機場、惠比壽、品川、神奈川 (橫濱城市航空總站 Y-CAT、港未來)
16	芝 (停靠除東京芝塞萊斯廷酒店以外車站)、六本木、赤坂、立川・昭島、新宿 (不經過 TCAT)、輕井澤
17	東京城市航空總站、東京駅、日本橋、新宿 (經由 TCAT)、池袋、目白、九段、後樂園、芝 (僅停靠東京芝塞萊斯廷酒店站)、汐留、竹芝、台場、有明、日比谷、銀座、澀谷、二子玉川、歌舞伎町 (東急歌舞伎町大廈)、淺草、錦糸町、豐洲、東陽町、新木場、千葉 (新浦安、東京迪士尼度假區、舞濱)
9	吉祥寺駅、神奈川 (本厚木駅、平塚、藤澤駅、辻堂駅、茅崎駅)
8 、18	第一航廈聯絡巴士、東成田駅 (服務時間：05:00 ～ 22:30)
12	葛西駅、一之江駅、小岩駅、千葉 (JR 稻毛駅、千葉中央駅、幕張新都心、稻毛海岸駅、松戶駅、柏駅、柏之葉公園)、京都府、大阪府、宮城縣、長野縣
7	大崎駅、豐洲市場前 (MiCHi-Terrace Toyosu)、池袋駅、澀谷駅 (SHIBUYA FUKURAS)、埼玉 (川口駅 / 赤羽駅)
11	千葉木更津、埼玉 (和光市駅、東所澤駅、所澤駅)、靜岡縣、新潟縣、富山縣・石川縣

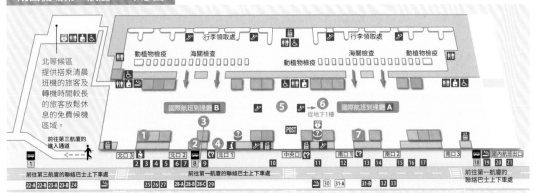

成田機場第二航廈 1F 示意圖

北等候區提供搭乘清晨班機的旅客及轉機時間較長的旅客放鬆休息的免費候機區域。

行李領取處　　　　　　　　　行李領取處

動植物檢疫　海關檢查　　　動植物檢疫　海關檢查　動植物檢疫

國際航班到達廳 B　　　⑤　　⑥ 從地下1樓　國際航班到達廳 A

前往第三航廈的進入通道

① ② ③ ④ ⑦

北口3　北口2　北口1　　中央口　　南口1　南口2　南口3　　國內航班出口

① ② ③ ④ ⑤ ⑥ ⑦ ⑧ ⑨　　　⑩　　　⑪　　⑫　⑬ ⑭　⑮ ⑯ ⑰　　⑱ ⑲ ⑳ 21

前往第三航廈的聯絡巴士上下車處　　前往第一航廈的聯絡巴士上下車處　　　前往第一航廈的聯絡巴士上下車處

22-A 22-B 23-A 23-B 24　　25 26 27　28-A 28-B 28-C 29　　30 31-A　31-B 32 33

主樓

注意事項

* 前往第三航廈可至第二航廈大樓門口外 1 番乘車處搭乘接駁聯絡巴士，或步行 630 公尺 (人行道有點小上坡) 約 10 分鐘抵達。
* 前往第一航廈可至第二航廈大樓門口外 8 番或 18 番乘車處搭乘接駁聯絡巴士。

① 第二航廈入境大廳宅急便

② 第二航廈利木津巴士、成田巴士、THE アクセス成田售票櫃檯

③ 乘車處 8 番接駁巴士往第一航廈

④ 第二航廈 1F 入境大廳北門出入口

⑤ 第二航廈入境大廳

⑥ 第二航廈入境大廳

⑦ 第二航廈利木津巴士、成田巴士、THE アクセス成田售票櫃檯

13	海濱幕張駅 (僅限早晨)、機場附近芝山千代田駅、蓮沼海濱公園、橫芝屋形海岸、多古
10	神奈川 (新橫濱駅、中心南駅、多摩廣場駅、新百合丘駅、町田駅、相模大野駅、橋本駅)、埼玉 (坡戶駅、川越駅、埼玉新都心駅、大宮駅)、茨城縣、栃木縣、群馬縣、山梨縣
24、22-A、23-A、22-B、23-B	一般民眾停車場、遊覽車、成田機場溫泉空之湯
25、26、27、23-B、32、33	機場附近飯店巴士，包括成田東武機場飯店、ANA 成田皇冠廣場飯店、成田花園飯店、希爾頓飯店、東橫 INN 成田機場、APA HOTEL(京成成田站前)、日航成田飯店等
29、30	租車業者服務、巴士接送區、計程車服務區

成田機場第三航廈

於 2015 年 4 月 8 日正式啓用成田第三航廈國際航線及日本國內航線，當初機場建設的計畫主要是專門給廉價航空公司使用，包括亞洲航空、捷星日本航空、捷星航空、春秋日本航空、濟州航空，假如要轉機飛往日本國內線各地的話，航空公司包括捷星日本航空、春秋日本航空。第三航廈 2 樓有日本國內機場最大的美食區（營業時間：04:00～21:00），包含壽司 (TATSU SUSHI)、松屋 (MATSUYA) 等。

❶ 第三航廈 2F 出境大廳

成田機場第三航廈 2F 示意圖

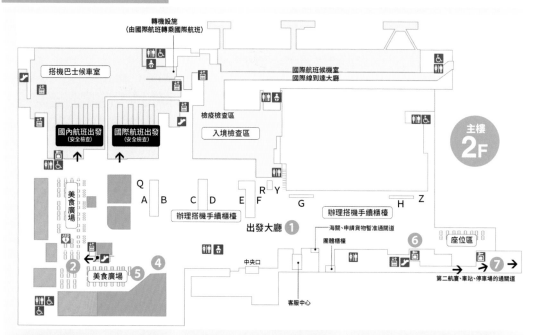

轉機設施
（由國際航班轉乘國際航班）

搭機巴士候車室

國內航班出發（安全檢查）

國際航班出發（安全檢查）

檢疫檢查區

入境檢查區

國際航班候機室
國際線到達大廳

主樓
2F

美食廣場

Q
A B C D E F
R Y
G
Z
H

辦理搭機手續櫃檯

辦理搭機手續櫃檯

出發大廳 ❶

海關、申請貨物暫准通關道

團體櫃檯

座位區

❷
美食廣場 ❺ ❹

❻

❼

中央口

第二航廈、車站、停車場的通關道

客服中心

❷ 第三航廈 2F 用餐區

❸ 第三航廈機場巴士售票櫃檯

❹ FA DO LA BOOKS 書店

❺ LAWSON 便利商店

❻ 第三航廈投幣式置物櫃

❼ 第三航廈至第二航廈人行聯絡通道

第三航廈各樓層設施與服務資訊

樓層	機場設施與服務資訊
4F	衛星樓
3F	國際航班出發區域、免稅商店
2F	國際線及日本國內線入出境大廳、機場報到櫃檯、美食區、便利商店 (LAWSON)、外幣兌換
1F	前往第二航廈大樓人行專用步道、第二航廈聯絡巴士 (服務時間：04:30～23:00)、巴士售票服務台、行李寄送、手機與 Wi-Fi 租賃、計程車及巴士乘車處

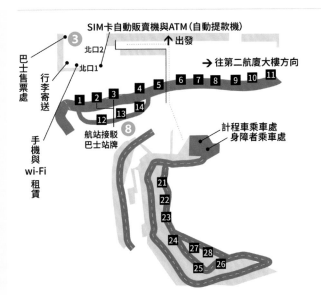

注意事項

- 若要搭乘 JR 電車及京成電車者，請前往第二航廈 B1 第 2•第 3 航廈站 (空港第 2 ビル駅) 搭乘。
- 若須購買東京地鐵 (Tokyo Subway Ticket 24hour、36hour、72hour) 票券者，請至第二航廈 1 樓京成巴士售票櫃檯購買。
- 若須購買 JR 關東廣域周遊券、N'EX 成田特快優惠票券等 JR PASS 票券者，請至第二航廈 B1F JR EAST Travel Service Center 售票櫃檯購買。
- 若在旅行社、飛機上與空服員購買成田特快優惠兌換票券者，請至第二航廈 B1F SKYLINER & KEISEI INFORMATION CENTER 服務櫃檯兌換票券。
- 從第三航廈前往第二航廈的遊客，可選擇搭乘接駁聯絡巴士，或步行 630 公尺約 8 分鐘抵達。

⑧ 航廈外巴士乘車處

第三航廈 1F 巴士乘車處

乘車處（番號）	前往目的地
4、5	東京駅、銀座駅 (有樂町)、東雲車庫
7	惠比壽、品川、高尾、八王子、若葉台駅、稻城駅、調布駅、南大澤駅、京王多摩中心駅、聖蹟櫻丘駅、羽田機場、神奈川橫濱城市航空總站 (Y-CAT)、港未來
8	立川・昭島、六本木・赤坂、新宿 (不經過 TCAT)、輕井澤
9	東京城市航空總站、東京駅、日本橋、新宿 (經由 TCAT)、池袋、目白、九段、後樂園、日比谷・銀座、芝、汐留、竹芝、台場、有明、赤坂、六本木 (經由東京城市航空總站)、澀谷、二子玉川、歌舞伎町 (東急歌舞伎町大廈)、淺草、錦糸町、豐洲、東陽町、新木場、千葉 (新浦安、東京迪士尼度假區、舞濱)
10	葛西駅、一之江駅、小岩駅、千葉 (JR 稻毛駅、千葉中央駅、幕張新都心、稻毛海岸駅、松戶駅、柏駅、柏之葉公園、埼玉 (富士見野、新座、志木、朝霞台、新越谷駅、草加駅、八潮駅)、宮城縣、長野縣
13	吉祥寺駅、神奈川 (本厚木駅、平塚、藤澤駅、辻堂駅、茅崎駅)
6	大崎駅、豐洲市場前 (MiCHi-Terrace Toyosu)、池袋駅、澀谷駅 (SHIBUYA FUKURAS)、埼玉 (川口駅、赤羽駅)
11	千葉木更津、神奈川 (新橫濱駅、中心南駅、多摩廣場駅、新百合丘駅、町田駅、相模大野駅、橋本駅)、埼玉 (坡戶駅、川越駅、埼玉新都心駅、大宮駅)
12	埼玉 (和光市駅、東所澤駅、所澤駅)、靜岡縣、新潟縣、富山縣、石川縣
2、3	第一航及第二航廈聯絡巴士、東成田駅 (服務時間：05:08～23:13)。

成田機場
往返東京

▲ JR N'EX 成田特快列車

　　成田國際機場往返東京的交通工具非常便利，可以選擇搭乘電車或機場巴士前往東京市中心，主要電車包括 JR 東日本旅客鐵路株式會社所營運的 N'EX 成田特快 (全名 JR Narita Express，簡稱 N'EX) 及成田機場快速 (Airport Rapid) 列車，以及京成電鐵株式會社所營運的京成特快 (Skyliner)、アクセス特級快速 (ACCESS EXPRESS)、京成本線列車等，而主要機場巴士包括利木津巴士、京成巴士、JR 巴士及成田空港交通巴士等。

　　若從機場第一航廈搭乘 N'EX 前往東京駅最快約 58 分鐘，成田特快與成田機場快速列車行駛東京方向的路線相同，但快速列車停靠的車站較多，車資費用比較便宜，若是不趕時間的話，可考慮搭乘成田機場快速列車（總武快速線、橫須賀線）前往東京。

　　前往上野、秋葉原方向的旅客，須至東京駅轉乘 JR 山手線，或者在錦糸町駅轉乘 JR 總武線至秋葉原駅，車資皆為日幣 1,340 円；若前往澀谷、新宿、池袋的話，須至東京駅或品川駅轉乘 JR 山手線，車資約為日幣 1,520 円。

　　搭乘 Skyliner 前往上野駅最快約 36 分鐘，若從第一航廈搭京成巴士前往東京駅最快約 55 分鐘 (交通順暢的情況)。總而言之，條條道路通羅馬，不管搭乘什麼交通工具都需要事前準備查詢班車的時間，這樣才不會延誤到所規畫的旅程。

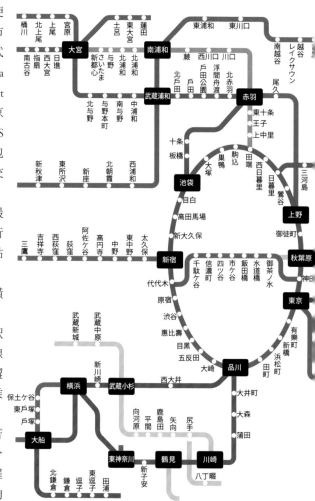

成田機場快速（Airport Rapid）列車前往目的地及票券價格

出發車站	目的地	搭乘時間（約）	單程車資
成田機場第 1 航廈站或第 2・第 3 航廈站	千葉	47 分鐘	680 円
	船橋	60 分鐘	990 円
	錦糸町	75 分鐘	1,340 円
	馬喰町	82 分鐘	1,340 円
	新日本橋	84 分鐘	1,340 円
	東京	86 分鐘	1,340 円
	品川	93 分鐘	1,520 円
	橫濱	120 分鐘	1,980 円
	大船	140 分鐘	2,310 円

▲ 成田機場（Airport）快速列車

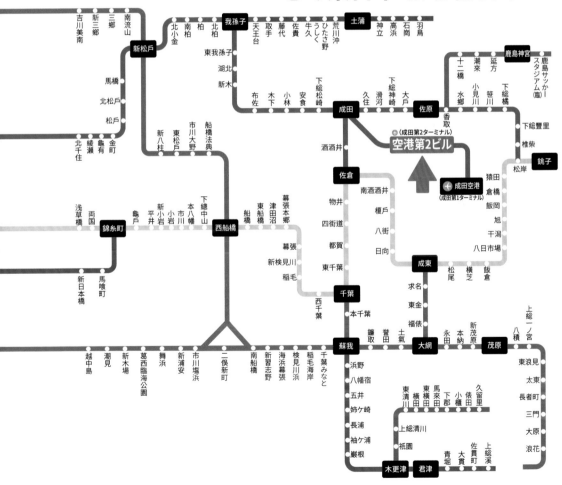

■ JR 東日本地鐵路線圖

▲ JR 機場路線圖

JR N'EX 成田特快
(JR Narita Express)

鐵路發行公司：JR 東日本旅客鐵路
株式會社

JR N'EX

從成田機場前往東京、品川、澀谷、新宿、橫濱的乘客，可考慮搭乘 N'EX，普通車廂指定座席的車票可至成田機場第一航廈及第二航廈的 JR 售票處（Midori-no-madoguchi）旅遊服務中心（View Plaza）或 N'EX 指定座席售票機等購買。

▲ JR N'EX 成田特快外觀

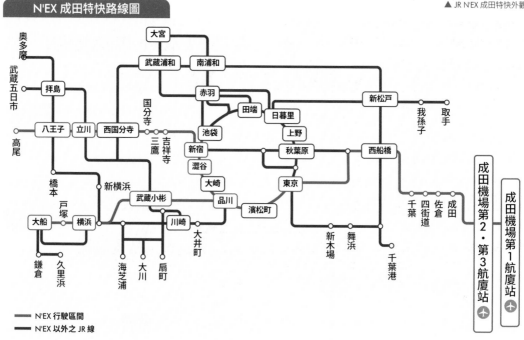

N'EX 成田特快路線圖

— N'EX 行駛區間
— N'EX 以外之 JR 線

N'EX 前往目的地及單程票券價格

出發車站	目的地	搭乘時間（約）	單程車資	
			普通車廂	頭等（綠色）車廂
成田機場第 1 航廈站（成田空港駅）或成田機場第 2・第 3 航廈站（空港第 2 ビル駅）	東京	58 分鐘	3,070 円	5,340 円
	品川	66 分鐘	3,250 円	5,520 円
	澀谷	78 分鐘	3,250 円	5,520 円
	新宿	84 分鐘	3,250 円	5,520 円
	橫濱	91 分鐘	4,370 円	6,640 円
	大船	107 分鐘	4,700 円	6,970 円

▲ 空港第 2 ビル駅

N'EX 票券

購買地點及方法

▲ JR N'EX 成田特快單程車票
（新宿到成田空港）

- 可至成田機場、東京駅、品川駅、澀谷駅、新宿駅等 JR 各大車站的 JR 售票處（綠色窗口 Midori-no-madoguchi）、旅遊服務中心（View Plaza）及 N'EX 指定座席售票機購買。

- 若於有效的時間範圍內使用東京廣域型周遊券、東日本鐵路周遊券（東北地區）、東日本鐵路周遊券（長野、新潟地區）、東日本南北海道鐵路周遊券、日本鐵路通票（JAPAN RAIL PASS）及北陸拱型鐵路周遊券者，可至 JR 各大車站的 JR 售票處、JR 指定座席售票機及旅遊服務中心預約 N'EX 普通車廂指定席。

- 全部座位皆為指定座席，車廂分為普通車廂及頭等（綠色）車廂。

- 普通車廂的座席全部售完時，可買普通車廂的站席車票，售票費用與座席費用相同。

- 普通車廂指定座席的票價在淡季可便宜日幣 200 円，旺季則調漲日幣 200 円。

- 使用 Suica、ICOCA 或 PASMO 等 IC 卡搭乘 JR 成田特快者，若沒有購買指定座席的特級券而搭乘 N'EX 時，遇到列車人員查驗車票須立即補票，目前列車行駛區域無停靠池袋駅及大宮駅。

- 在 JR 官方網站或日本國內可提前 1 個月預訂 N'EX 的指定座席車票，最晚必須在乘車前一天購買及取票。

▲ N'EX 及新幹線自動售票機

▲ N'EX 成田特快月台資訊看板

▲ N'EX 全車廂指定席位資訊看板

▲ 車廂外指示目的地為成田空港

N'EX 優惠票券種類及價格

票券種類	票券價格	
	大人（12 歲以上）	兒童（6～11 歲）
成田機場至東京都區域的 N'EX 往返優惠票券	5,000 円	2,500 円

▲ N'EX 往返優惠票券（東京電車特定區間至成田空港）

N'EX 優惠票券購買地點及方法

- 限持外國護照者購買及使用。
- 購買時請出示護照，僅限本人購買，無法替家人或其他旅客代買。
- 成田機場至東京都區域的 N'EX 往返優惠票券僅限成田機場第一航廈 B1、成田機場第二航廈 B1 的 JR 東日本旅行服務中心（JR EAST Travel Service Center）或 JR 售票處（綠色窗口）購買。
- 可至官方網站 JR-EAST Train Reservation 預約及購買。
- 購買優惠票券時，請主動告訴服務人員出發起站及回程終點站，例如從成田機場第 1 航廈站（成田空港駅）出發至東京駅，以及回程從新宿駅出發至成田機場第 2・第 3 航廈站（空港第 2 ビル駅）。
- 使用有效期為 14 天。
- 每位旅客僅限購買一張。車票的有效期不重複時，可另外購買其他時段的 N'EX 單程原價車票。
- 請抵達成田機場後再購買、兌換及預訂劃位。

N'EX 優惠票券使用範圍及方法

- 去程可選擇從成田機場第 1 航廈站或成田機場第 2・第 3 航廈站前往東京、品川、澀谷、新宿、橫濱、大船等任何一個車站。
- 搭乘 N'EX 之後，只要中途不出車站，皆可於指定區間內（東京列車特定區間內）的任何 JR 東日本車站下車，假如中途出站的話，車票立即失效，無法再回頭使用。
- N'EX 全車皆為指定座席。
- 限乘坐 N'EX 的普通車廂指定座席。
- 不可搭乘其他 JR 特級列車。
- 若搭乘的 N'EX 班車中途有停靠成田、佐倉、四街道、千葉等車站的話，機場前往東京駅的車程時間會增加約 18 分鐘。

▲ JR 東日本電鐵車廂可提供免費 Wi-Fi 服務標示圖示

注意事項

- 購買「成田機場至東京都區域的 N'EX 往返優惠票券」時或搭乘 N'EX 之前，請至售票窗口預約指定席座位。
- 特快列車每趟單程僅可各搭乘一班車。
- 目前 N'EX 班車沒前往池袋駅及大宮駅，若從成田空港要前往池袋駅的話，最快可選擇搭乘 Skyliner 至日暮里駅，再轉乘 JR 山手線至 JR 池袋駅，交通時間約 55～60 分鐘，車資約 2,750 円。
- 旅客因個人事由退票，只要是有效期內且未經使用的通票，均可至各銷售點辦理。
- 指定席車票一經發行後，若超過該列車的發車時刻，即使未使用也恕不受理退款。
- 退票需支付手續費。
- 因列車班次取消或誤點，可以辦理退票。
- 當指定座席客滿以站席方式乘車時，不予退還差額。
- 從成田機場搭乘 N'EX 抵達東京駅時，會因地點是不同的終點而分離列車廂，上車之前請先看清楚車廂前往的地點，以免搭錯車廂。
- 兒童（6 歲～未滿 12 歲）的普通車廂指定座席車票為成人票價的「約」半價。
- 未滿 6 歲的幼兒、嬰兒可免費搭乘（不占位），但下列情形則須購買兒童票：
  1. 1 位成人或兒童可攜 2 位幼兒乘車，若人數超過 2 人時，第三人以上須購買兒童票。
  2. 幼兒或嬰兒單獨一人使用指定座席、頭等（綠色）車廂座席。
  3. 幼兒單獨旅行時。
- 若遇特殊情況而異動班車時刻資訊及臨時列車運轉時，須依現場狀況為主。
- 列車廂種類的簡稱要知道，例如成田エクスプレス＝NEX、特急＝特、通勤快速＝通快、快速＝快、普通。
- 車站名稱及簡稱標示要知道，例如新宿＝新、大船＝大、久里浜＝久、池袋＝池、逗子＝逗、東京＝東、橫浜＝橫、千葉＝千、高尾＝高、大宮＝宮、橫須賀＝須、河口湖＝河。

看懂電車時刻表

以 JR 成田空港駅往東京橫濱方向為例

成田空港往千葉、東京方向

成田空港駅 成田線 成田・千葉・東京方面 (上り)				
時	單位為小時	**平日**	平日或週六日、假日	
6	快 久 52 —單位為分鐘			
7	通快 逗 特NEX 大・新 快 22　　44　　　59			成田エクスプレス
8	特NEX 大・池　　　千 特NEX 横・池 13　　　38　　50			早上 09：45 發車 前往新宿及橫濱
9	快 逗 特NEX 大・新〔河〕 特NEX 横・新 快 逗 02　　15▲　　45　　59			
10	特NEX 池 特NEX 横・新 快 逗 15　　44　　59			
11	特NEX 大・池 特NEX 新 快 14　　44　　58			
12	特NEX 大・新 快 逗 特NEX 池 快 須 20　　32　　44　　59			快速列車
13	特NEX 大・新 特NEX 横・池 快 東 14　　45　　57			（グリーン車自由席） 普通車自由席 下午 13：57 發車
14	特NEX 池 快 逗 特NEX 横・新 快 久 18　　31　　44　　58			前往東京駅
15	特NEX 大・新 特NEX 新 快 久 14　　44　　58			
16	特NEX 大・新 快 久 特NEX 大・新 快 久 19　　33　　44　　58			
17	特NEX 大・宮　　千 特NEX 快 久 16　　30　　44　　58			
18	特NEX 大・池 快 須 特NEX 大・宮 15　　30　　48			
19	快 須 特NEX 快 久 特NEX 大・高 01　　12　　35　　46◆			
20	快 快 久 特NEX 大・高 08　30　　44◆			
21	快 東　　千 特NEX 大・池 15　　32　　44			
22	快 東 16			
23	快 東 00			

▼ 車廂內放置行李處

▼ 車廂內觀

京成電鐵
(Keisei Electric Railway)
鐵路發行公司：京成電鐵株式會社

京成電鐵

從成田機場前往日暮里、上野、押上、淺草等地區，可選擇搭乘京成電鐵，電車種類分為京成特快 (Skyliner)、アクセス特快 (ACCESS EXPRESS) 及京成本線。

▲ 京成特快 Skyliner 外觀

Skyliner 路線圖

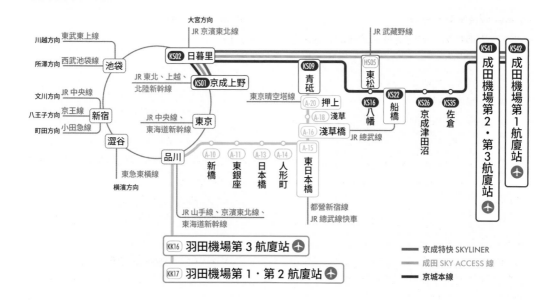

Skyliner 票券種類及價格

票券種類	票券價格	
	大人（12 歲以上）	小朋友（6 ～ 11 歲）
Keisei Skyliner Ticket 原價	2,570 円	1,290 円
Keisei Skyliner Ticket 單程優惠價	2,300 円	1,150 円
Keisei Skyliner Ticket 往返優惠價	4,480 円	2,280 円
Keisei Skyliner 單程＋ Tokyo Subwey Ticket24 小時票券	2,890 円	1,450 円
Keisei Skyliner 單程＋ Tokyo Subwey Ticket48 小時票券	3,290 円	1,650 円
Keisei Skyliner 單程＋ Tokyo Subwey Ticket72 小時票券	3,590 円	1,800 円
Keisei Skyliner 往返＋ Tokyo Subwey Ticket24 小時票券	4,880 円	2,440 円
Keisei Skyliner 往返＋ Tokyo Subwey Ticket48 小時票券	5,280 円	2,640 円
Keisei Skyliner 往返＋ Tokyo Subwey Ticket72 小時票券	5,580 円	2,790 円

▼ 京成上野駅售票服務處

▼ 京成上野駅班車資訊看板（京成本線及 Skyliner）

Skyliner 購買地點及方法

- 可至成田機場第一航廈及第二航廈的京成電鐵售票處或自動售票機（僅限於閘門外）購買。
- Skyliner 票券可使用現金或信用卡購買，但有些售票處無法使用信用卡。
- 官方網站線上預約兌換券者，購買日期可選擇未來 20 天內所搭乘的車票，須使用信用卡付費預約，在京成電鐵服務諮詢中心 (SKYLINER & KEISEI INFORMATION CENTER) 兌換時須確認護照。
- 日本國籍旅客（含旅居海外的日僑）無法購買優惠方案的票券。
- 若在指定旅行社 (如 KKday、Klook) 或航空公司的飛機上購買優惠兌換票券者，請至京成電鐵服務諮詢中心兌換乘車票券。
- 購買 Skyliner 往返兌換票券時，僅可於成田機場第 1 航廈站 (成田空港駅)、成田機場第 2・第 3 航廈車站 (空港第 2 ビル駅) 兌換，上野站及日暮里站無法兌換。

▲ 機內購買 Skyliner 優惠引換證明

Skyliner 搭乘範圍及方法

▲ Skyliner 乘車票券

- 從成田機場第 2・第 3 航廈站搭乘 Skyliner 列車前往日暮里駅約 36 分鐘；前往上野駅約 41 分鐘，若搭乘 Skyliner 通勤班車，上野駅前往成田機場第 2・第 3 航廈站車程約 75 分鐘。
- 從成田機場第 1 航廈站搭乘 Skyliner 列車前往成田機場第 2・第 3 航廈站約 2 ～ 3 分鐘。
- Skyliner 全車廂皆為指定席，須對號入座。
- 因 Skyliner 全車廂皆為指定席，若使用 Suica、ICOCA 或 PASMO 等 IC 卡進入車站月台搭車時，沒有預訂指定席座位而直接搭乘者，可以暫時坐在空位上，若遇到已劃位的乘客上車時，就必須離開座位。搭乘電車的過程中，若

▲ 第二航廈前往搭乘 Skyliner 1 號月台

列車長尚未前來查票及執行補票作業的話，當抵達目的地車站時，須自行前往駅務室補繳指定席車券的費用。

- Skyliner 從成田機場第 1 航廈站出發平日最早班車時間為 07:23，最晚班車時間為 23:00，週六、週日及日本國定假日最早班車時間為 07:30，最晚班車時間為 23:00。
- 從成田機場第 1 航廈站或京成上野駅出發的 Skyliner 皆有通勤列車的班次，中途會停靠的

▲ Skyliner 6 號車廂搭乘處

京成本線路線圖

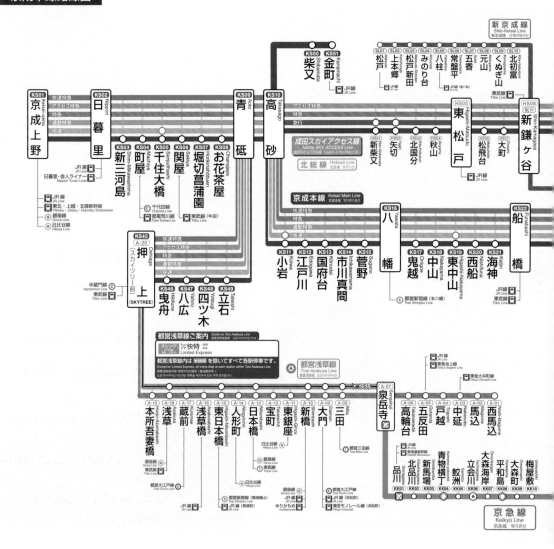

車站包括青砥、新鎌谷駅。

- 於 Skyliner 車廂內可使用免費 Wi-Fi 服務，購買 Skyliner 票券者可持護照至京成電鐵的售票櫃檯 (成田機場第 1 航廈站、成田機場第 2 · 第 3 航廈站)，即可向服務人員領取上網 ID 及密碼。一人限領 1 張 ID 及密碼卡。
- Skyliner 回程引換車票有效期限為 180 天內。

ACCESS EXPRESS 購買地點及方法

- 車站自動售票機或售票處購買。
- 以現金購買。
- 可使用 Suica、PASMO、ICOCA 等 IC 卡。

ACCESS EXPRESS 搭乘範圍及方法

- 成田スカイアクセス線（成田 SKY ACCESS 線）的アクセス特急列車行駛範圍包括成田空港駅至京成上野駅、青砥駅至押上駅（京成押上線）。

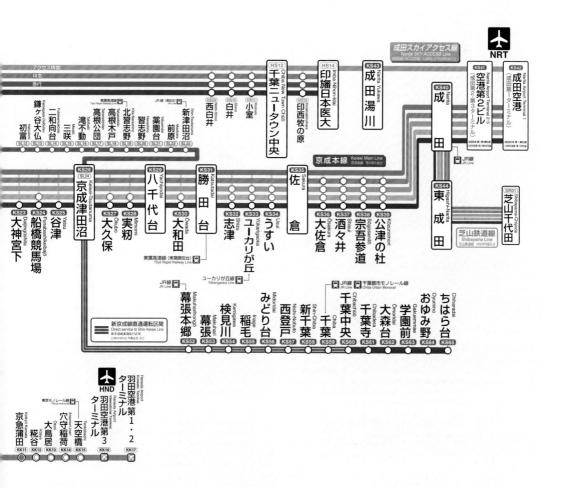

ACCESS EXPRESS 前往目的地及票券價格

出發車站	目的地	搭乘時間（約）	單程車資	
			大人（12 歲以上）	小朋友（6～11 歲）
空港第 2 ビル駅（成田空港駅～空港第 2 ビル駅車程約 2～3 分鐘）	日暮里駅	50 分鐘	1,270 円	640 円
	京成上野駅	54 分鐘	1,270 円	640 円
	押上駅	53 分鐘	1,190 円	600 円
	淺草駅	56 分鐘	1,370 円	690 円
	東日本橋駅	59 分鐘	1,370 円	690 円
	日本橋駅	62 分鐘	1,410 円	710 円
	新橋駅	66 分鐘	1,410 円	710 円
	品川駅	76 分鐘	1,620 円	810 円

- 京成電鐵押上線與都營電鐵淺草線 (押上駅～泉岳寺駅)、京急電鐵羽田空港線 (泉岳寺駅～羽田空港第 3 ターミナル) 的交通為共軌鐵路

▼ 京成電鐵自動售票機

▼ 自動售票機購買 ACCESS EXPRESS 票券

❶：放入紙鈔及貨幣
❷：選擇大人票及兒童票的人數
❸：選擇前往地點，成田空港駅或空港第 2 ビル駅
❹：取票及找零

直通運行及共用乘車月台，所以在搭乘電車之前須先看清楚電車前往的目地，以免因搭錯路線白走冤枉路。

- 從成田機場搭乘アクセス特急列車可前往羽田空港、京急久里浜、上野、西馬込等方向，在搭乘アクセス特急列車之前，請先確認車廂所前往車站的方向，以免因搭錯路線白走冤枉路。

- 從成田機場搭乘アクセス特急列車前往上野方向時，行經青砥及日暮里，終點車站為京成上野駅。

- 從成田機場搭乘アクセス特急的列車前往押上方向時，終點車站大多為羽田空港、西馬込或京急久里濱，若要前往淺草、東日本橋、日本橋、新橋、大門、三田、泉岳寺等地區，以上皆不須在押上駅轉乘即可抵達。舉例：假設從空港第 2 ビル駅搭乘アクセス特急列車前往淺

▼ ACCESS EXPRESS 票券（京成上野駅至成田機場）

草駅，因班車的終點車站為羽田空港航廈，所以中途抵達押上駅時，不須再下車轉乘都營淺草線的電車。

- 搭乘アクセス特急的列車前往羽田空港方向時，因アクセス特急為快速車廂，行經押上駅之後，車廂外標示牌會更名為「エアポート快特」列車，中途有許多車站不停靠，例如都營淺草線僅停靠淺草、東日本橋、日本橋、新橋、大門、三田、泉岳寺等車站，若要在藏前駅或淺草橋駅下車者，須在淺草駅轉乘其他列車廂前往。
- 當前往押上或淺草地區時，若搭乘アクセス特急電車往上野方向的話，須在青砥駅轉乘前往押上或淺草地區方向的電車。
- 車廂座位無對號入座。
- 從成田空港駅搭乘アクセス特急前往羽田空港車程最快約 90 分鐘，單程費用約日幣 1,840 円。
- 大多數售票機僅限購買京成電鐵車站的範圍，

若在成田機場的售票機購買アクセス特急車票前往押上駅，但最後搭乘到都營淺

▲ アクセス特快車外觀地點指示

草駅下車時，須拿車票到駅務室進行差額補票（使用 IC 卡搭乘較優惠）。

京成本線票券購買地點及方法

- 車站自動售票機或售票處購買。
- 以現金購買。
- 可使用 Suica、PASMO、ICOCA 等 IC 卡。

京成本線搭乘範圍及方法

- 成田本線列車行駛範圍包括成田空港駅至京成上野駅、青砥駅至押上駅（京成押上線）。
- 從成田機場搭乘京成本線的列車前往上野方

京成本線前往目的地及票券價格

出發車站	目的地	搭乘時間（約）	單程車資	
			大人（12 歲以上）	小朋友（6～11 歲）
空港第 2 ビル駅（成田空港駅～空港第 2 ビル駅車程約 2～3 分鐘）	青砥駅	63 分鐘	930 円	470 円
	日暮里駅	76 分鐘	1,050 円	530 円
	京成上野駅	80 分鐘	1,050 円	530 円
	押上駅	78 分鐘	990 円	500 円
	淺草駅	83 分鐘	1,170 円	590 円
	日本橋駅	94 分鐘	1,210 円	610 円
	新橋駅	99 分鐘	1,210 円	610 円
	品川駅	109 分鐘	1,330 円	670 円

▼ 京成本線特級車廂外觀

▼ 第一航廈前往搭乘京成本線

▼ 第二航廈前往搭乘京成本線 3 號月台

向時，行經青砥及日暮里，終點車站為京成上野駅。

- 京成電鐵押上線與都營電鐵淺草線（押上駅～泉岳寺駅）、京急電鐵羽田空港線（泉岳寺駅～羽田空港国際線ターミナル）的交通為共軌鐵路及共用乘車月台，所以在搭乘電車之前須先看清楚電車前往的目的地，以免因搭錯路線白走冤枉路。
- 當前往押上或淺草地區時，若搭乘京成本線電車往上野方向的話，須在青砥駅轉乘前往押上或淺草地區方向的電車。
- 京成本線及京成押上線的班車分為快速特級、特級、通勤特級、快速、急行、普通等車廂。
- 車廂座位無對號入座。
- 大多數售票機僅限購買京成電鐵車站的範圍，若在成田空港的售購機購買京成本線的車票前

往押上駅，但最後搭乘到都營淺草駅下車時，須拿車票到駅務室進行差額補票（使用 IC 卡搭乘較優惠）。

注意事項

- 「單程車資」是指搭乘交通工具的「原價」費用。
- 實際搭乘的交通時間及車資費用，須以現場的狀況為主。
- 搭乘アクセス特急或京成本線電車時，可能會找不到座位或行李放置，所以隨身行李一定要小心顧好，以免因為電車在行進間晃動而跌倒受傷。
- 列車廂種類的簡稱要知道，例如アクセス特急＝ア特、快速特急＝快特、特急＝特急、通勤特急＝通特、快速特急＝特通（都營淺草線內通過）、快速、エ通＝快速（都營淺草線內通過）、普通。
- 車站名稱及簡稱標示要知道，例如羽田空港＝羽、押上＝押、京急久里浜＝久、金沢文庫＝文、海一三浦海岸、三崎口＝三、西馬込＝西、浅草橋＝浅、品川＝品、高砂＝高、上野＝上、京成津田沼＝津。

▼ 京成上野駅搭乘京成電鐵前往成田空港方向

▼ 京成本線車廂內觀

068

成田機場巴士

成田機場的巴士交通路線選擇性很多，要怎麼搭乘才方便？

從成田機場前往東京都市區、橫濱、迪士尼度假區等地區的巴士交通非常便利，選擇性也相當多，假如只是單純的背包客拉著行李從成田機場前往東京駅的話，建議可以搭乘京成巴士或THE アクセス成田巴士，因為車票費用很實惠，車資只需要日幣 1,000 円就可以開始進行自助旅行。如果規畫東京 3 天 2 夜或 4 天 3 夜的行程都集中在東京都市區的購物商圈血拼，或者有帶年幼兒童及推嬰兒車出來旅行的話，建議搭乘利木津巴士往返會比較輕鬆！或許在上下班尖峰時間會遇到交通塞車，但好處是不用拉著笨重行李到處遊走。

利木津巴士（Airport Limousine）

主要行駛東京都、千葉縣、橫濱、神奈川、群馬縣等各地區，不管是從成田機場搭乘的旅客，或者是從羽田機場搭乘的旅客，機場航廈的入境大廳都有設置利木津巴士售票服務台。利木津巴士的每條路線會行經許多知名飯店，若預訂的飯店剛好有利木津巴士設置的停靠站牌的話，建議搭乘利木津巴士往返機場會比較輕鬆！

▼ 第一航廈機場巴士乘車處

▼ 第二航廈利木津巴士乘車處

利木津巴士購買地點及方法

* 成田機場內設置的利木津巴士服務台（營業時間：06:30 ～ 23:00) 皆有販售當日車票、優惠票券等服務。

* 受理信用卡售票服務地點包括東京城市航空總站、新宿車站、羽田機場、成田機場。

* 利木津巴士售票處 (成田機場入境大廳內詢問處、新宿駅西口的巴士售票處、TCAT 東京城市航空總站 3 樓) 及東京 Metro 地鐵月票售票處 (中野駅、西船橋駅、澀谷駅副都心線除外)，可購買利木津巴士成田機場路線單程＋地鐵通票 (Limousine & Subway Pass types) 方案，搭乘利木津巴士的範圍為成田機場至東京都市區，方案分別為巴士單程票券＋ Tokyo Subway Ticket(24 小時) 日幣 4,000 円、巴士成田機場路線單程車票 2 張 (可往返方向) ＋ Tokyo Subway Ticket(48 小時) 日幣 7,200 円，以及巴士成田機場路線單程車票 2 張 (可往返方向) ＋ Tokyo Subway Ticket(72 小時) 日幣 7,500 円，使用有效日期為售票日起至 6 個月內的單次乘坐。

利木津巴士行經的站名及票券價格

目的地區	行經的站名	車程（約）	票價 大人	兒童
東京城市航空總站 (T-CAT)	東京城市航空總站、東京車站鋼鐵大廈	60～90 分鐘	3,100 円	1,550 円
澀谷、二子玉川地區	東急藍塔飯店、澀谷馬克城、澀谷 Fukuras	75～125 分鐘	3,600 円	1,800 円
新宿	東急歌舞伎町塔、新宿站西口 (京王百貨前)、京王廣場飯店、東京凱悅酒店、新宿華盛頓飯店、東京柏悅酒店、東京希爾頓飯店、新宿燦路都廣場大飯店、小田急世紀南悅酒店、新宿高速巴士總站	85～145 分鐘	3,600 円	1,800 円
淺草、錦糸町地區	東京東方 21 世紀飯店、東京黎凡特東武酒店、淺草豪景飯店	60～120 分鐘	3,100 円	1,550 円
池袋、目白、九段、後樂園地區	東京巨蛋飯店、東京椿山莊飯店、池袋陽光巴士總站、太陽城王子大飯店、大都會飯店	75～150 分鐘	3,600 円	1,800 円
六本木、赤坂地區	東京全日空洲際酒店、東京大倉飯店、東京君悅大飯店、東急凱彼德大飯店、赤坂見輔飯店、東京紀尾井町王子畫廊、東京花園露台紀尾井町、新大谷飯店 (赤坂)、東京麗思卡爾頓酒店	90～140 分鐘	3,600 円	1,800 円
惠比壽、品川	新高輪格蘭王子大飯店、高輪格蘭王子大飯店、東京王子大飯店櫻花塔、品川王子大飯店、東京萬豪飯店、東京喜來登都飯店、東京威斯汀飯店、新尚諾飯店	60～155 分鐘	3,600 円	1,800 円
日比谷、銀座地區	東京皇宮飯店、銀座東武萬怡酒店、三井花園飯店銀座普米爾、東京第一飯店、帝國飯店、東京安達仕酒店、東京王子大飯店、東京皇家王子大飯店花園塔、芝公園飯店	75～150 分鐘	3,600 円	1,800 円
橫濱城市航空站、港未來地區	橫濱城市航空總站 (橫濱站東口)、橫濱灣東急飯店、橫濱洲際大酒店 (橫濱太平洋)、皇家花園酒店	100～120 分鐘	3,700 円	1,850 円
新浦安	新浦安站、東京灣普拉納三井花園飯店	85～95 分鐘	2,300 円	1,150 円
東京迪士尼度假區	迪士尼大使大飯店、東京迪士尼海洋、東京迪士尼海洋觀海景大飯店、東京灣喜來登大飯店、東京灣大倉飯店、希爾頓東京灣大飯店、陽道廣場大飯店東京、東京灣舞濱酒店、東京灣舞濱酒店度假俱樂部、東京迪士尼樂園、東京迪士尼樂園大飯店	56～90 分鐘	2,300 円	1,150 円
羽田機場	第一航廈、第二航廈、第三航廈	85～95 分鐘	3,600 円	1,800 円

Tokyo Shuttle (AIRPORT BUS TYO-NRT)

　　選擇從成田機場搭乘 AIRPORT BUS TYO-NRT 巴士前往東京駅及銀座駅，可直接至機場的自動售票機、售票服務櫃檯購買車票，或直接前往巴士乘車處搭乘，可不用事先預約，即可現場與司機車內付費。AIRPORT BUS TYO-NRT 機場巴士平台包含 JR 關東高速巴士、平和交通巴士、あすか交通巴士、西岬觀光巴士、京成巴士、成田空港巴士交通等，各班車巴士會依發車時間前往東京。

AIRPORT BUS TYO-NRT 行經的目的地及票券價格

目的地	車程（約）	票價	
		大人	兒童
東京、銀座	65 ～ 75 分鐘	1,300 円	650 円

AIRPORT BUS TYO-NRT 購買地點及方法：

- 可直接至機場售票櫃檯購買 (營業時間：06:00 ～ 22:00)，或現場巴士車內以現金、Suica、PASMO、ICOCA 等 IC 卡付費。
- 官方網站預約車票須以信用卡付費。
- 已預約的乘客可優先上車入座。
- 直接至乘車處排隊搭乘巴士的乘客，若遇現場班車座位額滿時，無法上車。
- 因座位有限，建議在成田機場各航廈內的售票櫃檯購買車票，購票及搭乘之前須先與服務人員事先確認，請於發車前 5 分鐘至乘車處等候，乘車前票務員將會確認車票，須配合出示車票。

▼ 第二航廈京成巴士 2 番乘車處

- 全車為自由座，可自由入座。
- 於 07:30 ～ 22:45 從成田機場第三航廈出發的巴士，請在售票處購買指定的車票，其他時間發車的巴士，請直接前往巴士站牌等候班車，上車時用現金或交通 IC 卡支付車費。
- 清晨、深夜巴士營業時間為 23:00 ～ 04:59，大人車資為 2,600 円、兒童 1,300 円。
- 成田機場第一航廈巴士站牌位於 7 號乘車處，第二航廈巴士站牌位於 6 號乘車處，第三航廈巴士站牌位於 4、5 號乘車處。
- 東京巴士站牌位於東京駅八重洲南入口前，JR 高速巴士 7、8 號乘車處，首班發車時間為 05:00 前往成田機場。
- 銀座巴士站牌位於東京地鐵銀座駅 C6 出口旁 (銀座 111 休閒大樓、日本基督教聯合教會銀座教會門口)，首班發車時間為 05:50 前往成田機場。
- 成田機場京成巴士售票櫃檯可購買 Tokyo Subway Ticket 套票及票券 (24 小時券、48 小時券、72 小時券)。購買 Tokyo Subway Ticket 時，服務人員會依正常程序，檢視一本護照可購買一種票券，若因長天數旅行需要多張票券者，可在其他售票單位購買。
- 都營地鐵站不販售巴士與地鐵優惠票券。

▼ 第三航廈巴士乘車處

注意事項

- 巴士會依班車時刻表的時間準時發車，請提早 10 分鐘前集合與等候。
- 車票上有顯示巴士乘車位號碼、出發時刻及前往的地點，乘車前請與服務人員再次確認。
- 未滿 6 歲的兒童可免費搭乘，但不提供座位。若需要座位的幼童，須另購買兒童座席的車票，相關規定請至巴士公司的官方網站查詢。
- 大多巴士內基本上都有設置化妝室。
- 巴士內禁菸。
- 依巴士公司規定，辦理報到時，請出示事先列印出來的預約確認證明，無法以手機的預約確認畫面辦理報到手續。
- 隨身行李須自行攜帶上車，大型行李箱可放置於巴士下方的行李艙。
- 深夜及清晨巴士班次的起點站及終點站皆為成田機場第三航廈。
- 班車若因交通道路情況行駛誤點及延遲等原因造成乘客損失，巴士公司不承擔任何責任。

機場巴士交通資訊

平和交通株式會社	AIRPORT BUS TYO-NRT
あすか交通株式會社	千葉交通
JR 巴士關東	東京機場交通 (利木津巴士)
WILLER EXPRESS	成田機場交通
京成巴士	京濱急行巴士

▼ 東京車站往成田機場的乘車站牌

▼ 從成田機場到東京車站八重洲北口的乘車證明

▼ 第二航廈京成巴士售票處

▼ 京成巴士乘座內觀

於 2020 年 3 月 14 日起，國際線航廈更名為第三航廈，原名為東京國際機場 (Tokyo International Airport)，因地理位置座落於羽田地區，之後通稱為羽田國際空港 (Narita，HND)。羽田機場範圍包括日本國內第一航廈、日本國內、國際第二航廈及國際線第三航廈，飛往羽田國際航廈的航空公司包括日本航空、全日空及中華航空、長榮航空、台灣虎航、國泰航空、中國國際航空、海南航空、天津航空、奧凱航空、山東航空、中國東方航空、上海航空、吉祥航空、春秋航空、香港快運航空、美國聯合航空、美國航空等。

第三航廈入境大廳位於 2 樓有設置巴士的售票服務台、JR 電鐵售票處、京急電鐵服務處，以及東京單軌電車搭乘處，而出境大廳位於 3 樓，航廈 1 樓為機場巴士乘車處提供旅客搭乘。

▼ 羽田機場出境大廳

羽田機場第三航廈各樓層設施與服務資訊

樓層	機場設施與服務資訊
5F	商店 (玩具、文具、雜貨)、展望台、租車
4F	江戶小路、免稅商店、餐廳 (中式、西式、日本料理)、咖啡廳、摩斯漢堡
3F	國際航廈出境大廳、7-Eleven、服務台客服中心、JAL ABC 宅配服務處、外幣兌換、ATM 服務、暫時寄放行李處、東京單軌電車驗票口、飯店聯絡道
2F	國際航廈入境大廳、JR EAST Travel Service Center、Tourist Information Center、京急電鐵旅客諮詢中心 (KEIKYU Tourist Information Center)、京急電鐵售票處、機場巴士售票櫃檯、外幣兌換、ATM 服務、手機 Wi-Fi 租賃、SIM 卡自動販賣機、汽車租賃、停車場連接通道、東京單軌電車驗票口
1F	門廳廣場、機場巴士站牌及乘車處、計程車乘車處
B2F	京急電鐵乘車月台

羽田機場第三航廈 2F 示意圖

▼ JAL ABC 宅配服務處

▼ 京急電鐵旅客諮詢中心

觀光資訊中心

宅配服務處

京急旅遊服務中心

京急線搭乘處

巴士售票處

東京單軌電車乘車處

京急利木津巴士搭乘處
搭乘電梯也可前往
巴士搭乘處

巴士搭乘處

注意事項

- 若要搭乘東京單輕軌電車者，請前往第三航廈 2 樓 JR EAST Travel Service Center 售票口旁搭乘。

- 若須購買東京地鐵 (Tokyo Subway Ticket 24hour、36hour、72hour) 票券者，請至 2 樓觀光詢問櫃檯 (Tourist Information Center) 購買。

- 若須購買或兌換 JR 關東廣域周遊券、東日本鐵路周遊券 (東北地區)、東日本鐵路周遊券 (長野、新潟地區)、東日本南北海道鐵路周遊券、日本鐵路通票 (JAPAN RAIL PASS) 及北陸拱型鐵路周遊券等 JR PASS 票券者，請至第三航廈入境大廳 2 樓 JR EAST Travel Service Center 售票櫃檯辦理。

- 若在旅行社或航空公司等代理單位購買京急電鐵優惠兌換票券者，請至第三航廈入境大廳 2 樓京急電鐵旅客諮詢中心辦理。

▼ 羽田空港 JR EAST Travel Service Center 售票櫃檯

機場巴士交通資訊

▼ 外幣兌換處

京急巴士

京王巴士

西武巴士

▼ 巴士售票處

※ 未來可能會因為班機時刻表
　　等因素而產生變動。

▲ 古色古香的江戶小路（第三航廈 4F）

羽田機場第三航廈 1F 示意圖

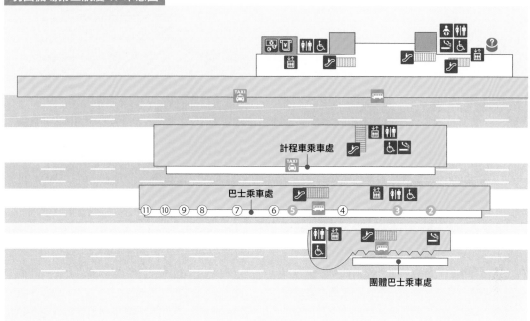

計程車乘車處

巴士乘車處

⑪ ⑩ ⑨ ⑧　⑦　⑥ ⑤　④　③　②

團體巴士乘車處

羽田機場第三航廈巴士乘車處

乘車處（番號）	前往目的地
①	東京駅、日野、八王子駅、高尾駅、東急歌舞伎町塔 (新宿歌舞伎町)、MiCHi Terrace 豐洲 (LA VISTA TOKYO BAY)
②	池袋、東京城市航空總駅 (T-CAT)、豐洲、秋葉原、九段、後樂園、目白、石神井公園 (經由和光市)、練馬駅、光丘、台場、東京 Big Sight、有明、品川、惠比壽、芝、虎之門
③	新宿駅、新宿高速巴士總駅 (Busta 新宿)、新宿地區飯店、大手町、丸之內、聖蹟櫻丘駅、京王多摩中心駅、南大澤駅、赤坂、六本木、中野駅、調布駅、稻城駅、若葉台駅、府中駅、武藏小金井駅、國分寺駅、西國分寺駅東、日比谷、汐留、銀座 深夜清晨時段： 淺草、秋葉原、東京駅、銀座、池袋、新宿、一之江、葛西、東陽町、豐洲、台場、有明
④	青梅、羽村、福生、錦糸町駅、東京晴空塔城、國立駅、立川駅、昭島駅、吉祥寺駅、澀谷駅 (Mark City)、千住大橋駅、北千住駅、二子玉川駅
⑤	葛西駅、一之江駅、小岩駅、龜有駅、東陽町駅、錦糸町、淺草、千葉 (東京迪士尼度假區、新浦安、成田機場、京成津田沼駅、JR 津田沼駅)
⑥	王子駅、赤羽駅、千葉 (西船橋駅、船橋駅、千葉中央駅、松戶駅、新松戶駅) 長野、福島、仙台方向：豬苗代、裏磐梯方向、仙台駅 深夜清晨時段：二子玉川、澀谷、六本木
⑦	神奈川橫濱駅 (YCAT)、箱根桃源台 (經由御殿場) 靜岡、山梨方向：御殿場、甲府駅、河口湖駅、富士山駅 深夜清晨時段：橫濱港未來、櫻木町、橫濱駅 (YCAT)
⑧	神奈川新橫濱駅、橫濱港未來地區、中心北駅、中心南駅、多摩廣場駅、市尾駅、二俣川駅
⑨	大船駅、藤澤駅、鎌倉駅、新百合丘駅
⑩	大井町駅、品川海濱駅、大崎駅、武藏小山、田園調布本町、大崎駅西口、神奈川武藏小杉駅 (經由田園調布本町)
⑪	大森駅、蒲田駅、神奈川 (川崎駅)

羽田機場 2F 搭乘東京單軌電車閘道出入口

位於日本東京都大田區的羽田機場，是往返東京都市中心交通最近（距離約 20 公里）的機場，以交通便利性的方向來考量，對於想前往東京、橫濱自助旅行的旅客來說，飛往羽田機場會是第一首選，可以選擇搭乘電車或機場巴士前往東京都及橫濱市中心，主要電車包括東京モノレール株式会社所營運的東京單軌電車，以及京濱急行電鐵株式會社所營運的京急電鐵列車等，而主要機場巴士包括京濱巴士及利木津巴士等。

從羽田機場搭乘東京單軌電車前往新橋駅（車程約 24 分鐘，車資約 650 円）、品川駅（車程約 30 分鐘，車資約 670 円）、澀谷駅（車程約 45

分鐘，車資 710 約円）、東京駅（車程約 30 分鐘，車資約 670 円）、上野駅（車程約 36 分鐘，車資約 680 円）、新宿駅（車程約 51 分鐘，車資約 710 円）及池袋駅（車程約 53 分鐘，車資約 780 円）等 JR 車站，前往以上 JR 車站須先搭乘東京單軌電車（機場線快速列車）至濱松町駅轉乘 JR 山手線。搭乘京急電鐵快特（エアポート快特）班車前往淺草駅約 35 分鐘，搭乘急行班車前往橫濱駅約 26 分鐘；搭乘機場巴士前往新宿約 40 ～ 60 分鐘（交通順暢的情況）。

▲ 羽田機場 2F 入境大廳京急電鐵、巴士、停車場交通指標

東京單軌電車
（Tokyo Monorail）

鐵路發行公司：

東京モノレール株式会社

從羽田國際機場前往上野、池袋、新宿、澀谷、東京等地區的交通，可選擇搭乘東京單軌電車抵達濱松町駅轉乘 JR 山手線，也可於濱松町駅轉乘 JR 京濱東北線前往東京、上野及橫濱等地區，或是從濱松町駅出站步行經由聯絡通道轉乘都營地鐵大江戶線大門駅前往六本木、赤羽橋、新宿等。

▲東京單軌電車進站及外觀

東京單軌電車路線圖

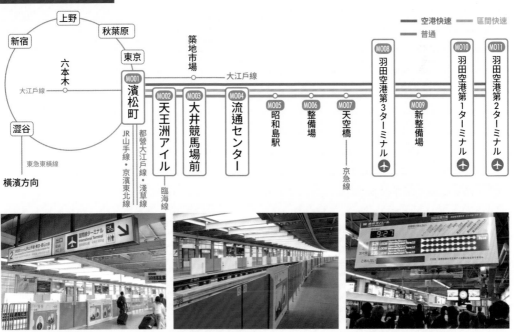

▲ 前往搭乘東京單軌電車　　▲ 東京單軌電車乘車月台　　▲ 東京單軌電車乘車資訊看板

東京單軌電車前往目的地及票券價格

出發車站	目的地	搭乘普通車廂時間（約）	單程車資 大人（12 歲以上）	單程車資 小朋友（6～11 歲）
羽田機場第 3 航廈駅 (羽田空港第 3 ターミナル)	天空橋駅	2 分鐘	160 円	80 円
	昭和島駅	6 分鐘	200 円	100 円
	流通センター駅	10 分鐘	280 円	140 円
	大井競馬場前駅	12 分鐘	280 円	140 円
	天王洲アイル駅	15 分鐘	350 円	180 円
	濱松町駅	18 分鐘	500 円	250 円

東京單軌電車票券購買地點及方法

- 各車站售票機或售票處以現金購買。
- 可使用 Suica、PASMO、ICOCA 等 IC 卡。
- 單軌電車＆山手線內優惠票限定週六、週日、例假日、特定日發售，請至羽田機場第 3 航廈（羽田空港第 3 ターミナル）駅、羽田機場第 1 航廈（羽田空港第 1 ターミナル）駅、羽田機場第 2 航廈（羽田空港第 2 ターミナル）駅的自動售票機購買，大人票券日幣 540 円，兒童日幣 270 円。

▲ 東京單軌電車自動售票機

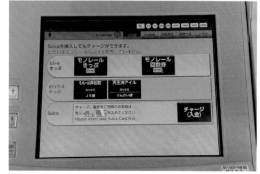

▲ 購買一般乘車票券車資／一日券／單軌電車＆山手線內優惠票方法
- ❶：放入紙鈔及貨幣後購買乘車券
- ❷：選擇大人票及兒童票的人數
- ❸：選擇前往地點，或直接選擇一日券／單軌電車＆山手線內優惠票
- ❹：取票及找零

東京單軌電車搭乘範圍及方法

- 東京單軌電車搭乘的範圍為羽田機場第 2 航廈駅至濱松町駅。
- 列車廂種類分為空港快速、區間快速、普通，從羽田機場第 3 航廈駅搭乘空港快速至濱松町駅車程最快約 13 分鐘抵達。
- 週六、週日、例假日及特定日限定發售的「單軌電車＆山手線內推薦車票」，可從羽田機場第 3 航廈駅、羽田機場第 1 航廈駅、羽田機場第 2 航廈駅到 JR 山手線內的任選一站下車，限單程使用，僅於搭乘當日有效。
- 從羽田機場第 3 航廈駅出發前往濱松町駅（東京都市區）的話，請至羽田機場入境大廳 2 樓售票機旁的車站閘道入口處搭乘，若從濱松町駅回程至羽田機場第 3 航廈駅時，正好是羽田機場的出境大廳 3 樓。
- 每日（包含平日、週六、週日、例假日及特定日）從羽田機場第 3 航廈駅前往濱松町駅的最早班次發車時間為 05:18（區間快速），最晚班次的發車時間為 23:48（普通）；每日從濱松町

駅前往羽田機場第 3 航廈駅的最早班次發車時間為 04:59（空港快速），最晚班次的發車時間為 23:45（普通）。

- 空港快速列車為羽田空港及濱松町駅往返的直達電車，若計畫前往台場的話，請搭乘區間快速及普通列車前往天王洲アイル駅轉換搭臨海線（りんかい線）至東京テレポート駅即可抵達，車資約日幣 560 円。
- 前往 JR 濱松町駅須先出站才可轉乘 JR 山手線或 JR 京濱東北線。
- 濱松町駅須先出站步行約 5 分鐘即可抵達都營地鐵大江戶線大門駅。

注意事項

- 「單程車資」是指搭乘交通工具的「原價」費用。
- 實際搭乘的交通時間及車資費用，須以現場的狀況為主。
- 搭乘東京單軌電車時，可能會找不到座位或行李放置（車廂中央有行李放置區），所以隨身行李一定要小心顧好，以免因為電車在行進間晃動而跌倒受傷。
- 列車廂種類的簡稱要知道，例如機場快速線＝空、區間快速線＝區、昭＝昭和島駅行、普通。

京急電鐵

鐵路發行公司：
京濱急行電鐵株式會社

京急電鐵

▲京急電車快特列車外觀往羽田空港方向

　　從羽田國際機場往返品川、新橋、淺草、押上及橫濱地區的乘客，可考慮搭乘京急電鐵，搭乘快特班車至品川駅最快約 15 分鐘抵達，前往淺草橋駅最快約 35 分鐘，交通非常便利，若想前往六本木、赤羽橋及新宿的話，可至大門駅轉乘都營大江戶線前往。

京急電鐵票券購買地點及方法

- Welcome! Tokyo Subway Ticket 優惠票券須至第三航廈京急旅遊服務中心 (Keikyu Tourist Information Center 購買，在購票時必須出示護照，以現金購買。日本國籍旅客 (含旅居海外的日僑) 無法購買優惠方案的票券。

- 購買 Welcome! Tokyo Subway Ticket 之前，請先購買 PASMO PASSPORT，可使用卡內金額購買車券。

▲ 京急電鐵自動售票機

- Welcome! Tokyo Subway Ticket 優惠票券種類包括京急線往返車票及 Tokyo Subway Ticket(24 小時、48 小時、72 小時) 各一張。京急線往返車票有效期限為 9 天內，而 Tokyo Subway Ticket 的有效期限為 6 個月以內，日期顯示在票卡背面。

- 東京 1DAY 票及橫濱 1DAY 票 (Yokohama 1-Day Ticket)，可以在京急線全站 (泉岳寺站除外) 購買。

- 羽田機場第三航廈的京急旅遊服務中心 (Keikyu Tourist Information Center) 位於 2 樓入境大廳樓層的檢票口旁，服務時間為 08:00 ～ 22:00。

京急電鐵搭乘範圍及方法

- 京濱急行電鐵路線範圍包括京急本線 (泉岳寺～浦賀)、空港線 (京急蒲田～羽田機場第 1、2、3 航廈駅)、久里濱線 (堀之內～三崎口)、逗子線 (金澤八景～新逗子)、大師線 (京急川

京急電鐵票券種類及價格

票券種類	票券價格	
	大人（12 歲以上）	小朋友（6 ～ 11 歲）
Welcome! Tokyo Subway Ticket24 小時票券 (京急線往返)	1,400 円	600 円
Welcome! Tokyo Subway Ticket 48 小時票券 (京急線往返)	1,800 円	800 円
Welcome! Tokyo Subway Ticket 72 小時票券 (京急線往返)	2,100 円	950 円
東京 1DAY 票	910 円	450 円
橫濱 1DAY 票 (品川出發)	1,150 円	460 円
橫濱 1DAY 票 (橫濱出發)	870 円	430 円

※ 京濱急行電鐵簡稱為「京急電鐵」。

崎～小島新田)。

- Welcome! Tokyo Subway Ticket 及京急羽田地鐵通票是京急電鐵、東京 Metro 地鐵、都營地鐵共同合作的套票優惠方案。京急電鐵優惠票券的乘座範圍是羽田機場第 1、2、3 航廈駅～泉岳寺駅,無法使用橫濱方向的路線。

- 東京 Metro 地鐵及都營地鐵自由乘車券 (24 小時、48 小時、72 小時) 使用範圍及方法請參閱 P.100。

- 京急電鐵車廂種類分為エアポート快特、快特、特急、エアポート急行、普通,若搭乘「エアポート快特」班車的話,從羽田空港直達到品川駅及泉岳寺駅;若搭乘「快特」班車的話,從羽田空港中途僅停京急蒲田駅之後,就可直達到品川駅及泉岳寺駅。

- 京急電鐵羽田空港線 (泉岳寺駅～羽田空港第

▲ 羽田空港駅乘車月台

3 ターミナル〔羽田機場第 3 航廈〕)、京成電鐵押上線與都營地鐵淺草線 (押上駅～泉岳寺駅) 的交通為共軌鐵路及共用乘車月台,所以在搭乘電車之前須先看清楚電車前往的目的地,以免因搭錯路線白走冤枉路。

- 從羽田空港搭乘エアポート快特列車前往成田空港方向時,行經押上駅之後,車廂外標示牌

京急電鐵路線圖

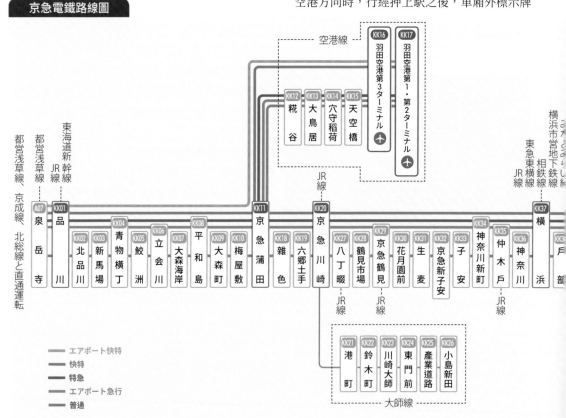

080

▲ 羽田空港駅乗車月台

會更名為京成電鐵「アクセス特急」列車。

- 從羽田空港第 3 ターミナル駅使用 Welcome! Tokyo Subway Ticket 前往搭乘京急電車時，請將京急線車票交給駅務室人員蓋日期章後方可搭乘電車。例如前往新宿駅時，中途可在大門駅轉乘都營大江戶線前往新宿駅，在離開車站閘道門口之前，請至駅務室將京急線

車票及 Tokyo Subway Ticket 交給駅務人員驗票，若使用京急線單程車票的話，駅務人員將會收下京急線單程車票並歸還 Tokyo Subway Ticket 作為後續使用，若使用京急線往返車票的話，驗票完成之後，記得將往返票券收好，因為回程至羽田空港時，駅務人員驗票時會收回京急線車票。

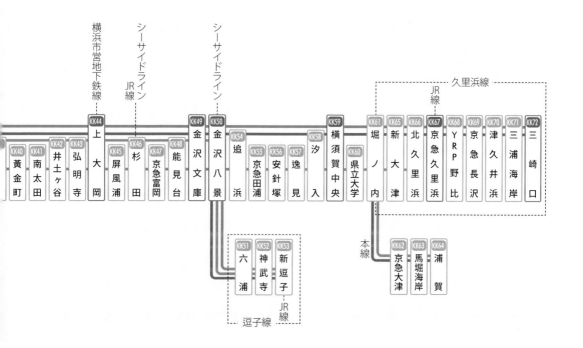

▲ 時間 10:50 快特班車往羽田空港方向

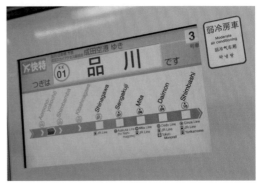

▲ 京急電車快特列車內觀路線看板資訊

- 京急電鐵車廂皆為自由席座位，無須對號入座。
- 東京 1DAY 票是京急電鐵及都營地鐵共同合作的套票優惠方案。京急電鐵優惠票券的乘坐範圍是羽田空港第 3 ターミナル駅～泉岳寺駅，無法使用橫濱方向的路線，都營地鐵範圍包含（淺草線、大江戶線、新宿線、三田線）都營荒川線、日暮里、舍人線，都營公共汽車。
- 使用搭乘電車的過程中，若超出搭乘使用範圍的話，須自行前往駅務室補票。
- 從羽田空港第 3 ターミナル駅搭乘エアポート快特班車前往品川駅約 13 分鐘，車資約日幣 330 円；前往三田駅約 20 分鐘，車資約日幣 510 円；前往大門駅約 22 分鐘，車資約日幣 510 円；前往新橋駅約 24 分鐘，車資約日幣 510 円；前往日本橋駅約 28 分鐘，車資約日幣 550 円；前往東日本橋駅約 30 分鐘，車資約日幣 550 円；前往淺草駅約 35 分鐘，車資約日幣 610 円；前往押上駅約 38 分鐘，車資約日幣 610 円；前往青砥駅約 44 分鐘，車資約日

幣 800 円。若從羽田空港第 3 ターミナル駅搭乘特急班車前往橫濱駅約 23 分鐘，急行列車約 31 分鐘，車資約日幣 370 円。
- 平日從羽田空港第 3 ターミナル駅前往成田空港駅的最早班次發車時間為 05:51(急行)、前往品川駅最晚班次的發車時間為 23:51 (急行)，例假日 (週六、週日) 及特定日羽田空港第 3 ターミナル駅前往成田空港駅的最早班次發車時間為 06:25 (急行)，最晚班次的發車時間為 23:51 (急行)；平日從品川駅前往羽田空港第 3 ターミナル駅的最早班次發車時間為 05:09(特級)，最晚班次的發車時間為 23:59(急行)，例假日 (週六、週日) 及特定日從品川駅前往羽田空港第 3 ターミナル駅的最早班次發車時間為 05:09(特級)，最晚班次的發車時間為 23:42(アクセス特急)。
- 京急電鐵一般普通車廂沒有設置行李放置區，故旅客行李須自行妥善顧好。

注意事項

- 實際搭乘的交通時間及車資費用，須以現場的狀況為主。
- 搭乘京急電車時，可能會找不到座位或行李放置，所以隨身行李一定要小心顧好，以免因為電車在行進間晃動而跌倒受傷。
- 列車廂種類的簡稱要知道，例如エアポート快特＝快特、快特＝快、特急＝特、エアポート急行＝急エ、普通。
- 車站名稱及簡稱標示要知道，例如羽田空港＝羽、押上＝押、京急久里濱＝久、金澤文庫＝文、印旛日本醫大＝醫、京急蒲田＝蒲、淺草橋＝淺、品川＝品、京成高砂＝高、泉岳寺＝泉、成田空港＝成、青砥＝青、新逗子＝新、印西牧の原＝牧、京成成田＝京、芝山千代田＝芝、神奈川新町＝神、浦賀＝浦、成田スカイアクセス線經由成田空港＝ア成空。

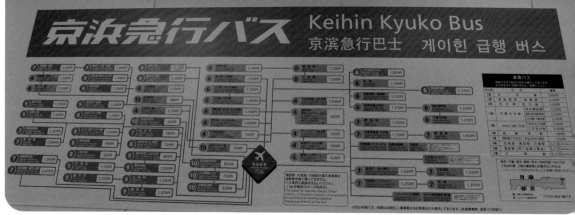

▲ 京濱急行巴士路線資訊及售票看板

 ## 羽田機場巴士

從羽田機場前往東京都市區、橫濱、神奈川等地區的巴士交通非常便利，選擇性也相當多，假如只是單純的背包客拉著行李從羽田機場前往東京及橫濱地區的話，建議可以搭乘京濱急行巴士或利木津巴士，因為車程距離短，交通巴士往返便利，車票費用也很實惠，搭乘紅眼航班的旅客抵達機場時，因為電車半夜不營運行駛，所以搭乘深夜巴士前往東京都各地區會是旅客優先選擇之一。

利木津巴士（Airport Limousine）

在羽田機場國際航廈、日本國內第一航廈及日本國內第二航廈的入境大廳都有設置利木津巴士售票服務台。從羽田機場搭乘利木津巴士主要行駛路線範圍包括新宿、池袋、台場、淺草及迪士尼樂園等地區，會行經許多知名飯店，若預訂的飯店剛好有利木津巴士所設置停靠站牌的話，建議搭乘利木津巴士往返機場會比較便利。

利木津巴士主要路線及票價

從羽田機場出發路線名稱	乘車處（番號）	車程（約）	單程車資
東京駅八重洲北口鐵鋼大廈	1	40～50分鐘	1,000円
東京城市航空總站 T-CAT	2	30～40分鐘	1,000円
台場、臨海副都心地區	2	35～50分鐘	800円
豐洲	2	30～50分鐘	900円
池袋駅西口、池袋地區飯店(大都會大飯店、太陽城王子大飯店)	2	45～80分鐘	1,400円
新宿、新宿地區飯店(東京希爾頓飯店、新宿太陽道廣場大飯店、東京柏悅飯店、小田急世紀南悅酒店、京王廣場大飯店、東京凱悅酒店、新宿華盛頓酒店)	3	35～75分鐘	1,400円
京王多摩中心駅、南大澤駅	3	80～140分鐘	1,700～1,800円
東陽町、錦糸町、淺草地區飯店(東武飯店萊文特東京、東方21飯店東京、淺草豪景酒店)	5	30～65分鐘	900～1,200円
迪士尼大使大飯店、東京迪士尼海洋、東京迪士尼海洋觀海景大飯店、東京灣喜來登大飯店、東京灣大倉飯店、希爾頓東京灣大飯店、太陽道廣場大飯店東京、東京灣舞濱酒店、東京灣舞濱酒店度假俱樂部、東京迪士尼樂園、東京迪士尼樂園大飯店	5	30～60分鐘	1,300円

利木津巴士
購買地點及方法

利木津機場巴士
班車時刻表查詢中文網站

- 羽田機場內設置的利木津巴士服務台 (營業時間：05:00 ～ 23:00) 皆有販售當日車票、優惠票券等服務，自動售票機為 24 小時服務。
- 受理信用卡售票服務地點包括東京城市航空總站、新宿車站、羽田機場、成田機場。
- 利木津巴士售票櫃檯 (羽田機場入境大廳內服務中心、新宿駅西口的巴士售票處、TCAT 東京城市航空總站 3 樓) 及東京 Metro 地鐵月票售票處 (中野駅、西船橋駅、澁谷駅副都心線除外) 可購買利木津＋地鐵通票 (Limousine & Subway Pass types) 方案，搭乘利木津巴士的範圍為羽田機場至東京都市區，方案分別為巴士單程票券＋ Tokyo Subway Ticket (24 小時) 日幣 1,800 円、巴士票券 2 張 (可往返方向) ＋ Tokyo Subway Ticket (48 小時) 日幣 3,200 円，以及巴士往券 2 張 (可往返方向) ＋ Tokyo Subway Ticket (72 小時) 日幣 3,500 円，使用有效日期為售票日起至 6 個月內的單次乘坐。

京濱急行巴士（Keihin Kyuko Bus）

　　巴士所屬公司為京濱急行巴士株式會社，也屬於京濱急行電鐵子公司，京濱急行巴士（簡稱京急巴士）主要行駛路線範圍包括品川、東京、澁谷、台場、橫濱、港灣未來、鐮倉、箱根及河口湖等地區。從羽田機場拉著笨重行李搭乘電車到東京、橫濱各地區，免不了要多轉乘幾次其他路線的電車，假如抵達的地點是巴士可以直接抵達的話，建議搭乘京急巴士機場往返旅行會比較輕鬆自在！

京濱急行巴士
購買地點及方法

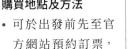
京濱急行巴士班車時刻表
查詢中文網站

- 可於出發前先至官方網站預約訂票，或者在羽田機場巴士售票櫃檯 (營業時間：07:00 ～ 22:00) 及自動售票機 (24 小時服務) 購買。
- 以現金、Suica、PASMO、ICOCA 等 IC 卡付費。
- 若在官方網站或相關巴士訂票網站預約車票時，須以信用卡或相關電子支付功能付費。

▲ 利木津巴士自動售票機

▲ 京濱急行巴士自動售票機

▲ 羽田空港機場巴士乘車處　　　　　　　　　　　　　　▲ 羽田空港機場巴士乘車處

京濱急行巴士主要路線及票價

從羽田機場出發路線名稱	乘車處 (番號)	車程 (約)	單程車資
東京	1	30～40 分鐘	1,000 円
澀谷駅	4	45～60 分鐘	1,100 円
錦糸町、東京晴空塔	4	30～50 分鐘	1,000 円
二子玉川駅	4	45～60 分鐘	1,200 円
吉祥寺駅	4	60～80 分鐘	1,300 円
東京迪士尼度假區	5	60～80 分鐘	1,300 円
千葉中央駅、千葉駅	6	60～90 分鐘	1,400 円
幕張新都心地區	6	60～80 分鐘	1,200 円
王子駅、赤羽駅	6	50～70 分鐘	1,300 円
橫濱駅	7	25～40 分鐘	650 円
橫濱駅 (YCAT)、櫻木町駅	7	25～40 分鐘	深夜巴士 2,000 円
港未來地區 (山下公園、港未來 21、紅磚倉庫)	8	40～60 分鐘	800 円
新橫濱駅	8	30～45 分鐘	900 円

注意事項

- 巴士會依班車時刻表的時間準時發車，請提早 10 分鐘前集合與等候。
- 車票上有顯示巴士乘車位號碼、出發時刻及前往的地點，乘車前請與服務人員再次確認。
- 未滿 6 歲的兒童可免費搭乘，但不提供座位。若需要座位的幼童，須另購買兒童座席的車票，相關規定請至巴士公司的官方網站查詢。
- 大多巴士內基本上都有設置化妝室。
- 巴士內禁菸。
- 依巴士公司規定，辦理報到時，請出示事先列印出來的預約確認證明，無法以手機的預約確認畫面辦理報到手續。
- 隨身行李須自行攜帶上車，大型行李箱可放置於巴士下方的行李艙。
- 除了京濱急行巴士會依時段發車之外，其他時段包括東京機場交通、京成巴士、京王巴士、西武等巴士發車服務遊客至抵達之地點。
- 班車若因交通道路情況行駛誤點及延遲等原因造成乘客損失，巴士公司不承擔任何責任。

東京都
交通資訊

許多人在準備前往東京自助旅行之前，要花上非常多的時間研究交通路線及車資費用，包括複雜的交通工具要如何選擇？優惠票券的方案這麼多要如何選擇？以上這些種種問題，若想要尋找便宜又划算的優惠票券，必須要先了解本身的想法、行程內容及預算等需求才有辦法去選擇適合的交通方案。

東京都市中心 23 區的電車交通主要範圍為 JR 東日本電鐵、東京 Metro 地鐵、都營地鐵，以及其他電鐵公司經營的私鐵（包括京成電鐵、京王電鐵、小田急電鐵、東武電鐵、西武電鐵、東急電鐵、百合海鷗線、東京臨海高速鐵道等），以上皆可使用 Suica、PASMO、ICOCA 等 IC 卡付費車資。JR 東日本電鐵、東京 Metro 地鐵及都營地鐵是東京自助旅行最常搭乘的交通工具。都營巴士行駛於東京都 23 區域的中心地帶至下町區域，以及部分江戶、多摩區域等。

介紹 Suica 及 PASMO

Suica 及 PASMO 皆屬於 IC 卡，可以使用搭乘 JR 東日本線的電車、地鐵、巴士等，只需要將它輕輕感應於檢驗票機的面板上即可支付車費（兒童版 IC 卡以兒童票價自動結賬）。Suica 及 PASMO 還可以儲值，作為電子錢包使用，簡單地說，可至自動販賣機、便利商店及貼有 IC 卡證明的商店及餐廳消費。目前東京各大鐵路公司皆與 Suica、PASMO、ICOCA、Kitaca、TOICA、PiTaPa、manaca、SUGOCA、nimoca 及 Hayakaken 等十種 IC 卡整合兼容。

▲ 東京鐵塔紀念版的 Suica

▲ 飲料售賣機可使用十種 IC 卡消費

▲ 東武特級 SPACIA 車廂可使用 IC 卡購買零食

注意事項

- Suica 可在 JR 東日本 JR OFFICE TICKET、JR EAST Travel Service Center、JR 車站的服務櫃檯或自動售票機購買；PASMO 可在東京 Metro、京成電鐵、京急電鐵、西武鐵道、東急電鐵、百合海鷗號等車站、公車站的服務櫃檯或自動售票機購買。
- 購買 Suica 及 PASMO 時，最低售價日幣 1,000 円，卡片押金為日幣 500 円，使用金為日幣 500 円。
- 餘額低於最低票價之金額時，將無法進入車站閘道內，走出閘道出口時，因金額不足也須在車站內的精算機上儲值。
- Suica 只能在 JR 東日本所管轄的車站櫃台辦理退卡，東京單軌電車等其他公司所發行的 Suica，不能在 JR 東日本辦理退卡。PASMO 申請退卡的話，請至東京地鐵、都營地鐵及東京地區各私鐵 (原購卡的電鐵公司) 的車站櫃檯辦理，詳細規定請查詢各個發行公司。
- Suica 及 PASMO 等其他 IC 卡可代替普通車票使用，假如搭乘 JR 特級、快速列車，以及綠色 (頭等) 車廂時，須預先購買特級券車廂座位 (指定席或自由席) 的車票。若使用 IC 卡直接搭乘特級列車的話，列車長會前來查票與詢問要前往哪個駅下車，並會當場要求補特級券的費用，以及記錄下乘坐的位置。
- Suica 及 PASMO 等其他 IC 卡不能搭乘新幹線，須另外購買票券。
- 若 10 年內未使用 IC 卡將會失效。
- 申請 Suica 及 PASMO 退卡時，手續費皆為日幣 220 円，退款押金皆為日幣 500 円。舉例：申請 Suica 餘額為日幣 900 円，服務人員會直接扣除日幣 220 円手續費，歸還押金皆為日幣 500 円及剩下餘額為日幣 680 円，合計日幣 1,180 円退還。假如 Suica 餘額為低於日幣 220 円時，則沒有退款金額，僅退還押金日幣 500 円。假如 PASMO 餘額為日幣 0 円時，則沒有退款金額，僅退還押金日幣 500 円，依此類推。
- 若 Suica 或 PASMO 中途遺失時，則不會補發新卡。

如何購買電車票券？

　　電車票券可在各站剪票口附近的自動售票機購買。一般售票機皆有英文服務，目前新型的自動售票機也逐漸提供繁體中文、簡體中文、韓文等其他語言的服務。

注意事項

- 自動售票機可使用日幣 10 円、50 円、100 円以上的硬幣和日幣 1,000 円、5,000 円及 10,000 円紙幣。
- 新幹線及特級券除了可至指定席售票機購買之外，也可在「綠色窗口」及「View Plaza」購買。

購買電車票券的步驟

　　以 JR 東日本電鐵售票機為例，地下鐵、私鐵售票機的操作步驟皆相同。

❶ 查詢地點及票價。
❷ 選擇 JR きっぷ。
❸ 選擇購票張數。
❹ 選擇車票金額。
❺ 放入紙鈔及零錢。
❻ 取回車票及收據。

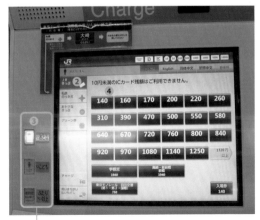

黑色按鈕為大人、紅色按鈕為小朋友，最下方按鈕為兩人以上

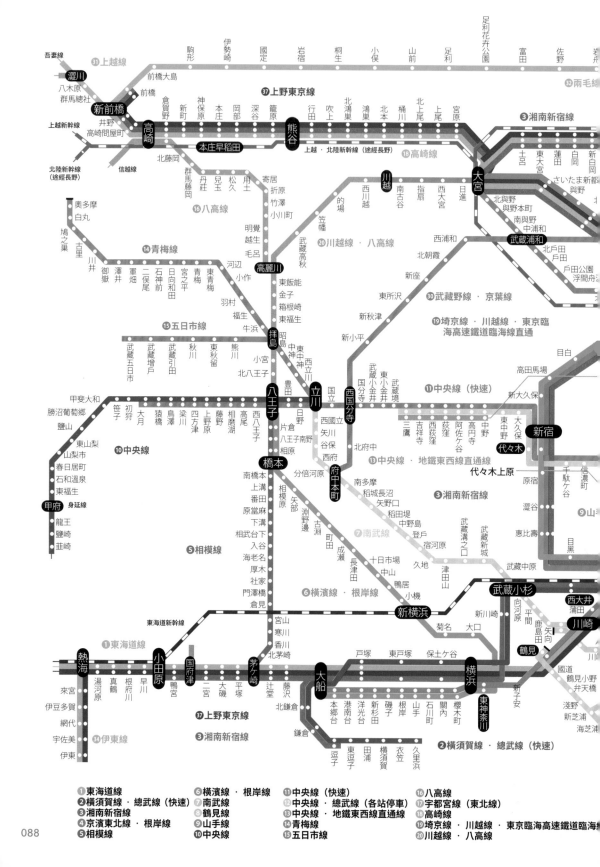

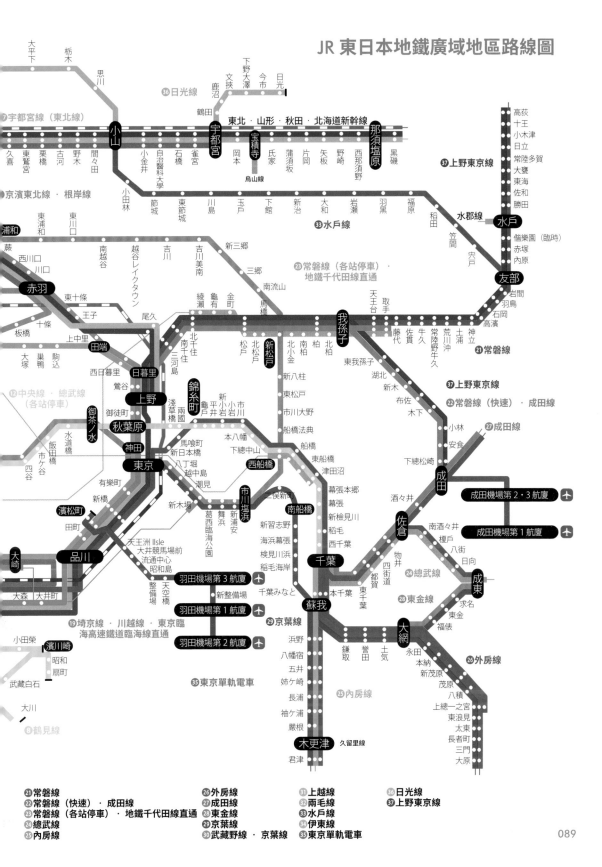

JR 東日本地鐵廣域地區路線圖

㉑常磐線　　　　　　　　㉖外房線　　　　　　　　㉛上越線　　　　　　　　㊱日光線
㉒常磐線（快速）・成田線　㉗成田線　　　　　　　　㉜兩毛線　　　　　　　　㊲上野東京線
㉓常磐線（各站停車）・地鐵千代田線直通　㉘東金線　　　　　　㉝水戶線
㉔總武線　　　　　　　　㉙京葉線　　　　　　　　㉞伊東線
㉕內房線　　　　　　　　㉚武藏野線・京葉線　　　㉟東京單軌電車

如何購買 IC 卡？

　　以東武電鐵售票機購買 PASMO 為例，地下鐵、私鐵售票機的操作步驟皆相同。步驟如下：

❶ 選擇 PASMO。

❷ 選擇 PASMO 發行。

❸ 選擇不記名 PASMO 卡。

❹ 選擇 PASMO 卡的金額，金額中包括日幣 500 元押金，也就是指若選擇 1,000 円，則代表裡面有日幣 500 円的車費可使用，若選擇日幣 2,000 円則會有日幣 1,500 円可使用，以此類推。

❺ 放入紙鈔及零錢。

❻ 取回新的
　 PASMO 卡。

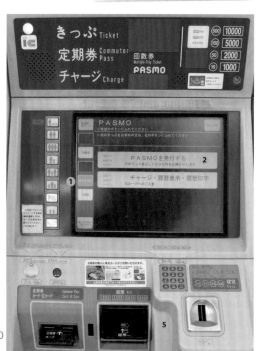

如何儲值 IC 卡？

　　以 JR 機台為例（此機台功能可購買 JR 線普通票券、Suica 卡、 儲值十大 IC 卡，例如 PASMO、ICOCA 等），步驟如下：

❶ 插入 IC 卡。

❷ 選擇儲值功能。

❸ 選擇儲值金額。

❹ 放入紙鈔及零錢。

❺ 取回 IC 卡。

如何操作手機版虛擬 Suica 及 PASMO ？

使用 Suica 西瓜卡及 PASMO 搭乘日本地鐵、便利商店購物很簡單方便，最早期手機版的 Suica 西瓜卡版本可以在手機 iPhone 7、iPhone 7 Plus、iPhone 8、iPhone 8 Plus、iPhone X 等機款安裝及搭乘交通運輸工具，目前隨著 iPhone 新款手機及支援新版的 iOS 版本登場，地鐵公司也會持續開發新版 Suica APP 及 PASMO APP 版本來提供給使用手機的民眾。

以 iPhone 安裝 Suica APP 為例，在交通卡及電子錢包可將現有的 Suica 移轉至 Apple Pay，也可以從 Suica APP 內重新申請新的虛擬 Suica，並加入至交通卡及電子錢包 Wallet 功能內。

Suica APP 安裝及操作步驟如下：

❶ 請到 APP STORE 搜詢 Suica APP 並下載安裝。

▲ Suica APP

▲ PASMO APP

❷ 開啓 Suica APP，並選擇畫面右上方「＋」或畫面右下方 Suica 發行。

Suica一覧

Suicaがありません

新規発行・Suica カード取り込みをされる方
「Suica発行」を選択してください。

iPhone 以外から機種変更される方
「機種変更」を選択してください。

⚠ **注意事項**

iPhone から機種変更される方
サーバ退避したSuicaを、こちら（Wallet）で再追加した後、Suicaアプリを起動してください。

ver 3.2.3

| 機種変更 | Suica発行 |

注意事項

- 目前日本手機 Suica - Google Play Android 版有限定機種及交易使用方式，通常要在日本電信申辦手機才能使用此功能，其他國家電信申辦手機或購買空機則無法使用。
- 交通卡及電子錢包功能可加入 Suica 及 PASMO。
- Suica 及 PASMO 皆有分為記名、定期券及無記名的方式，但記名及定期券須登入會員，一般外國 (非日本人) 旅客使用無記名即可。
- 想長期至日本旅行，且須保留手機版虛擬 Suica 及 PASMO 金額者，手機請自行執行備份，避免更換新手機後資料流失而無法再次使用。
- 手機版 iPhone 虛擬 Suica 及 PASMO 的使用付款方式皆與 IC 卡相同。
- 儲值交易的機制要執行 Apple Pay 付款儲值，匯率及手續費請依銀行所綁定之信用卡公司為主。
- Suica 及 PASMO 終端系統會不定期 01:00 ～ 04:00 進行版本更新作業，若無法開啓 APP 的話，須等待系統正常開放後才能使用。
- 手機虛擬 Suica 沒有抵押金及退卡費。

❸ 往左滑至 Suica 無記名，並選擇無記名。

Suica一覧

チャージ残高

¥26 (?) (i)

▲ 顯示 Suica 可以用的金額

キャンセル　　**Suica発行**　　(?)

アプリから発行　　【カード取り込み】

📲　**Suica カードの取り込み**

取り込み可能なSuicaについてはリンク先を
ご覧ください。

⚠ **注意事項**

取り込み操作が完了するとSuicaカードは無効となり、利
用することができなくなります。
Suicaカードの券面デザインは反映されません。
会員登録を行うことにより、Suicaグリーン券、定期券な
どの会員メニューのご利用が可能となります。
SuicaをJRE POINTや新幹線eチケットサービス等の他の
サービスで登録している場合は、再登録が必要になること
があります。

❹ 選擇畫面右上方「次ㄟ」。

❺ Suica 使用規定內容須閱讀至最下面，再選擇
　畫面右上方「同意」。

❻ 選擇金額，並使用 Apple Pay 付款儲值日幣金
　額，最少要儲值日幣 1000 円。

❼ 申請完成後，首頁會顯示 Suica 可以用的金額。

発行手続き

▲ 虛擬 Suica 加入電子錢包的功能選項

如何搭乘電車？

步驟如下：

❶ 看路線資訊看板，前往要搭乘的電鐵路線。

❷ 買票及選擇車種，查詢要搭乘的路線、地點及班車時間，可使用投幣售票機購買票券，或前往售票窗口購票。

❸ 進入車站，將 IC 卡感應 IC 面板後，閘門會打開讓人通行；使用普通票券、周遊券 (例如 JR PASS) 及優惠票卡者，將票卡插入磁卡機感應後，閘門會打開讓人通行，但須記得取回票卡，其他使用票券問題，可以當場詢問駛務室的人員。

❹ 依標示看板資訊前往乘車月台。

▲ 使用 JR PASS 者，請至人工改札口服務櫃檯

▲ 依標示看板資訊前往乘車月台

注意事項

- 等待電車時應站立在月台黃線後方，或畫有車廂號碼及乘車出入口處的圖示、排成兩列或三列等候。

- 電車進站後，應禮讓下車乘客先下車，待乘客下車後再走進車廂內。
- 上車時盡量往車內靠，不要停在車門附近，以方便後方乘客上車。入座時盡量靠坐，行李放置在行李架上或自己的腿上。
- 博愛座設置在鐵路車廂或公車上，優先老年人、身障人士、病患、傷者、孕婦、幼兒等人入座。也可稱為「優先座」或「敬老座」。
- 女性專用車廂設立於 JR、私鐵等鐵路機關，原則上僅供女性使用。各路線的女性專用車廂位置和時段雖有所不同，大多可見於早晚的乘車高峰時段，且多設於車頭或車尾。

▲ 使用 IC 卡

▲ 使用優惠票卡（例如一日券）插入磁卡機

▲ 使用普通票券插入磁卡機

如何搭乘市區巴士

步驟如下：

❶ 確認巴士站牌上的標示資訊，包括行車方向及巴士到站時間。

❷ 等待巴士停靠。

❸ 從前門上車。搭乘東京市區巴士（例如都營巴士）時，請從前門上車，可選擇投幣付費或 IC 卡付費。

❹ 快抵達目的地站牌時，須先按下車鈴鈕。

❺ 付款下車。大人車資為日幣 210 円（使用 IC 卡為日幣 206 円）、兒童車資為日幣 110 円（使用 IC 卡為 日幣 103 円）。

❶：車資硬幣投放處
❷：IC 卡感應面板
❸：IC 卡符號代表十大 IC 卡可使用
❹：1,000 円紙幣換硬幣

注意事項

• 在東京都 23 區範圍外所運行的巴士是從後門上車時抽取整理券（使用 IC 卡要先觸碰 IC 感應器），到達目的地時，請將整理券號碼對照司機左上方的螢光幕顯示號碼後付款下車。若對車資有疑問的地方，司機會協助你。

• 持有巴士一日券者，請出示車券讓巴士司機確認即可。

• 通常東京市區巴士的付款箱 IC 感應器只能使用 Suica 或 PASMO 付車資，若巴士有貼 IC 符號的話，代表可以使用十大 IC 卡付車資。

▲ 巴士只能使用 Suica 或 PASMO 付車資

▲ 若巴士有貼 IC 符號的話，代表可以使用十大 IC 卡付車資

JR 東日本電鐵
(Japan Railway)

JR 東日本主要營運範圍包括關東、東北、甲信越及靜岡部分地區，路線包括山手線、中央本線、總武線快速、京濱東北線、京葉線、武藏野線、東海道線、湘南新宿線、橫須賀線、上野東京線、埼京線、川越線等，山手線以環狀行駛可經新宿驛、池袋驛、上野驛、日暮里驛、秋葉原驛、東京驛、品川驛、澀谷驛、原宿驛等；中央本線又分為中央線快速及中央線特級，若搭乘中央線快速班車從東京驛可行經新宿、中野、吉祥寺、三鷹、八王子、高尾等方向，從東京驛至新宿驛中途僅停靠神田驛、御茶ノ水驛、四ツ谷驛，約 14 分鐘抵達，而搭乘中央線特級從東京驛可行經新宿、八王子、甲府、松本等方向；總武線快速行駛錦糸町、船橋、津田沼、市川、千葉、成田空港等方向；京葉線及武藏野線從東京驛可行經舞濱（東京迪士尼園區）、新浦安、南船橋、海濱幕張、蘇我、府中本町等方向；東海道本線從東京驛可行經橫濱、小田原方向；上野東京線從東京驛可行經宇都宮、高崎、柏、取手等方向；橫須賀線從東京驛可行經橫濱、鎌倉等方向；京濱東北線從東京驛可行經蒲田、赤羽等方向；湘

▲ 東北新幹線與秋田新幹線車廂相連

南新宿線從新宿驛可行經橫濱、大船高崎、宇都宮、東武日光等方向；埼京線及川越線從新宿驛可行經大宮、川越、大崎等方向。

從東京驛搭乘新幹線的路線範圍包括東海道（靜岡、名古屋方向）、北陸新幹線（輕井澤、長野、金澤方向）、上越新幹線（高崎、越後湯沢、新潟方向）、山形新幹線（福島、山形、新庄方向）、秋田新幹線（角館、大曲、秋田方向）、東北及北海道新幹線（宇都宮、郡山、福島、仙台、盛岡、新青森、新函館北斗方向）。

▲ みどりの窓口售票處外觀

JR 售票地點及營業時間

售票地點	服務單位名稱	營業時間
成田機場第一航廈 B1	＊ JR 東日本旅行服務中心	08:30-19:00
	＊ JR 售票處	06:30 ～ 21:45
成田機場第二、第三航廈 B1	＊ JR 東日本旅行服務中心	08:30 ～ 20:00
	＊ JR 售票處	06:30 ～ 21:45
羽田機場第三航廈 2F	＊ JR 東日本旅行服務中心	06:45 ～ 20:00
東京駅	＊ JR 東日本旅行服務中心（丸之內北口）1F	07:30 ～ 20:30
	JR 售票處 B1	05:30 ～ 23:00
新宿駅	＊ JR 東日本旅行服務中心（新南口出口方向）	08:00 ～ 19:00
	＊ JR 東日本旅行服務中心 (東口出口方向)	09:00 ～ 18:00
	JR 售票處 (南口)1F	06:00 ～ 22:00
	JR 售票處（西口）B1F	05:30 ～ 23:00
品川駅	＊ JR 東日本旅行服務中心	08:00 ～ 18:00 臨時營業時間 10:00-17:00
	JR 售票處 1F	06:00 ～ 23:00
上野駅	JR 售票處 1F	05:30 ～ 23:00
	＊ JR 東日本旅行服務中心	08:00 ～ 18:00
澀谷駅	JR 售票處（南口）1F	05:30 ～ 23:00
	＊ JR 東日本旅行服務中心	09:00 ～ 18:00
池袋駅	＊ JR 東日本旅行服務中心（中央通道）	09:00 ～ 18:00 臨時營業時間 10:00 ～ 17:00
	JR 售票處（中央口）1F	05:30 ～ 23:00
橫濱駅	＊ＪＲ東日本旅行服務中心	10:00 ～ 18:00 臨時營業時間 10:00 ～ 17:00
	JR 售票處 1F	06:00 ～ 22:00

※ 營業時間依現場售票處公告為主。
※ JR 售票處簡稱為綠色窗口，日語為「みどりの窗口」或「みどりのまどぐち」，英文發音為 Midori no madoguchi。
※ 有標示「＊」的售票處可購買 JR 東京廣域周遊券。
※ 新年假期期間部分旅遊服務中心不營業。
※ 辦事處和營業時間如有變更恕不通知。

常用的 JR 優惠票券

東京一日券
（東京フリーきっぷ）

鐵路發行公司：
JR 東日本旅客鐵路株式會社

東京一日券

想安排一日之內不限次數搭乘東京都 23 區內的 JR 路線、東京地鐵全線、都營地鐵全線、都營巴士全線 (深夜巴士、座位限定巴士除外)、都電荒川線全線及日暮里、舍人線全線的旅行者，可以考慮使用及購買東京一日券。

票券種類及價格

票券種類	票券價格	
	大人（12 歲以上）	兒童（6～11 歲）
1 日券	1,600 円	800 円

東京一日券購買地點及方法

- 可以在 JR 東日本主要車站指定席售票機、多功能售票機、自動售票機購買，以現金購買。部分車站並未販售此票券。

- 可在東京 Metro 地鐵 (日比谷線的北千住駅、中目黑駅、東西線的中野駅、千代田線的代代木上原駅、副都心線的和光市駅、南北線的目黑駅、半藏門線的澀谷駅除外)、都營地鐵 (押上駅、目黑駅、白金台駅、白金高輪駅、新宿線新宿駅除外) 各車站及日暮里、舍人線各站的自動售票機，以現金購買。
- 可提前一個月內 (使用日期可選擇一個月前的同一天) 購買。
- 有效期為 1 天，可無限次免費乘坐。

▲ JR 常盤線

東京一日券範圍

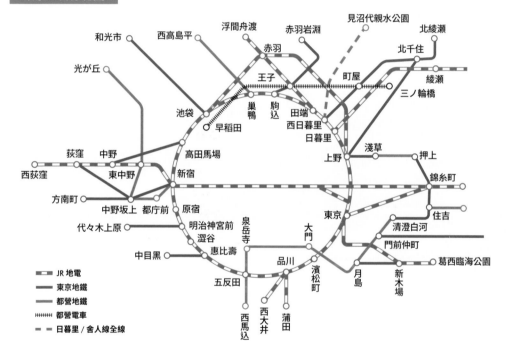

- JR 地電
- 東京地鐵
- 都營地鐵
- 都營電車
- 日暮里 / 舍人線全線

東京一日券搭乘範圍及方法

- JR 東日本線範圍為東京都 23 區內區間普通及快速列車之自由席車廂 (不含新幹線、特殊臥鋪車廂及特急列車)。
- 東京 Metro 地鐵、都營地鐵。
- 日暮里舍人線。
- 都營電車荒川線。
- 東京都市區的都營巴士 (深夜巴士、座位限定巴士除外)。

- 於票券上所記載的有效期限中任選一天使用。
- 搭乘電車的過程中，若超出使用地區的範圍，須依規定另行補票，例如抵達舞濱駅、吉祥寺駅或三鷹駅等車站，皆超出使用地區的範圍，須至駅務室補票約日幣 150 円。
- 此票券無法搭乘百合海鷗線、東京臨海高速鐵道線及其他私鐵路線。

購買東京一日券（東京フリーきっぷ）及東京都市地區通票一日券（Tokunai Pass）的方法

❶選擇「おトクなきっぷ」的選項。

▲ 可切換英語及中文模式

❷選擇 Tokunai Pass 或東京フリーきっぷ，
若切換英語版介面時，請選擇「Discount
coupons 都区内パス・東京フリーきっぷ英
語版」選項。

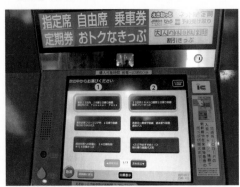

▲ ❶ Tokunai Pass 或❷東京フリーきっぷ

❸選擇票券使用的日期。

❹選擇大人票及兒童票的人數，放入紙鈔及貨
幣。

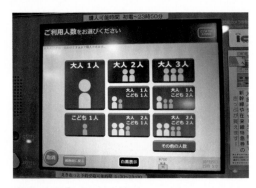

❺購買確認、取票及找零。

 東京都市地區通票一日券
(Tokunai Pass)

鐵路發行公司：
JR 東日本旅客鐵路株式會社

Tokunai Pass

　　想安排一日之內不限次數搭乘東京都 23 區
內的 JR 路線全線的旅行者，可以考慮使用及購買
東京都市地區通票一日券。搭乘 JR 電車單程最低

車資約日幣 150 円，新宿駅至上野駅車資約日幣
210 円，在行程的安排上還可以前往秋葉原、東
京、原宿、池袋及澀谷等商圈。

東京都市地區通票票券種類及價格

票券種類	票券價格	
	大人（12 歲以上）	兒童（6～11 歲）
1 日券	760 円	380 円

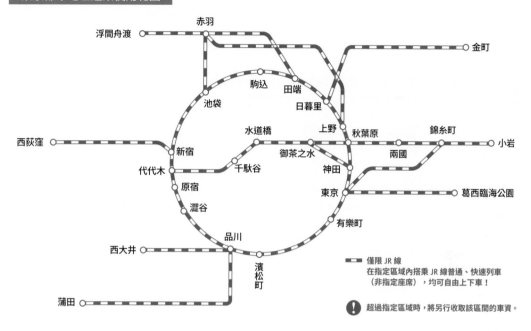

僅限 JR 線
在指定區域內搭乘 JR 線普通、快速列車
（非指定座席），均可自由上下車！

！ 超過指定區域時，將另行收取該區間的車資。

東京都市地區通票一日券購買地點及方法

• 可以在 JR 東日本主要車站指定席售票機、多功能售票機、自動售票機購買，以現金購買。部分車站並未販售此票券。

• 一日券可選擇發行日當天有效，可提前一個月內的日期購買。

• 有效期為 1 天，在指定區域內，可無限次免費乘坐。

搭乘範圍及方法

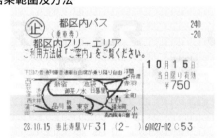

▲ 東京都市地區通票一日券

• JR 東日本線範圍為東京都 23 區內區間普通及快速列車之自由席車廂 (不含新幹線、特殊臥鋪車廂及特急列車)。

• 搭乘電車的過程中，若超出使用地區的範圍，須依規定另行補票，例如抵達舞濱駅、吉祥寺駅或三鷹駅等車站，皆超出使用地區的範圍，須至駅務室補票約日幣 150 円。

• 此票券無法搭乘東京 Metro 地鐵、都營地鐵、百合海鷗線、東京臨海高速鐵道線及其他私鐵路線。

注意事項

• 實際搭乘的交通時間及車資費用，須以現場的狀況為主。

• 票券的有效期開始日期只能變更一次，可在 JR 售票處或旅遊服務中心辦理。

• 在有效期內且未經使用的票券，可在 JR 售票處或旅遊服務中心可辦理退票。退票需支付手續費。

• 列車無法行駛或誤點不符合退票條件，不能退票。

東京Metro地鐵全線及都營地鐵

東京 Metro 地鐵全線及都營地鐵（TOEI Transportation）

鐵路發行公司：東京地下鐵株式會社（東京 Metro）地鐵全線及東京都交通局

東京 Metro 地鐵

都營地鐵

　　東京地鐵 9 條路線及都營地鐵 4 條路線，合計 13 條路線，範圍幾乎包括整個東京都市區，在行程的安排上還可以前往淺草、押上、新宿、六本木、表參道、惠比壽、月島、清澄白河、銀座、築地等地區，大多知名的觀光景點皆可讓你輕鬆旅行。搭乘東京地鐵單程最低車資約日幣 180 円，搭乘都營地鐵單程最低車資約日幣 180 円，電車班次非常密集，尖峰時間約 3 ～ 5 分鐘一班，離峰時間約 8 ～ 12 分鐘一班，營運時間約為當天 05：00 至隔天凌晨 00:20 左右。

東京地鐵及都營地鐵票券種類及價格

票券種類	票券價格	
	大人 （12 歲以上）	兒童 （6 ～ 11 歲）
Tokyo Subway Ticket 24 小時票券	800 円	400 円
Tokyo Subway Ticket 48 小時票券	1,200 円	600 円
Tokyo Subway Ticket 72 小時票券	1,500 円	750 円

▲ Tokyo Subway Ticket 72 小時票券正面

東京地鐵及都營地鐵票券購買地點及方法

- 在購票時必須出示護照，以現金購買。
- 成田機場第一航廈、第二航廈的京成巴士售票櫃檯及旅客服務中心，羽田機場第三航廈 2 樓的觀光情報中心購買。
- 東京 Metro 地鐵旅客服務中心、旅客詢問處 (營業時間為 09:00 ～ 17:00) 及月票處 (營業時間為 07:40 ～ 20:00) 購買，車站包括上野站、上野御徒町站、銀座站、新宿站、表參道站、東京站、大手町站、池袋站等。
- Bic Camera 及 Sofmap 購買，包括 Bic Camera 有樂町店、Bic Camera 新宿東口店及新宿西口店、Bic Camera 赤坂見附站店、Bic Camera 池袋本店、Bic Camera 池袋西口店、Bic Camera 澀谷東口店、Bic Camera 澀谷八公口店、Air Bic Camera 晴空街道店、Bic Camera DiverCity Tokyo Plaza Store、Bic Camera 日本橋三越店及 Sofmap 秋葉原總店等購買，營業時間為 10:00 ～ 21:00。
- HIS 原宿旅遊諮詢服務中心及淺草文化觀光中心購買。
- 旅行社 (代理) 或旅遊網路平台 (如 KKday、Klook) 購買，可搭配日本旅遊行程或機票、車票等方案購買。
- 合作的飯店住宿套票購買。

注意事項

- 部分飯店僅販售大人票或僅辦理 Tokyo Subway Ticket 24 小時票券服務。
- 飯店只提供給住宿旅客或事先預約含車票方案的旅客購票。
- 詳細資訊請洽各飯店服務單位。

東京地鐵及都營地鐵搭乘範圍及方法

- 可在東京 Metro 地鐵全線以及都營地鐵線全線使用，東京 Metro 地鐵範圍包括銀座線 G（淺草～澀谷）、丸之內線 M（池袋～荻窪）、日比谷線 H（北千住～中目黑）、東西線 T（中野～西船橋）、千代田線 C（北綾瀨～代代木上原）、有樂町線 Y（新木場～和光市）、半藏門線 Z（押上～澀谷）、南北線 N（赤羽岩淵～目黑）、副都心線 F（澀谷～和光市）；都營電鐵路線範圍包括淺草線 A（押上～西馬込）、三田線 I（西高島平～目黑）、新宿線 S（本八幡～新宿）、大江戶線 E（光丘～新宿～都廳前），合計 13 條地鐵路線。

- 使用搭乘電車的過程中，若超出搭乘使用範圍的話，須自行前往駅務室補票。

- 東京 Metro 地鐵東西線的列車廂種類分為快速、通勤快速及普通，副都心線的列車廂種類分為急行、通勤急行及普通，在前往搭乘之前，請先確認車廂的種類，以免因搭錯路線白走冤枉路。

- 東京 Metro 地鐵副都心線（澀谷～和光市）急行車廂，中途僅停靠小竹向原、池袋、新宿三丁目、明治神宮前（原宿）等駅，通勤急行車廂，中途僅停靠地下鐵成增、地下鐵赤塚、平和台、冰川台、小竹向原、池袋、新宿三丁目等駅。

- 東京 Metro 地鐵東西線（中野～西船橋）快速車廂中途僅停靠落合、高田馬場、早稻田、神樂坂、飯田橋、九段下、竹橋、大手町、日本橋、茅場町、門前仲町、木場、東陽町、浦安等駅，通勤快速車廂，中途僅停靠落合、高田馬場、早稻田、神樂坂、飯田橋、九段下、竹橋、大手町、日本橋、茅場町、門前仲町、木場、東陽町、南砂町、西葛西、葛西、浦安等駅。

- 都營地鐵淺草線與京急、京成電鐵共軌鐵路及共用乘車月台，假如搭乘前往空港線（羽田或成田）エアポート快特或快特車廂的話，電車行駛都營淺草線中途會停靠的車站分別為泉岳

寺駅、三田駅、大門駅、新橋駅、日本橋駅、東日本橋駅、淺草駅、押上駅。

- 東京 Metro 地鐵與都營地鐵的車站沒有共構鐵軌及乘車月台，若要轉乘的旅人須先出站再轉乘進站。

- 使用 IC 卡從東京 Metro 地鐵出發轉乘至都營地鐵時，可節省日幣 70 円車資。

- 此票券無法搭乘 JR 地鐵、百合海鷗線、東京臨海高速鐵道線及其他私鐵路線。

- Tokyo Subway Ticket 票券分為使用期限 24 小時、48 小時、72 小時三種，當第一次使用票券插入車站閘道口的磁卡機時，票券背面會顯示開始使用的日期與時間，例如 24 小時票券於時間 7 月 1 日早上 08:00 插入磁卡機後，就會開始記錄 24 小時內的使用時間，最後使用期限的時間為 7 月 2 日早上 07:59 止。

- 搭乘電車的過程中，若超出使用地區的範圍，須依規定另行補票。

▲東京地鐵入口

注意事項

- 實際搭乘的交通時間及車資費用，須以現場的狀況為主。
- 此票券只能在東京 Metro 地鐵及都營地鐵路線使用。
- 購買 Tokyo Subway Ticket 時，服務人員會依正常程序，檢視一本護照可購買一種票券，若因長天數旅行需要多張票券者，可在其他售票單位購買。

東京地鐵及都營地鐵路線圖

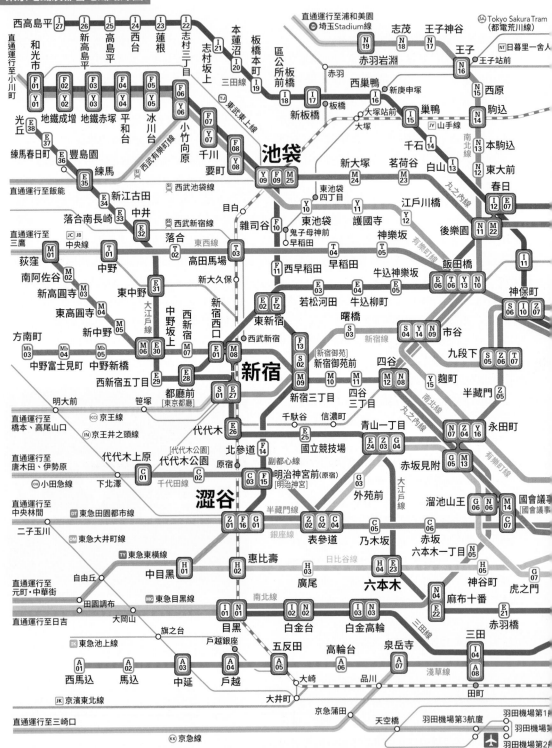

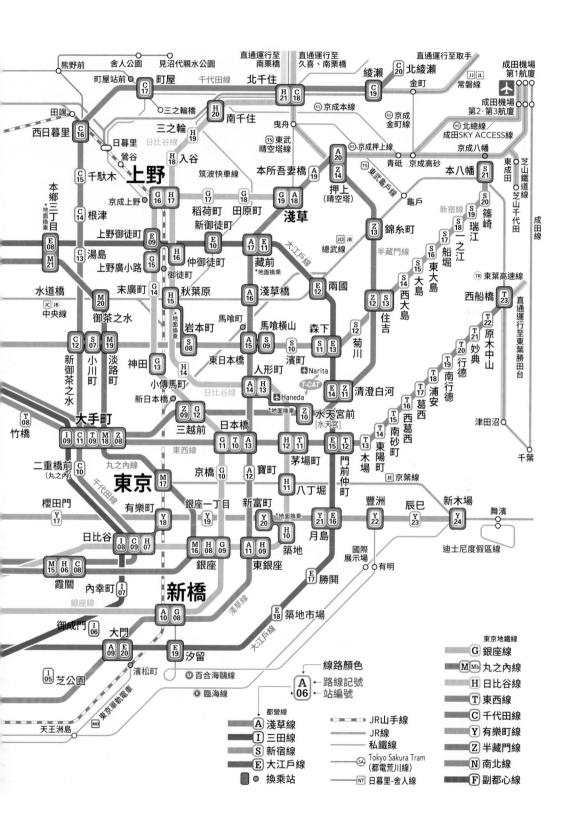

都電荒川線（Toden ARAKAWA LINE）

鐵路發行公司：東京都交通局

▲ 都電荒川線電車外觀

　　歷史悠久的東京都電車荒川線是東京都交通局營運，平面鐵路沿線風光保有復古的城下町之美，讓都電荒川線成為熱門的觀光景點路線。在行程的安排上可以前往早稻田大學、三之輪橋、東池袋、鬼子母前駅、巢鴨商店街、荒川遊園地、飛鳥山等地區，單程票一律為日幣 170 円，可使用 Suica、PASMO、ICOCA 等 IC 卡，電車班次於尖峰時間約 6 ～ 8 分鐘一班，離峰時間約 10 ～ 15 分鐘一班，營運時間約為當天 05：50 至 23：10 左右。

都電荒川線票券種類及價格

票券種類	票券價格	
	大人 （12 歲以上）	兒童 （6 ～ 11 歲）
都電荒川線一日券	400 円	200 円

都電荒川線票券購買地點及方法

* 都電車廂內、荒川電車營業所（都電荒川車庫前，每日營業時間：07:00 ～ 19:00）、JR 王子駅

北口都營巴士售票處（平日營業時間：08:00 ～ 20:00）、都營地下鐵三田線巢鴨駅定期券售票處（每日營業時間：08:00 ～ 20:00）、早稻田自動車營業所（每日營業時間：07:00 ～ 20:00）等各站以現金購買。

* 限購買當日有效。

* 一日券購買之後無法退票。

都電荒川線路線圖

都電荒川線搭乘範圍及方法

- 僅限當日營運時間使用於三ノ輪橋駅至早稲田駅之間。
- 限搭乘都電荒川線。
- 可無限次乘坐「都電荒川線」自由上下車的車票。

▶ 都電荒川線一日券

注意事項

- 實際搭乘的交通時間及車資費用，須以現場的狀況為主。
- 中途無法轉乘其他交通工具及路線。
- 除了都電荒川線「王子駅前」車站於假日白天時段有駅務人員在平面月台出入口處臨時值班之外，其他車站月台都沒有站務人員值守，若在站內有任何問題時，可以與電車駕駛員反映，或車外遇到困難或有問題時，煩請撥打荒川電車營業所電話 03-3893-7451（每日營業時間：07:00～19:00），限日文溝通。

百合海鷗線

百合海鷗（ゆりかもめ）

鐵路發行公司：株式會社百合海鷗線

想要前往台場地區旅遊的話，可以選擇搭乘百合海鷗線，電車行駛的途中可以眺望東京灣海景，並沿著彩虹大橋跨越東京灣抵達台場，在行程的安排上還可以前往台場海濱公園、自由女神像、富士電視台、AQUA CiTY ODAIBA 等購物商場。

百合海鷗線

百合海鷗線票券種類及價格

票券種類	周遊券費用	
	大人（12 歲以上）	兒童（6～11 歲）
百合海鷗線一日券	820 円	410 円

百合海鷗號路線圖

購買地點及方法

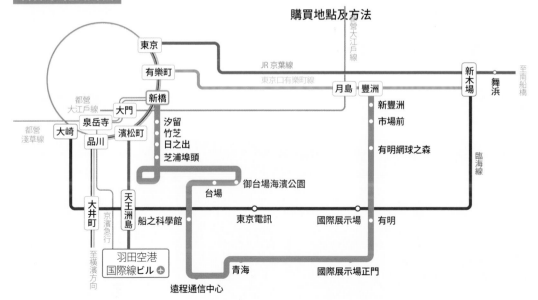

百合海鷗線前往目的地及票券價格

出發車站	目的地	搭乘普通車廂時間（約）	單程車資	
			大人（12歲以上）	兒童（6～11歲）
新橋駅	汐留駅	1分鐘	200円	100円
	芝浦碼頭駅	7分鐘	260円	130円
	台場海濱公園駅	13分鐘	330円	170円
	台場駅	15分鐘	330円	170円
	電信中心駅	18分鐘	390円	200円
	豐洲駅	31分鐘	390円	200円

※ 可使用 Suica、PASMO、ICOCA 等 IC 卡。

▲百合海鷗號一日券

- 百合海鷗線各站自動售票機器以現金購買。
- 需要購買多張車票的乘客請前往新橋駅或者豐洲駅的駅務員室購買。
- 一日券購買之後無法退票。

- 僅限當日營運時間使用於新橋駅至豐洲駅之間。
- 售票當天或者在有效期的某一天內。
- 可無限次乘坐「百合海鷗線」自由上下車的車票。

百合海鷗線一日券使用範圍及方法

▲ 購買百合海鷗一日券的方法
❶ 選擇普通票一日券
❷ 選擇大人票及兒童票的人數
❸ 選擇百合海鷗一日券
❹ 購買確認、取票及找零

注意事項

- 「單程車資」是指搭乘交通工具的「原價」費用。
- 實際搭乘的交通時間及車資費用，須以現場的狀況為主。
- 中途無法轉乘其他交通工具及路線。
- 百合海鷗號除了新橋駅和豐洲駅之外，其他車站都沒有站務人員值守，若在站內或車內遇到困難或有問題時，煩請使用附近的對講機聯繫站務人員。

▶ 百合海鷗號定點往返優惠券

百合海鷗號

東京臨海（りんかい）線

鐵路發行公司：東京臨海高速鐵道株式会社

　　想搭乘臨海線前往台場地區的話，可至東京電訊駅下車，此車站最靠近台場海濱公園、日本科學未來館、船之科學館等景點。

東京臨海線

若從迪士尼樂園舞濱駅出發，可先搭乘 JR 京葉線至新木場駅，再轉乘臨海線東京電訊駅即可抵達，若從羽田機場出發可先搭乘東京單軌電車至天王洲島駅再轉乘臨海線東京電訊駅即可抵達。

東京臨海線票券種類及價格

票券種類	周遊券費用	
	大人 （12 歲以上）	兒童 （6～11 歲）
臨海線 1 日乘車券	730 円	370 円

▲ 臨海線 1 日乘車券

東京臨海線路線圖

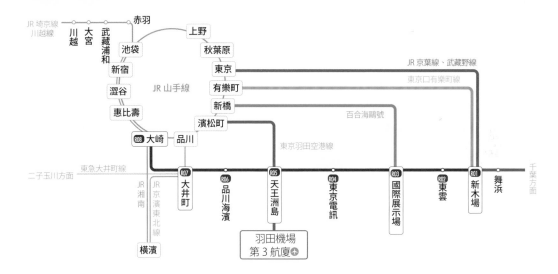

東京臨海線票券購買地點及方法

- 臨海線各車站（大崎站除外）的窗口以及一部分自動售票機，以現金購買。
- 自動售票機所販賣的一日券為當日使用，若想購買有效期間一日券的話，可至駅務室購買。
- 一日券購買之後無法退票。

東京臨海線搭乘範圍及方法

- 東京臨海電車搭乘的範圍為新木場駅至大崎駅。
- 可無限次乘坐「臨海線」自由上下車的車票。
- 每班電車行駛臨海線時，會在各車站停車。
- 臨海線與 JR 埼京線、JR 川越線的鐵道路線有共軌相連，電車搭乘的距離最遠範圍為新木場駅至 JR 川越駅。
- 列車廂種類分為通勤快速、快速、各駅停車，

從 JR 澀谷駅搭乘 JR 埼京線通勤快速（往新木場方向）至東京電訊駅車程最快約 17 分鐘抵達；從 JR 新宿駅至東京電訊駅車程最快約 23 分鐘抵達；從 JR 池袋駅至東京電訊駅車程最快約 28 分鐘抵達。

- 臨海線 1 日乘車券搭乘的範圍為新木場駅至大崎駅，不能搭乘 JR 埼京線及 JR 川越線，若超出範圍在某車站出駅的話，須拿臨海線 1 日乘車券至駅務室補票。

東京臨海線票價

出發車站	目的地	搭乘普通車廂時間（約）	單程車資	
			大人（12 歲以上）	兒童（6～11 歲）
新木場駅	東雲駅	3 分鐘	210 円	110 円
	國際展示場駅	5 分鐘	280 円	140 円
	東京電訊駅	7 分鐘	280 円	140 円
	天王洲島駅	11 分鐘	340 円	170 円
	品川海濱駅	13 分鐘	340 円	170 円
	大井町駅	15 分鐘	400 円	200 円
	大崎駅	19 分鐘	400 円	200 円

※ 可使用 Suica、PASMO、ICOCA 等 IC 卡。東

注意事項

- 「單程車資」是指搭乘交通工具的「原價」費用。
- 實際搭乘的交通時間及車資費用，須以現場的狀況為主。
- 列車廂種類的簡稱要知道，例如通勤快速 = 通快、快速、普通。
- 車站名稱及簡稱標示要知道，例如川越 = 川、大宮 = 宮、武藏浦和 = 武、赤羽 = 赤、池袋 = 池、東京テレポート = 東。

京王電鐵

京王電鐵京王線、井之頭線

鐵路發行公司：京王電鐵（KEIO）株式會社

京王電鐵主要營運範圍為東京都西南部至神奈川縣北部之間的鐵路交通，可從新宿駅搭乘京王線及高尾線前往調布駅轉乘巴士前往深大寺及鬼太郎茶屋、三麗鷗 Hello Kitty 樂園（京王多摩センター駅），以及高尾山（高尾山口駅）登山健走，也可從澀谷駅搭乘井之頭線前往下北澤、井之頭公園、吉祥寺等地方慢活旅行。

京王電鐵

京王電鐵京王線、井之頭線票券種類及價格

票券種類	票券費用	
	大人（12 歲以上）	兒童（6～11 歲）
京王線、井之頭線一日乘車券	1,000 円	500 円
三麗鷗彩虹樂園＋京王線、井之頭線一日乘車券	4,460 円（18 歲以上）3,360 円（初中生、高中生或 17 歲以下）	3,030 円

京王電鐵京王線、井之頭線票券購買地點及方法

- 京王線、井之頭線各站自動售票機器以現金購買。
- 票券有效期限僅限於發行日當天。
- 一日券購買之後無法退票。
- 年底 12 月 31 日至隔年 1 月 3 日期間停止販售。

京王電鐵京王線、井之頭線搭乘範圍及方法

- 搭乘範圍包括京王線、高尾線、相模原線、井之頭線，僅限當日營運時間使用範圍於新宿駅至京王八王子駅、高尾山口駅、橋本駅之間，以及澀谷駅至吉祥寺駅之間。
- 可無限次乘坐自由上下車的車票。
- 京王線、高尾線、相模原線列車廂種類分為特急、準特急、急行、區間急行、快速、各駅停車，井之頭線列車廂種類分為急行、各駅停車。
- 搭乘特級車廂者，不須另外購買特急券。
- 京王電鐵與都營新宿線的鐵道路線有共軌相連，電車搭乘的距離最遠範圍為橋本駅至本八幡駅。

- 使用一日乘車券搭乘電車的過程中，若超出搭乘使用範圍的話，須自行前往駅務室補票，例如從笹塚駅搭乘至市ケ谷駅下車時，因市ケ谷駅為都營新宿線的車站，並非是京王電鐵的車站，所以須至駅務室補票日幣 180 円。

- 使用票券者，搭乘電車的過程中，若超出使用地區的範圍，須依規定另行補票。

京王電鐵京王線、井之頭線前往目的地及票券價格

出發車站	目的地	搭乘各駅停車時間（約）	單程車資	
			大人（12歲以上）	兒童（6～11歲）
新宿駅	明大前駅	9 分鐘	160 円	80 円
	吉祥寺駅	25 分鐘	230 円	120 円
	調布駅	30 分鐘	280 円	140 円
	聖蹟桜ヶ丘駅	47 分鐘	360 円	180 円
	京王多摩センター	50 分鐘	360 円	180 円
	南大沢	55 分鐘	390 円	200 円
	橋本駅	60 分鐘	410 円	210 円
澀谷駅	下北沢駅	6 分鐘	140 円	70 円
	明大前駅	10 分鐘	160 円	80 円
	吉祥寺駅	27 分鐘	230 円	120 円

※ 可使用 Suica、PASMO、ICOCA 等 IC 卡，普通車廂為各駅停車。

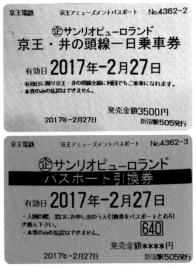

▲ 三麗鷗虹樂園門票引換券＋京王線、井之頭線一日券（為一組套票）

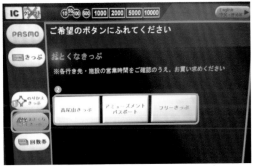

▲ 購買三麗鷗彩虹樂園門票引換券及京王線、井之頭線一日券的方法
- ❶：選擇「おトクなきっぷ」的選項
- ❷：可選擇高尾山往返優惠券、京王娛樂護照（Amusement Passport）或京王線、井之頭線一日券

❸：選擇三麗鷗彩虹樂園門票引換券（含京王線、井之頭線一日券）

❹：選擇大人票及兒童票的人數，放入紙鈔及貨幣
❺：購買確認、取票及找零

注意事項

- 「單程車資」是指搭乘交通工具的「原價」費用。
- 實際搭乘的交通時間及車資費用，須以現場的狀況為主。
- 拉丁字母文字表示線路，「KO」是京王線，「IN」是井之頭線，「S」是都營新宿線。
- 車站簡稱要知道，例如京王八王子＝無印、つつじケ丘＝つ、京王多摩センター＝セ、橋本＝橋、高幡不動＝高、高幡不動より各停京王八王子行き＝高八、高尾山口＝山、櫻上水＝櫻、若葉台＝若、調布＝調。

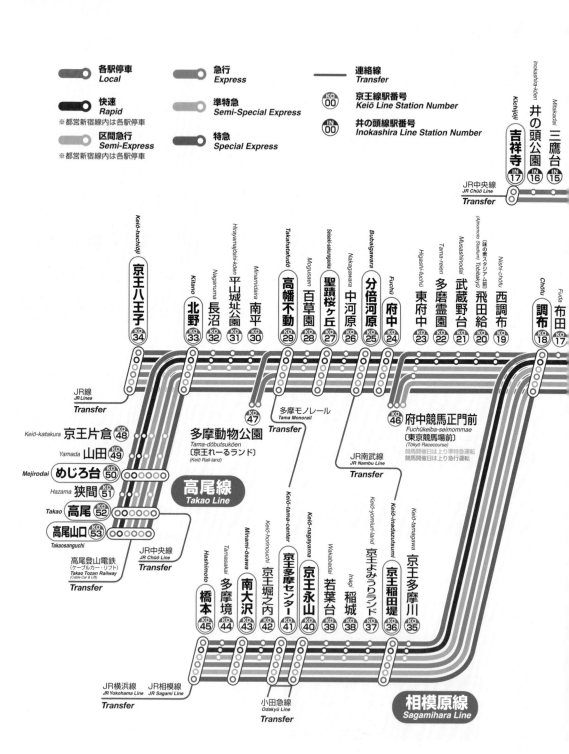

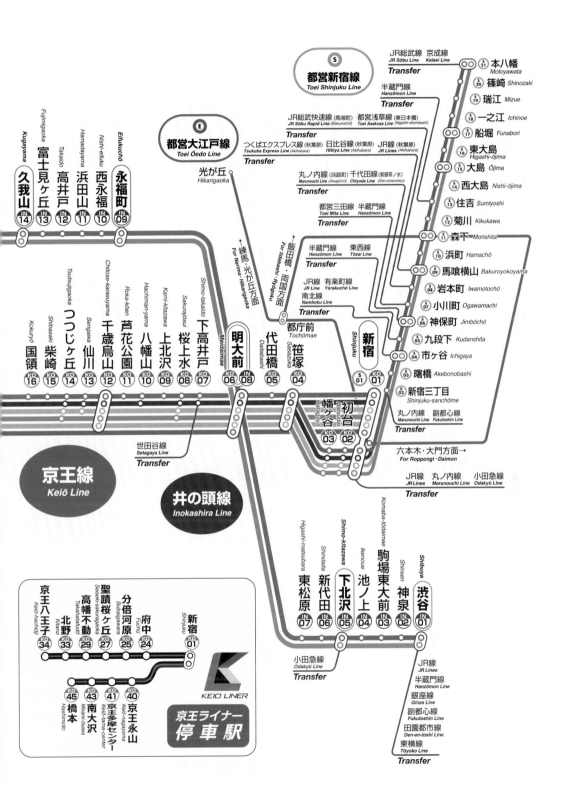

東急電鐵

東京急行電鐵

鐵路發行公司：東京急行電鐵株式會社

東京急行電鐵簡稱為東急電鐵，營運範圍包括東京與神奈川縣之間的鐵路交通，線路範圍包含東橫線、目黑線、田園都市線、大井町線、池上線、東急多摩川線、世田谷線、兒童之國線、東急新橫濱線等，從東京都市區往返橫濱的交通，除了可選擇搭乘 JR 東海道線、JR 湘南新宿線、JR 橫須賀線、京急線等電鐵之外，還可以選擇從澀谷搭乘「東急東橫線」特級列車往橫濱駅約 31 分鐘抵達，列車廂種類分為 S-トレ (TRAIN)、F ライナー、特急、通勤特急、急行、各停 (普通)。

東京急行電鐵

東急電鐵東橫線與港未來線、東京地鐵副都心線 (池袋駅)、東武電鐵東武東上線、西武電鐵池袋線、西武有樂町線及秩父線等鐵路共軌直通運行，可前往東急線各車站的自動售票機前，依自身需求購買東急線各車站前往川越、台場、港未來等地區的優惠聯票，例如從東急澀谷駅購買澀谷駅至橫濱駅來回優惠票券＋港未來線 1 日券，大人費用約日幣 1,220 円，兒童約日幣 610 円，票價依各發售車站而異，使用期限以發售當天有效。

注意事項

- 「單程車資」是指搭乘交通工具的「原價」費用。
- 實際搭乘的交通時間及車資費用，須以現場的狀況為主。
- S-トレ (S-TRAIN) 班車為週六、週日及假日行駛。
- 列車廂種類的簡稱要知道，例如Ｓトレイン＝Ｓトレ、Ｆライナー＝Ｆライナ、特急、通勤特急、急行、各駅停車 (普通)。
- 車站名稱及簡稱標示要知道，例如元町・中華街 ＝ 無印 (無標示)、菊名、武藏小杉、橫濱、元住吉等駅全名。

東急線・港未來線路線圖

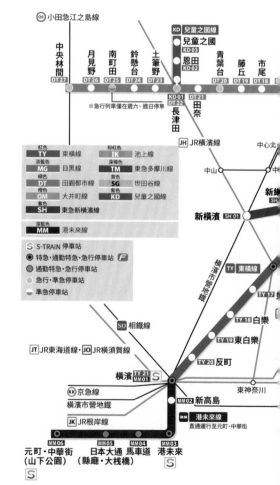

東京急行電鐵東橫線前往目的地及票券價格

出發車站	目的地	搭乘各停車廂時間 (約)	單程車資	
			大人 (12 歲以上)	兒童 (6 ～ 11 歲)
澀谷駅	中目黑駅	3 分鐘	140 円	70 円
	自由之丘駅	11 分鐘	180 円	90 円
	田園調布駅	15 分鐘	230 円	120 円
	日吉駅	24 分鐘	250 円	130 円
	橫濱駅	40 分鐘	310 円	160 円

※ 可使用 Suica、PASMO、ICOCA 等 IC 卡，普通車廂為各駅停車。

- 有些優惠聯票在澀谷駅、橫濱駅、兒童之國線、世田谷線各車站是沒有發售，相關資訊請至東京急行電鐵官網查詢。

▲ 東京急行電鐵一般票券（自由之駅至中目黑駅）

▲ 東京急行電鐵一般票券（橫濱至澀谷駅）

▲ 東京急行電鐵東橫線電車往港未來線

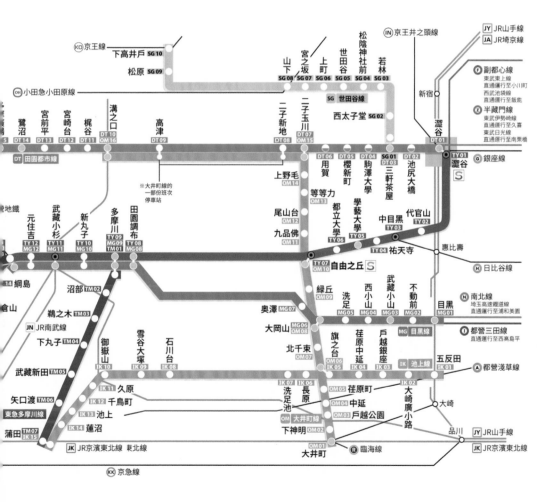

港未來線（みなとみらい線）

鐵路發行公司：横浜高速鉄道株式會社

位於日本神奈川縣横濱市的鐵路線名為「港未來21線」，通稱為港未來線，從横濱駅沿著港

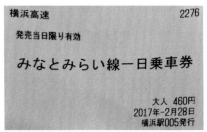

港未來線

未來線可安排前往許多熱門的行程，包括元町中華街、Landmark 大樓展望台、山下公園、紅磚倉庫等景點。

港未來線前往目的地及票券價格

出發車站	目的地	搭乘普通車廂時間（約）	單程車資	
			大人（12 歲以上）	兒童（6～11 歲）
横濱駅	新高島駅	2 分鐘	200 円	100 円
	港未來駅	3 分鐘	200 円	100 円
	馬車道駅	5 分鐘	200 円	100 円
	日本大道駅	7 分鐘	230 円	120 円
	元町、中華街駅	9 分鐘	230 円	120 円

※ 可使用 Suica、PASMO、ICOCA 等 IC 卡，普通車廂為各駅停車。

▲ 港未來線一日券

港未來線票券種類及價格

票券種類	票券費用	
	大人（12 歲以上）	兒童（6～11 歲）
港未來線一日券	460 円	230 円

港未來線一日券購買地點及方法

- 港未來線各站自動售票機器以現金購買。
- 一日券購買之後無法退票。

港未來線搭乘範圍及方法

- 僅限當日營運時間使用於橫濱駅至元町、中華街（山下公園）駅之間。
- 可無限次乘坐「港未來線」自由上下車的車票。
- 港未來線與東急東橫線、東京地鐵副都心線、西武池袋線及東武東上線的鐵道路線有直通共軌相連，若超出搭乘使用範圍的話，須自行前往駅務室補票。

▲ 港未來線與東急東橫線直通運行（特急列車）

▲ 港未來線一日券購買方法

❶：放入紙鈔及貨幣

❷：選擇大人票及兒童票的人數

❸：選擇一日券

❹：取票及找零

注意事項

- 「單程車資」是指搭乘交通工具的「原價」費用。
- 實際搭乘的交通時間及車資費用，須以現場的狀況為主。
- 列車廂種類的簡稱要知道，例如Sトレイン＝Sトレ、Fライナー＝Fライナ、特急、通勤特急、急行、各駅停車（普通）。
- 車站名稱及簡稱標示要知道，例如：保谷＝保、自由之丘＝自、川越市＝川、所澤＝所、元住吉＝住、森林公園＝森、池袋＝池、志木＝志、日吉＝日、武藏小杉＝武、小手指＝小、新宿三丁目＝三、澀谷＝澀、菊名＝菊、石神井公園＝石、飯能＝飯、西武秩父＝秩、和＝和光市等駅。

西武鐵道

鐵路發行公司：西武鐵道株式會社

西武鐵道

主要經營東京都西部至埼玉縣南西部之間的鐵路交通，西武鐵道的範圍包括西武秩父線、西武有樂町線、豐島線、狹山線、新宿線、拜島線、多摩湖線、國分寺線、西武園線、多摩川線、山口線等，在行程的安排上可以前往東京哈利波特影城，交通走法可選擇從西武池袋駅搭乘西武池袋線前往豐島園駅。

▲ 西武電鐵售票處

西武鐵道路線圖

西武鐵道豐島線前往目的地及票券價格

出發車站	目的地	搭乘普通車廂時間（約）	單程車資	
			大人（12歲以上）	兒童（6～11歲）
西武池袋駅	椎名町駅	2 分鐘	160 円	80 円
	練馬駅	13 分鐘	190 円	100 円
	豐島園駅	15 分鐘	190 円	100 円

※ 可使用 Suica、PASMO、ICOCA 等 IC 卡。

注意事項

- 「單程車資」是指搭乘交通工具的「原價」費用。
- 實際搭乘的交通時間及車資費用，須以現場的狀況為主。
- 列車廂種類的簡稱要知道，例如特急小江戶＝小江、特急むさし＝むさ、特特急ちちぶ＝ちち、急行、快速、準急、各駅停車(普通)。
- 車站名稱及簡稱標示要知道，例如本川越＝本、所沢＝所、玉川上水＝玉、上石神井＝上、新＝新所沢、田無＝田、拜島＝拜、小手指＝小、西武球場前＝球、西武秩父＝秩、飯能＝飯、豐島園＝豐。

▼ 西武鐵道豊島園駅外観

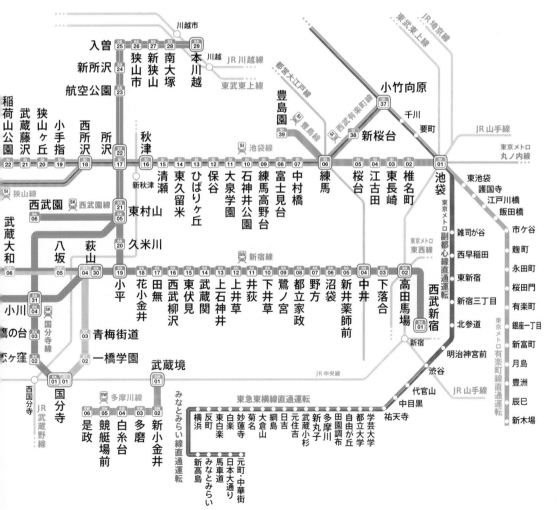

小田急電鐵

鐵路發行公司：小田急電鐵株式會社

小田急電鐵 (簡稱小田急電鐵或小田急) 在東京都、神奈川縣等地區擁有多條路線的私鐵，路線包括東京都新宿區新宿駅至神奈川縣小田原市小田原駅的小田原路線、神奈川縣相模原市相模大野駅至神奈川縣藤澤市片瀨江之島駅的江之島路線、神奈川縣川崎市新百合丘駅至東京都多摩市唐木田駅的多摩等路線，想前往箱根及富士山地區旅行的

小田急電鐵

小田急電鐵小田原線前往目的地及票券價格

出發車站	目的地	搭乘時間 (約)	單程車資	
			大人 (12 歲以上)	兒童 (6~11 歲)
小田急新宿駅	下北澤駅	7 分鐘	170 円	90 円
	登戶駅	19 分鐘	270 円	140 円

※ 可使用 Suica、PASMO、ICOCA 等 IC 卡。

話，可以考慮購買小田急電鐵的箱根周遊券或富士箱根周遊券，在行程的安排上可以前往藤子 F 不二雄博物館遊玩，交通走法可選擇從小田急新宿駅搭乘小田急小田原線前往登戶駅。

小田急電鐵路線圖

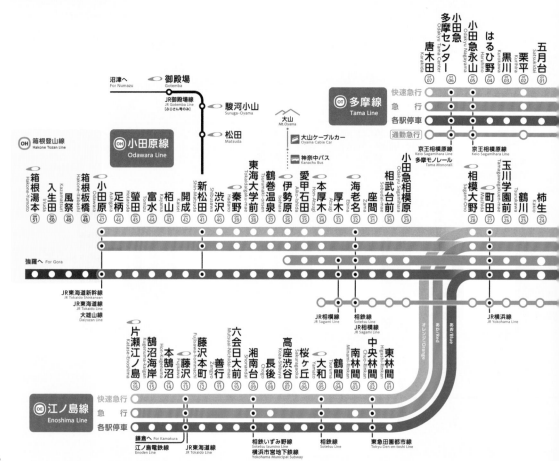

注意事項

- 實際搭乘的交通時間及車資費用，須以現場的狀況為主。
- 如遇天候惡劣等情況，交通工具可能會因安全考量而停止行駛。
- 若要搭乘特急列車的話，除了購買一般普通車票 (或周遊券) 之外，還須購買特急票券。
- 列車廂類依顏色區分標示，例如特急為深紅色、快速急行為黃色、急行為紅色、準急為綠色、各停為藍色。
- 車站名稱及簡稱標示要知道，例如新松田＝松、伊勢原＝伊、片瀨江ノ島＝江、唐木田＝唐、本厚木＝厚、御殿場＝御、秦野＝秦、箱根湯本＝湯、向ヶ丘遊園＝向、藤澤＝藤、町田＝町、相模大野＝大、秦野＝大秦、本厚木 (相模大野從起各停)＝大厚、大和＝和、伊勢原 (相模大野從起各停)＝大伊、成城學園前＝成、相武台前＝相、新百合ヶ丘＝百、相武台前 (相模大野從起各停)＝大相、經堂＝經、小田原＝無印。

▲ 小田急浪漫號 60000 型 MSE 列車

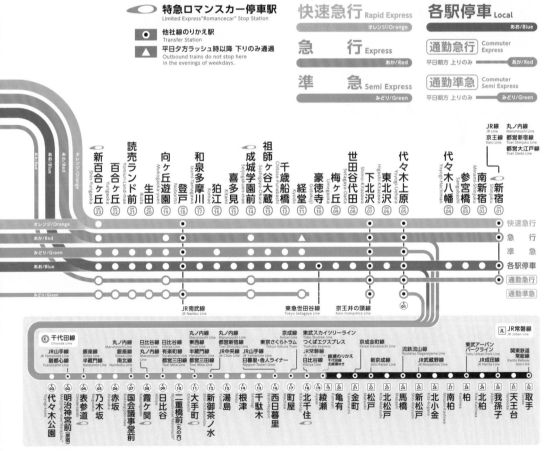

特急ロマンスカー停車駅
Limited Express "Romancecar" Stop Station

他社線のりかえ駅
Transfer Station

平日夕方ラッシュ時以降 下りのみ通過
Outbound trains do not stop here
in the evenings of weekdays.

快速急行 Rapid Express
オレンジ/Orange

急　行 Express
あか/Red

準　急 Semi Express
みどり/Green

各駅停車 Local
あお/Blue

通勤急行 Commuter Express
平日朝只 上りのみ　あか/Red

通勤準急 Commuter Semi Express
平日朝只 上りのみ　みどり/Green

119

 東京單日精選行程 A：淺草觀音寺、晴空塔

　　建議早上先前往淺草觀音寺參拜，主要是因為仲見世通り、新仲見世通り、淺草西參道等商店街的店鋪大多早上 10:00 ～ 11:00 之後才準備開始營業。若行程先前往晴空塔的話，可於早上 07:00 ～ 08:00 先行前往晴空塔展望台旅行。

時間	行程	交通方式
10:00 — 10:40	前往淺草	從上野駅出發可搭乘東京地鐵銀座線至淺草駅，車程約 5 分鐘 (車資約 180 円)，從 1 或 3 號出入口處再步行約 1 分鐘即可抵達雷門，若住宿在淺草附近者，可步行前往淺草觀音寺。
10:40 — 14:30	觀音寺、 仲見世商店街	淺草觀音寺周邊有許多商店街，可前往仲見世通り、新仲見世通り、淺草西參道等商店街逛逛遊玩，中午時若想到知名日式料理店用餐，店鋪通常皆於 10:00 ～ 11:00 開始營業，建議提早 20 ～ 30 分鐘前排隊，才不會影響到後續的行程。
14:30 — 21:00	晴空塔	從淺草駅出發可搭乘都營地鐵淺草線至押上駅車程約 5 分鐘 (車資約 180 円)，依路標指示步行地下聯絡道約 2 分鐘即可抵達。晴空塔商圈是購物及美食天堂，逛街購物到晚上會令人捨不得離開，建議傍晚之前 (天氣晴朗)，可前往展望台欣賞白天及夜晚的美景。
21:00 — 21:40	上野駅 & 飯店休息	從押上駅搭乘都營淺草線到淺草駅，出閘道步行往 A4、A5 方向，再經 G19 銀座線的指示方向，沿著地下聯絡道轉乘東京地鐵銀座線至上野駅，車程及步行時間約 20 分鐘，車資約 290 円。飯店休息。

東京單日精選行程 B：明治神宮、表參道、澀谷

時間	行程	交通方式
09:00 | 09:30	前往明治神宮	從澀谷出發可搭乘 JR 山手線各站停車 (新宿 / 池袋方向外環線) 至原宿駅車程約 2 分鐘 (車資約 150 円)，從表參道口往神宮橋、明治神宮一の鳥居方向步行約 8 分鐘抵達。假如從新宿駅出發者，可搭乘 JR 山手線各站停車 (品川 / 澀谷方向內環線) 至原宿駅車程約 5 分鐘 (車資約 150 円)，從表參道口往神宮橋、明治神宮一の鳥居方向步行約 8 分鐘抵達明治神宮主殿。
09:30 | 11:30	明治神宮	步行往返社殿時間約 20 分鐘，境內可參觀鳥居、神木夫婦楠、明治神宮御社殿、神樂殿、寶物殿等。
11:30 | 14:00	竹下通、東鄉神社	從明治神宮主殿前往原宿駅方向，步行約 9 分鐘抵達竹下通商店街。整條街道充滿青春洋溢的氣息，店鋪大多販賣青少年、淑女及成人服飾，建議早上 11:00 前往竹下通的人潮不會太擠，可以在此享用中餐時光，吃吃冰淇淋、可麗餅、泡芙等甜品。從竹下通商店街中段巷口 (MARION CREPES 可麗餅店鋪旁) 前往東鄉神社，步行約 2 分鐘抵達。
14:00 | 17:00	表參道	從東鄉神社前往表參道，路程途中可前往原宿通り商店街，再前往明治通り、神宮前 3 丁目及神宮前 4 丁目方向，道路與街道兩旁有許多知名服飾店鋪，包括 H&M、ABC-MART、LINE FRIENDS 等，步行約 8 ～ 10 分鐘抵達明治神宮前駅附近，從明治神宮前駅至表參道駅之間步行約 10 分鐘，道路兩旁開設許多生活用品及時尚潮流的精品店鋪，巷內的貓街有許多甜點咖啡館、風味餐廳、女性服飾、二手服飾等。
17:00 | 21:00	澀谷 & 飯店休息	從表參道前往明治通り澀谷方向，路程途中經過神宮前 6 丁目、明治通り，步行約 15 分鐘抵達澀谷百貨商圈。飯店休息。

 ## 東京單日精選行程 C：豐洲市場、台場

　　想參觀豐洲市場漁獲競標及拍賣等活動的話，現場須於清晨 02:00 ～ 07:00 期間觀看，店鋪開始營業的時間為 05:00 ～ 05:30 期間。因海鷗線電鐵清晨時段沒有營業，若想吃知名海鮮及壽司店鋪的旅人，除了要早起前往店家門口排隊之外，還要注意飯店前往豐洲市場的交通路線及安全。本篇行程以日常生活的時段來規畫路線。

時間	行程	交通方式
08:00 | 09:00	前往豐洲市場	從澀谷駅出發可搭乘東京地鐵半藏門線至永田町駅，轉乘東京地鐵有樂町線至豐洲駅，再轉乘海鷗線至市場前駅，車程及步行轉乘時間約 36 分鐘 (車資約 400 円) 抵達。
09:00 | 12:00	豐洲市場	市場區域範圍很廣泛，可參觀果蔬大樓 (青果棟)、管理大樓 (管理施設棟)、水產批發賣場大樓 (水產卸売場)、水產仲介批發賣場大樓 (水產仲卸売場棟)，以及屋頂綠化廣場，並可選擇喜歡的店家享用海鮮及壽司大餐。
12:00 | 20:00	台場	從市場前駅搭乘海鷗線至台場駅，車程時間約 13 分鐘 (車資約 330 円) 抵達。可選擇前往台場海濱公園、自由女神像、富士電視台、AQUA CiTY ODAIBA、Diver City Tokyo Plaza 等地購物遊玩。
20:00 | 21:00	澀谷 & 飯店休息	從電信中心駅出發可搭乘海鷗線至新橋駅，出站步行至東京地鐵新橋駅轉乘銀座線至澀谷駅，車程及轉乘時間約 40 分鐘 (車資約 510 円)，飯店休息。

東京單日精選行程 D：三鷹吉卜力美術館、吉祥寺、新宿

時間	行程	交通方式
08:30 ∣ 10:00	前往三鷹吉卜力美術館	從 JR 新宿駅出發可搭乘 JR 中央線快速列車至三鷹駅，車程時間約 16 分鐘 (車資約 230 円)，從 JR 三鷹駅南口步行經風之散步道，右轉吉祥寺通り至三鷹吉卜力美術館，步行時間約 18 分鐘抵達，或者 JR 三鷹駅南口搭乘三鷹の森ジブリ美術館ルート巴士前往吉卜力美術館，車程時間約 6 分鐘 (車資約 210 円)。
10:00 ∣ 12:00	吉卜力美術館	排隊準備進場 (前往美術館之前須先預約好 10:00 進場的門票)，可參觀館內展示內容，包括原創的動畫短片、作者手繪展示、動畫企畫製作展示區及紀念品商店等。
12:00 ∣ 17:00	吉祥寺商店街	可從明星學園入口站牌搭乘吉 04、吉 06 等巴士前往吉祥寺駅，車程時間約 5～7 分鐘 (車資約 220 円)，吉祥寺商店街中午可先用餐，美食包括拉麵、炸牛丸、可麗餅、鯛魚燒等，商店街可逛服飾、鞋襪、百元商品、生活雜貨、藥妝店、文具用品及 3C 電器等。
17:00 ∣ 21:00	新宿、東京都廳北展望室 & 飯店休息	從 JR 吉祥寺駅可搭乘 JR 中央線快速列車至 JR 新宿駅，車程時間約 15 分鐘 (車資約 230 円) 抵達。夜逛百貨公司、美食地下街、購物商場、歌舞伎町、思い出横丁居酒屋街等，飯店休息。

 東京單日精選行程 E：東京鐵塔、東京一番街、秋葉原

時間	行程	交通方式
09:30 ∣ 10:30	前往東京鐵塔	從新宿駅搭乘都營地鐵大江戶線 (往六本木 / 大門駅方向) 至赤羽橋駅 (赤羽橋口方向)，車程時間約 15 分鐘 (車資約 220 円)，過紅綠燈後經加油站右側再步行約 5 分鐘即可抵達。
10:30 ∣ 12:00	東京鐵塔展望台	可購買展望台門票，搭乘電梯至展望台 (MAIN DECK) 欣賞東京都市區街景，天候能見極佳的時候可遠眺到富士山。
12:00 ∣ 15:00	東京一番街	從東京鐵塔步行至神谷町駅，搭乘東京地鐵日比谷線至霞關駅，再轉乘東京地鐵日丸之內線至東京駅，車程及轉乘時間約 10 分鐘 (車資約 180 円)。一番街位於 JR 東京駅八重洲 (檢票口外) 地下中央口 B1，中午可在東京一番街美食區用餐，順便逛街購買日本人氣動漫及電視偶像日劇之相關商品。
15:00 ∣ 20:30	秋葉原	從 JR 東京駅可搭乘 JR 山手線或 JR 濱東北線至 JR 秋葉原駅，車程時間約 13 分鐘 (車資約 150 円) 抵達，喜愛電器、動畫、二手商品、漫畫及女僕咖啡廳者可來此朝聖。
20:30 ∣ 21:30	新宿 & 飯店休息	從 JR 秋葉原駅可搭乘 JR 中央・總武線 (各站停車) 至 JR 新宿駅，車程時間約 18 分鐘 (車資約 180 円) 抵達。飯店休息。

 東京單日精選行程 F：築地外市場、銀座、六本木

時間	行程	交通方式
08:30 ∣ 08:40	前往築地外市場	從上野駅搭乘東京地鐵日比谷線至築地駅，車程時間約 12 分鐘 (車資約 180 円)，從 1 號出口直行步行約 3 分鐘抵達。
08:40 ∣ 11:30	築地外市場	許多店鋪從早上就開始營業，一早就可以吃許多美食，包括當季水果、大福、煎蛋玉子燒、關東煮、拉麵、蕎麥麵、天婦羅、烤鰻魚、牡蠣、壽司、生魚片、海鮮丼飯等料理，種類多元豐富。
11:30 ∣ 16:00	銀座商圈	從築地駅搭乘東京地鐵日比谷線至銀座駅，車程時間約 4 分鐘 (車資約 180 円)，建議選擇前往銀座四丁目方向之出口處即可抵達。這裡有世界各國的精品名牌，可讓人盡情逛街購物。

| 16:00
｜
21:00 | 六本木 | 從銀座駅搭乘東京地鐵日比谷線至六本木駅，車程時間約 10 分鐘 (車資約 180 円)，六本木戶外街道充滿藝術文化的氣息，商圈附近有許多下午茶甜點餐廳、美食店鋪、觀光景點摩天大樓及購物中心等。 |
| 21:00
｜
21:40 | 上野 &
飯店休息 | 從六本木駅搭乘東京地鐵日比谷線至上野駅，車程時間約 27 分鐘 (車資約 210 円)，飯店休息。 |

 ## 東京單日精選行程 G：三之輪橋、早稻田大學、巢鴨地藏通商店街

本行程建議購買都電荒川線一日券 (售票地點為都電車廂內、荒川電車營業所)。

時間	行程	交通方式
09:00 ｜ 09:30	前往三之輪橋	從上野搭乘東京地鐵日比谷線至三之輪駅 3 號出口，車程時間約 4 分鐘 (車資約 180 円)，再步行至都電荒川線三之輪橋駅約 5 分鐘抵達。
09:30 ｜ 09:50	三之輪橋	街道及車站環境充滿昭和年代的復古風格，雖然街道早上有許多店鋪尚未營業，但可隨意逛一下及拍拍照片。
09:50 ｜ 10:30	尾久八幡社神	從三之輪橋駅搭乘都電荒川線至宮ノ前駅，車程時間約 16 分鐘 (車資約 170 円)，步行約 1 分鐘抵達。神社為東京都荒川區的重要文化財產，雖然境內的範圍不大，但前來四處走走參拜也有一番樂趣。
10:30 ｜ 11:10	菓匠明美本鋪	從宮ノ前駅搭乘都電荒川線至梶原駅，車程時間約 9 分鐘 (車資約 170 円)，再往梶原銀座商店街步行約 1 分鐘抵達。可前往菓匠明美本鋪購買菓子糕點及可愛的周邊紀念商品。
11:10 ｜ 12:00	北とぴあ展望台	從梶原駅搭乘都電荒川線至王子駅前駅，車程時間約 4 分鐘 (車資約 170 円)，步行約 5 分鐘抵達。大樓 17 樓展望台可欣賞地鐵電車及新幹線快速行駛的景觀。
12:00 ｜ 14:30	巢鴨地藏通商店街	從王子駅前駅搭乘都電荒川線至庚申塚駅，車程時間約 7 分鐘 (車資約 170 円)，再往巢鴨地藏通商店街步行約 1 分鐘抵達。商店街的店鋪包括咖啡廳、和菓子、食堂、超商雜貨、日本傳統小吃等，可順便前往高岩寺祈求身體健康。
14:30 ｜ 15:20	鬼子母神堂	從庚申塚駅搭乘都電荒川線鬼子母神前駅下車，車程時間約 12 分鐘 (車資約 170 円)，再往鬼子母神表參道方向步行約 4 分鐘抵達。前往參拜者，順便祈求全家人健康平安，事事順心。
15:20 ｜ 17:00	早稻田大學	從鬼子母神前駅搭乘都電荒川線早稻田駅下車，車程時間約 7 分鐘 (車資約 170 円)，再步行約 7 分鐘抵達。位於日本東京都的中心地帶，已有百年歷史傳統、豐富自然景觀與獨特風格建築的早稻田大學，很適合情侶及親子在校園漫步。
17:00 ｜ 21:00	池袋	從早稻田駅搭乘都電荒川線至東池袋四丁目駅下車，車程時間約 8 分鐘 (車資約 170 円)，再步行約 10 分鐘抵達池袋駅，或者搭乘都電荒川線至鬼子母神前駅下車，再步行轉乘東京地鐵副都心線雜司谷駅至池袋駅，車程及轉乘時間約 17 分鐘 (車資約 340 円)。夜逛池袋商圈及太陽城。
21:00 ｜ 21:40	上野 & 飯店休息	從 JR 池袋駅搭乘 JR 山手線至 JR 上野駅，車程時間約 17 分鐘 (車資約 180 円)，飯店休息。

東京單日精選行程 H：小石川後樂園、東京巨蛋

本行程規畫適合當天前往東京巨蛋棒球場（讀賣巨人隊主場）觀看棒球比賽。

時間	行程	交通方式
09:30 ｜ 10:10	前往 小石川後樂園	從池袋駅搭乘東京地鐵丸之內線至後樂園駅，車程時間約 8 分鐘（車資約 180 円），從 2 號出口經天橋人行道及後樂公園少年野球場方向，步行時間約 10 分鐘抵達入口處。
10:10 ｜ 11:30	小石川後樂園	園區內充滿日本與中國的文化風格，是東京都著名的賞梅、賞櫻、賞楓的日式庭園之一。
11:30 ｜ 16:00	東京巨蛋	小石川後樂園步行約 6 分鐘可抵達東京巨蛋商城，附近有野球殿堂博物館、東京巨蛋城遊樂園 (Tokyo Dome City Attractions)、宇宙博物館、百貨商場 (La Qua)、室內兒童遊戲中心、餐廳及商店等。
16:00 ｜ 21:00	東京巨蛋 讀賣巨人主場	平日時段的職業棒球比賽，於 16:00 開始可以進場，約 18:00 開始比賽，結束時間依比賽狀況而定。
21:00 ｜ 21:30	池袋 & 飯店休息	從後樂園駅搭乘東京地鐵丸之內線至池袋駅，車程時間約 8 分鐘（車資約 180 円），飯店休息。

 東京單日精選行程 I：三麗鷗彩虹樂園、三井 OUTLET PARK 南大澤

本行程很適合 2 ～ 6 歲的兒童前往，時間可依兒童的體力狀況來調整行程，並評估購買京王電鐵三麗鷗彩虹樂園門票引換券一日券。

時間	行程	交通方式
09:00 ｜ 10:00	前往 三麗鷗彩虹樂園	從新宿駅搭乘京王電鐵京王線準特急列車至京王多摩中心（京王多摩センター）駅，車程約 30 分鐘（車資約 360 円），再步行約 8 分鐘抵達三麗鷗彩虹樂園。
10:00 ｜ 17:00	三麗鷗彩虹樂園	充滿溫馨歡樂與感動的樂園，場景的設施與活動大人和小孩都喜歡，樂園內有來自世界各地人氣的三麗鷗卡通角色（包括 Hello Kitty、布丁狗等），絕對讓人捨不得離開。
17:00 ｜ 20:00	三井 OUTLET PARK 南大澤	從京王多摩中心駅搭乘京王電鐵相模原線快速列車至南大澤駅，車程 4 分鐘（車資約 160 円），再往首都大學東京南門方向步行約 3 分鐘抵達。南大澤 OUTLET PARK 店鋪總數約有 110 家，駐進許多日本及歐美知名品牌，多數店鋪有提供外國旅客免稅服務，可讓人盡情逛街購物。
20:00 ｜ 21:00	新宿 & 飯店休息	從京王多摩中心駅搭乘京王電鐵相模原線及京王線特急列車至南大澤駅，車程約 35 分鐘（車資約 390 円），飯店休息。

 東京單日精選行程 J：根津神社、龜有商圈

時間	行程	交通方式
09:00 ｜ 09:40	前往 根津神社	從 JR 上野駅或阿美橫丁附近步行至湯島駅約 7 ～ 10 分鐘，再搭乘東京地鐵千代田線至根津駅，車程時間約 2 分鐘（車資約 180 円），從 1 號出口步行約 6 分鐘抵達神社表參道入口處。

09:40 | 11:00	根津神社	除了遊覽東京都最古老的神社之外，還可以看到迷你版的京都伏見稻荷千鳥居，每年 4～5 月是欣賞杜鵑花的著名景點之一。
11:00 | 20:00	龜有商圈	從根津駅搭乘東京地鐵千代田線 (與 JR 常磐線鐵道共軌) 至 JR 龜有駅，車程時間約 18 分鐘 (車資約 380 円)。喜歡收集烏龍派出所人物銅像的朋友們，可在龜有駅領取地圖尋找人物銅像，附近還有神社及 Ario 購物中心，可讓人盡情購物血拼。
20:00 | 20:40	上野 & 飯店休息	從 JR 龜有駅搭乘 JR 常磐線 (與東京地鐵千代田線鐵道共軌) 至湯島駅，車程時間約 20 分鐘 (車資約 380 円)，再步行回飯店休息。

🧳 東京單日精選行程 K：清澄庭園、小石川後樂園、六義園、舊古河庭園

時間	行程	交通方式
08:30 | 09:20	前往 清澄庭園	從新宿駅搭乘都營地鐵大江戶線 (往六本木 / 大門駅方向) 至清澄白河駅，車程時間約 30 分鐘 (車資約 280 円)，從 A3 出口步行時間約 3 分鐘抵達。建議購買日本庭園共通門票。
09:20 | 10:20	清澄庭園	公園散步的好去處，可遊覽迴遊式之日本庭園，欣賞園區各種野鳥、松竹與各季花卉。
10:20 | 11:00	前往 小石川後樂園	從清澄白河駅搭乘都營地鐵大江戶線 (往兩國 /春日駅方向) 至飯田橋駅，車程時間約 16 分鐘 (車資約 220 円)，從 C3 出口往小石川後樂園入口處方向步行時間約 5 分鐘抵達。
11:00 | 14:00	小石川後樂園	為東京都內最古老、寧靜的景觀庭園之一，園區內有設置步道、蓮池塘、歷史遺跡及小橋，也是欣賞梅花、櫻花及紅葉的名所之一。建議至後樂園駅附近午餐。
14:00 | 14:30	前往 六義園	午餐及休憩過後，從後樂園駅搭乘東京地鐵南北線至駒込駅，車程時間約 7 分鐘 (車資約 180円)，從 2 號出口步行約 1 分鐘抵達染井門入口售票處。
14:30 | 15:30	六義園	早上參觀小石川後樂園之後，來到東京都另一座的都立庭園，每年 4 月初的櫻花季節與 11 月下旬的紅葉季節，是喜愛日式庭園且不可錯過景點之一。
15:30 | 15:45	前往 舊古河庭園	從六義園染井門往駒込駅方向步行約 10 分鐘抵達舊古河庭園。若遇六義園染井門沒有開放的話，從六義園正門步行約 14 分鐘抵達舊古河庭園。
15:45 | 17:00	舊古河庭園	舊古河庭園被政府指定為名勝之一，也是東京觀賞玫瑰的勝地之一，園區範圍包括西洋庭園、日本庭園等。
17:00 | 18:00	新宿 & 飯店休息	從舊古河庭園步行西ヶ原駅約 8 分鐘，再搭乘東京地鐵南北線至四谷駅，再轉乘東京地鐵丸之內線至新宿駅，車程時間約 30 分鐘 (車資約 260 円)，飯店休息。

小石川後樂園神田上水跡

六義園藤代峠至高位置眺望庭園美景

舊古河庭園歐式建築大谷美術館外觀

東京單日精選行程 L：藤子·F·不二雄博物館、國營昭和紀念公園

時間	行程	交通方式
09:00 ─ 13:00	藤子·F·不二雄博物館	從新宿駅搭乘小田急電鐵小田原線 (快速急行) 至登戶駅，車程約 17 分鐘 (車資約 270 円)，步行至巴士站牌搭乘巴士 (藤子·F·不二雄ミュージアム線、生田緑地口行)，車程約 10 分鐘 (車資約 220 円)。
13:00 ─ 18:00	國營昭和紀念公園	中午用餐後，從藤子·F·不二雄博物館搭乘巴士 (藤子·F·不二雄ミュージアム線)，車程約 10 分鐘 (車資約 220 円) 至登戶駅，步行至 JR 登戶駅搭乘 JR 南武線至 JR 立川駅，再搭乘 JR 青梅線至 JR 西立川駅，交通車程約 35 分鐘 (車資約 410 円)，步行約 2 分鐘至國營昭和紀念公園西立川口入口處。
18:00 ─ 19:00	新宿 & 飯店休息	從 JR 西立川駅搭乘 JR 青梅中央線 (特快列車) 至 JR 新宿駅，車程約 29 分鐘 (車資約 480 円)，晚餐後回飯店休息。

藤子·F·不二雄博物館哆拉美

東京單日精選行程 M：鬼太郎茶屋、深大寺、井之頭恩賜公園

時間	行程	交通方式
09:00 ─ 12:00	鬼太郎茶屋、深大寺	從新宿駅搭乘京王電鐵京王線 (特級列車) 至調布駅，車程約 16 分鐘 (車資約 280 円)，往調布駅北口站牌方向步行約 2 分鐘，可搭乘巴士調 34 (往深大寺方向) 至深大寺巴士站牌下車，車程約 13 分鐘 (車資約 220 円)，再步行約 1 分鐘抵達。
12:00 ─ 17:00	井之頭恩賜公園	從深大寺搭乘巴士 (吉 04、吉 14 或吉 06) 至井之頭恩賜公園，車程約 25 ～ 30 分鐘 (車資約 220 円) 抵達。
17:00 ─ 20:00	吉祥寺	從井之頭恩賜公園步行約 8 分鐘抵達吉祥寺駅，夜逛吉祥寺商圈。
20:00 ─ 21:00	新宿 & 飯店休息	從 JR 吉祥寺駅搭乘 JR 中央線快速列車至 JR 新宿駅，車程約 16 分鐘 (車資約 230 円)，步行回飯店休息。

注意事項：從深大寺可搭乘巴士丘 21 至つつじヶ丘駅，但京王線特級列車不會停靠此車站。

井之頭池畔

深大寺山門 (浮岳山)

橫濱精選親子 1 日遊：麵包超人博物館、新橫濱拉麵博物館

時間	行程	交通方式
09:30 ｜ 15:00	麵包超人博物館	從橫濱駛搭乘港未來線至新高島駛，車程約 2 分鐘 (車資約 200 円)，從 3 號出口步行約 7 分鐘抵達。
15:00 ｜ 16:30	新橫濱駛前公園	從新高島駛搭乘港未來線至橫濱駛，車程約 2 分鐘 (車資約 200 円)，從橫濱駛轉乘營藍線 (快速列車) 至新橫濱駛，車程約 8 分鐘 (車資約 250 円)，步行約 7 分鐘抵達。
16:30 ｜ 18:30	新橫濱拉麵博物館	從新橫濱駛前公園步行約 2 分鐘抵達。
18:30 ｜ 19:00	橫濱 & 飯店休息	從新橫濱駛轉乘營藍線 (快速列車) 至橫濱駛，車程約 8 分鐘 (車資約 250 円)。

注意事項：
① 若從新宿地區出發的話，可步行到 JR 新宿駛搭乘 JR 湘南新宿線 (快速列車) 至 JR 橫濱駛，車程約 35 分鐘 (車資約 580 円)。
② 本行程適合安排 2 ～ 6 歲兒童前往。

橫濱、港未來21 1 日遊

時間	行程	交通方式
09:00 ｜ 10:00	前往中華街、 山下公園	從澀谷駛搭乘東急東橫線 F 快線特急列車 (往元町、中華街方向) 至元町、中華街駛，車程約 35 分鐘 (車資約 540 円)，步行約 5 分鐘抵達。
10:00 ｜ 13:00	中華街、 山下公園	可遊覽山下公園、中華美食街、日本郵船冰川丸、橫濱海洋塔等景點。
13:00 ｜ 14:00	橫濱紅磚倉庫	從元町、中華街搭乘港未來線至馬車道駛，車程約 4 分鐘 (車資約 200 円)，從 4 號或 6 號出口步行至橫濱紅磚倉庫約 8 分鐘抵達。從山下公園步行往象之鼻碼頭方向約 14 分鐘抵達。此景點時間的安排為拍照及隨意逛逛，若對商店街有興趣的話，可自行預留多點時間購物逛逛。
14:00 ｜ 15:20	橫濱地標大廈	從橫濱紅磚倉庫步行往摩天輪、櫻花通方向約 15 分鐘抵達。大廈附近的購物商場很多，可自行預留多點時間購物逛逛。
15:20 ｜ 19:00	自由之丘	從橫濱地標大廈步行至港未來駛 (みなとみらい駛) 約 5 分鐘，搭乘港未來線 F 快線特急列車 (與東急東橫線共軌) 至自由之丘駛，車程時間約 25 分鐘 (車資約 490 円) 抵達。
19:00 ｜ 20:00	澀谷 & 飯店休息	從自由之丘駛搭乘東急東橫線 F 快線特急列車至澀谷駛，車程約 8 分鐘 (車資約 180 円)

注意事項：從 JR 新宿駛搭乘 JR 湘南新宿線 (快速列車) 至 JR 橫濱駛，車程約 35 分鐘 (車資約 580 円)。

東京親子
5 日遊

　　寶寶及孩子年紀小，生活作息的時間較短，故出外旅行的活動力不能與大人相比，出遠門在外一定要照顧好，因日本空氣比較乾燥，每年的春天、秋天、冬天與台灣的氣溫落差約 10 ～ 15 度，加上 0 ～ 6 歲的孩子身體抵抗力較弱，皮膚及鼻子過敏體質的孩子一定要準備好藥膏及感冒等藥品，以備不時之需。

　　因 0 ～ 2 歲的寶寶隨身物品需要更多時間準備及打理，包括餵奶、換尿布、抱抱哄睡覺等，本行程安排比較寬鬆，建議前往的景點皆有設置室內媽媽哺乳室，讓家人可放心地遊玩。

　　從台北松山機場出發至羽田國際空港，建議行程走法如下：

　　因照顧 0 ～ 2 歲的寶寶需要選擇交通方便且固定的住宿地點，本行程從羽田機場進入東京都淺草地區，供讀者參考。

DAY-1 羽田機場、淺草雷門 & 觀音寺

預定搭乘上午 08:30 ～ 09:30 班機至羽田機場，日本時間約 12:30 ～ 13:30 抵達，購買車票及辦理其他旅行事務後前往淺草地區。

時間	行程	交通方式
13:30 | 15:30	前往 淺草地區	從羽田機場搭乘京急機場線 (快速特急列車) 至淺草駅，車程約 35 分鐘 (車資約 650 円)，飯店 check in 入住手續。
15:30 | 18:00	淺草雷門 & 觀音寺	從飯店步行至淺草雷門 & 觀音寺，遊客人潮多時要注意兒童及自身安全。
18:00 | 19:00	淺草 & 飯店休息	晚餐後，夜宿淺草。

DAY-2 東京晴空塔、錦糸町阿卡將

時間	行程	交通方式
10:00 ｜ 16:00	東京晴空塔	從淺草駅搭乘東京地鐵銀座線至押上駅，車程約 3 分鐘 (車資約 180 円)。
16:00 ｜ 18:00	錦糸町阿卡將	採購寶寶、孩子的生活日用品，從押上駅搭乘東京地鐵半藏門線至錦糸町駅，車程約 2 分鐘 (車資約 180 円) 抵達。
18:00 ｜ 20:00	淺草 & 飯店休息	從 JR 錦糸町駅搭乘 JR 總武線快速 (往橫濱、久里濱方向) 至 JR 品川駅，車程約 18 分鐘 (車資約 220 円)，晚餐後，飯店休息。

DAY-3 上野動物園、阿美橫丁

時間	行程	交通方式
10:00 ｜ 15:00	上野動物園	從淺草駅搭乘東京地鐵銀座線至上野駅，車程約 5 分鐘 (車資約 180 円)，往 7 號出口步行約 12 分鐘抵達表門，若從 6 號出口，步行約 8 分鐘抵達弁天門。
15:00 ｜ 18:00	阿美橫丁	可從上野動物園池之端門行經不忍池，漫步至阿美橫丁約 15 ～ 18 分鐘抵達。
18:00 ｜ 19:00	淺草 & 飯店休息	晚餐後，從上野駅搭乘東京地鐵銀座線至淺草駅，車程約 5 分鐘 (車資約 180 円)，步行回飯店休息。

阿美橫丁碳烤海鮮

DAY-4 東京鐵塔、麻布台之丘

時間	行程	交通方式
10:00 ｜ 12:00	東京鐵塔	從淺草駅搭乘都營地鐵淺草駅至大門駅，再轉乘都營地鐵大江戶線至赤羽橋駅 (赤羽橋口方向)，車程及轉乘時間約 23 分鐘 (車資約 220 円)，過紅綠燈馬路後經加油站右側再步行約 5 分鐘即可抵達。
12:00 ｜ 18:00	麻布台之丘	從東京鐵塔步行至麻布台之丘時間約 12 分鐘抵達，享受商圈購物的樂趣。
18:00 ｜ 19:00	上野 & 飯店休息	晚餐後，從麻布台之丘步行地鐵人行聯絡道至神谷駅搭乘東京地鐵日比谷線至銀座駅，再轉乘東京地鐵日比谷線至銀座駅，交通時間約 30 分鐘 (車資約 210 円)，飯店休息。

DAY-5 羽田機場

整理行理，飯店 check out，預定搭乘中午 12:30 ～ 13:30 班機離開羽田機場，建議 09:30 ～ 10:30 從淺草駅搭乘京急機場線 (快速特急列車) 至羽田第 3 航廈駅，車程約 35 分鐘 (車資約 650 円)。

注意事項：
① 帶著 0 ～ 2 歲的寶寶及孩子自助旅行，須考量寶寶的生活作息 (例如泡奶及睡眠)，以及孩子 2 歲左右的叛逆期，所以交通時間及行動力一定會比較慢。
② 第二天至第四天的行程，可依家人的體力及當天氣候狀況，自行調整哪一天出發。
③ 寶寶及孩子的狀況皆無法預測，時間的掌控要特別注意，以免錯過班車時間。

本行程規畫適合 2～6 歲的兒童及年紀較大的長輩同行。

DAY-1 成田國際機場、上野

預定搭乘上午 08:30 ～ 09:30 班機至成田國際機場,日本時間約 12:30 ～ 13:30 抵達成田國際機場,購買車票及辦理其他旅行事務後前往上野地區。建議 Keisei Skyliner Ticket 往返優惠方案。

時間	行程	交通方式
13:30 — 15:30	前往 上野地區	從成田國際機場搭乘 Skyliner 至京成上野駅,車程約 36 ～ 48 分鐘 (車資約 2,570 円),飯店 check in。
15:30 — 20:00	上野恩賜公園 & 飯店休息	公園走走,晚餐後,夜宿上野。

DAY-2 東京晴空塔、錦糸町阿卡將

時間	行程	交通方式
10:00 — 16:00	東京晴空塔	從上野駅搭乘東京地鐵銀座線至淺草駅,再轉乘都營地鐵淺草線至押上駅,交通時間約 16 ～ 20 分鐘 (車資約 290 円) 抵達。

| 16:00
｜
18:00 | 錦糸町阿卡將 | 採購寶寶、孩子的生活日用品，從押上駅搭乘東京地鐵半藏門線至錦糸町駅，車程約 2 分鐘（車資約 180 円）。 |
| 18:00
｜
19:00 | 上野 &
飯店休息 | 從 JR 錦糸町駅搭乘 JR 中央總武線（各站停車）至 JR 秋葉原駅，轉乘 JR 山手線／JR 京濱東北線至上野駅，交通時間約 15 分鐘（車資約 170 円），晚餐後，飯店休息。 |

DAY-3 池袋太陽城

時間	行程	交通方式
10:00 ｜ 18:00	池袋太陽城	從 JR 上野駅可搭乘 JR 山手線至 JR 池袋駅（往池袋／新宿方向），車程約 17 分鐘（車資約 180 円），再步行約 8 分鐘抵達。
18:00 ｜ 19:00	上野 & 飯店休息	從 JR 池袋駅可搭乘 JR 山手線至 JR 上野駅（往上野／東京方向），車程約 17 分鐘（車資約 180 円），晚餐後，步行回飯店休息。

DAY-4 東京鐵塔、麻布台之丘

時間	行程	交通方式
10:00 ｜ 12:00	東京鐵塔	從上野駅搭乘東京地鐵日比谷線至神谷町駅 1 或 2 號出口，車程約 22 分鐘（車資約 210 円），再往芝給水所公園方向步行時間約 10 分鐘抵達。
12:00 ｜ 18:00	麻布台之丘	從東京鐵塔步行至麻布台之丘時間約 12 分鐘抵達，享受商圈購物的樂趣。
18:00 ｜ 19:00	上野 & 飯店休息	晚餐後，從麻布台之丘步行人行聯絡道至神谷町駅，搭乘東京地鐵日比谷線至上野駅，約 22 分鐘（車資約 210 円），飯店休息。

DAY-5 東京迪士尼樂園／東京迪士尼海洋

時間	行程	交通方式
07:00 ｜ 20:30	東京迪士尼樂園／ 東京迪士尼海洋一日遊	從上野駅搭乘東京地鐵日比谷線至八丁堀駅，步行至 JR 八丁堀駅搭乘 JR 千葉線至 JR 舞濱駅，交通時間約 35 分鐘（車資約 410 円）。
20:30 ｜ 21:30	上野 & 飯店休息	從 JR 舞濱駅搭乘 JR 千葉線至 JR 八丁堀駅，再步行至八丁堀駅搭乘東京地鐵日比谷線至上野駅，交通時間約 35 分鐘（車資約 410 円），飯店休息。

注意事項：
① 可視孩童體力狀況評估入園及出園時間。
② 寶寶及孩子會因園區施放煙火大哭，請家長自行評估。

DAY-6 成田國際機場

整理行李，飯店 check out，預定搭乘中午 12:30 ～ 13:30 班機離開成田國際空港，建議 09:30 ～ 10:00 前往京城上野駅搭乘京成電鐵 Skyliner 至成田國際機場，車程約 36 ～ 48 分鐘（車資約 2,570 円）。

注意事項：
① 帶著 0 ～ 2 歲的寶寶及孩子自助旅行，須考量寶寶的生活作息，以及孩子 2 歲左右的叛逆期，所以交通時間及行動力一定會比較慢。
② 第二天至第五天的行程，可依家人的體力及當天氣候狀況，自行調整哪一天出發。
③ 本行程若從羽田國際空港入境的話，建議住宿地點為淺草、藏前、淺草橋等車站附近。

東京
6日遊

　本行程建議使用成田機場至東京都區域的 N'EX 往返優惠票券 (第一天至第六天使用)，以及東京地鐵 72 小時周遊券 (第二天使用)。

DAY-1 成田國際機場、東京車站

預定搭乘上午 08:30 ～ 09:30 班機至成田國際機場，日本時間約 12:30 ～ 13:30 抵達成田國際機場，購買車票及辦理其他旅行事務後前往東京車站。

時間	行程	交通方式
13:30 ｜ 15:30	前往 東京車站	從成田國際機場搭乘 N'EX 至 JR 東京駅，車程約 55 分鐘 (車資約 3,070 円)，飯店 check in 入住手續。
15:30 ｜ 20:00	東京一番街 & 飯店休息	晚餐後，夜宿東京。

DAY-2 龜戶天神社、東京晴空塔、淺草觀音寺

時間	行程	交通方式
08:00 ｜ 10:00	龜戶天神社	從 JR 東京駅搭乘 JR 總武線快速 (往成田空港方向) 至錦糸町駅，車程約 10 分鐘 (車資約 160 円)，再步行約 15 分鐘抵達。(適合 5 月紫藤花季前往)
10:00 ｜ 15:30	東京晴空塔	從龜戶天神社步行約 15 分鐘至錦糸町駅，搭乘東京地鐵半藏門線至押上駅，車程約 2 分鐘 (車資約 180 円) 抵達。(開始使用東京地鐵 72 小時周遊券)
15:30 ｜ 19:00	淺草觀音寺	從押上駅搭乘東京地鐵銀座線至淺草駅，車程約 4 分鐘 (車資約 180 円) 抵達，可晚餐後再離開。
19:00 ｜ 20:00	東京 & 飯店休息	從淺草駅搭乘東京地鐵銀座線至京橋駅，車程約 15 分鐘 (車資約 210 円)，步行回飯店休息。

DAY-3 東京鐵塔、增上寺、惠比壽花園廣場、六本木

時間	行程	交通方式
08:30 ─ 10:30	前往東京鐵塔	從東京駅可搭乘東京地鐵丸之內線至霞ケ関駅，再轉乘東京地鐵日比谷線至神谷町駅，交通車程時間約 10 分鐘 (車資約 180 円)，再步行約 10 分鐘抵達。
10:30 ─ 11:30	增上寺	從東京鐵塔步行至增上寺約 5 分鐘抵達。
11:30 ─ 14:30	惠比壽花園廣場	增上寺至神谷町駅步行約 15 分鐘，可搭乘東京地鐵日比谷線至惠比壽駅，車程時間約 6 分鐘 (車資約 180 円)，再步行約 10 分鐘抵達。
14:30 ─ 20:00	六本木	從惠比壽駅搭乘東京地鐵日比谷線至六本木駅，車程時間約 6 分鐘 (車資約 180 円) 抵達。
20:00 ─ 21:00	東京 & 飯店休息	從六本木駅可搭乘東京地鐵日比谷線至霞ケ関駅，再轉搭東京地鐵丸之內線至東京駅，交通車程時間約 12 分鐘 (車資約 180 円) 抵達，步行回飯店休息。

DAY-4 東京哈利波特影城、東京都廳展望台、新宿

時間	行程	交通方式
09:30 ─ 16:00	東京哈利波特影城	從東京駅可搭乘東京地鐵丸之內線至中野坂上駅，再轉搭乘都營地鐵大江戶線至豐島園駅，交通車程時間約 50 分鐘 (車資約 360 円)，再步行約 7 分鐘抵達。
16:00 ─ 20:00	東京都廳展望台、新宿	從豐島園駅可搭乘都營地鐵大江戶線至都廳前駅 A4 出口即可抵達，夜逛新宿商圈。
20:00 ─ 21:00	東京 & 飯店休息	從新宿駅可搭乘東京地鐵丸之內線至東京駅，車程約 18 分鐘 (車資約 210 円) 抵達，步行回飯店休息。

DAY-5 橫濱港未來、山下公園、元町中華街

時間	行程	交通方式
09:00 ─ 14:00	橫濱、港未來紅磚倉庫	從 JR 東京駅可搭 JR 上野東京線至 JR 橫濱駅，車程約 26 分鐘 (車資約 480 円)，再轉乘港未來線 (みなとみらい線) 馬車道駅 6 號出口，車程約 5 分鐘 (車資約 200 円)，步行約 8 分鐘抵達。
14:00 ─ 19:00	山下公園、元町中華街、橫濱海洋塔	從馬車道駅搭乘港未來線至元町、中華街駅，車程約 5 分鐘 (車資約 200 円) 抵達。
19:00 ─ 20:00	東京 & 飯店休息	從元町、中華街駅可搭乘港未來線至橫濱駅，再轉乘 JR 上野東京線至東京駅，交通時間約 45 分鐘 (車資約 720 円)，飯店休息。

DAY-6 成田國際機場

時間	行程	交通方式
09:30 ─ 13:30	成田國際機場	整理行李，飯店 check out，預定搭乘中午 12:30 ～ 13:30 班機離開成田國際空港，建議 09:30 ～ 10:00 前往 JR 東京駅搭乘 N'EX 至成田國際機場，車程約 55 分鐘 (車資約 3,070 円)，回溫暖的家。

東京8日遊

DAY-1 成田國際機場／羽田機場、淺草

本行程安排航班時間 13:30 ～ 14:00 搭乘班機至成田國際機場 / 羽田國際機場。

時間	行程	交通方式
17:30 ｜ 20:00	淺草地區	入境成田國際機場 / 羽田國際機場時，請先購買車票及辦理其他旅行事務後前往淺草地區，本行程可先購買一人一張東京地鐵三日票券，於第二天至第四天的行程使用，建議住宿地點為淺草駅至藏前駅附近的飯店。
20:00 ｜ 20:30	淺草 / 藏前 & 飯店休息	飯店休息。

DAY-2 築地市場外場、濱離宮恩賜庭園、東京鐵塔

時間	行程	交通方式
08:00 ｜ 11:30	築地市場外場	可從館前駅搭乘都營地鐵大江戶線 (往兩國 / 大門方向) 至築地市場駅，車程約 15 分鐘 (車資約 220 円)，從 A1 號出口處往右側方向步行約 3 分鐘抵達，或從淺草駅搭乘都營地鐵淺草線至東銀座駅，車程約 12 分鐘 (車資約 220 円)，從 6 號出口處步行約 8 分鐘抵達。
11:30 ｜ 12:10	汐留大時計	從築地市場駅搭乘都營地鐵大江戶線 (往大門 / 六本木方向) 至汐留駅，車程約 3 分鐘 (車資約 180 円)，往 2A/2B/2D 出口步行約 3 分鐘抵達，預計大時計演出時間為 12:00。

汐留大樓林立與潮入之池倒影景色

時間	行程	交通方式
12:10 | 16:30	浜離宮恩賜庭園	附近中午用餐後，往汐留駅5、9、10號出口，再往新大橋通リ方向步行約5分鐘抵達大手門。
16:30 | 19:30	東京鐵塔	從汐留駅搭乘都營地鐵大江戶線（往大門/六本木方向）至赤羽橋駅，車程約5分鐘（車資約180円），往出口赤羽橋口方向，過紅綠燈馬路後經加油站右側再步行約5分鐘即可抵達。
19:30 | 20:30	淺草/藏前＆ 飯店休息	晚餐後，從赤羽橋駅搭乘都營地鐵大江戶線（往大門/兩國方向）至藏前駅，車程約24分鐘（車資約220円），步行回飯店休息。

木棧橋與池水之景

浪漫夢幻夜景（冰雪奇緣＆魔髮奇緣）

DAY-3 靖國神社、千鳥淵公園、新宿御苑

時間	行程	交通方式
09:00 | 10:30	靖國神社	步行藏前駅搭乘都營地鐵淺草線至東日本橋駅，步行地下聯絡道至馬喰橫山駅，再搭乘都營地鐵新宿線至九段下駅，交通時間約20分鐘（車資約220円），從1號出口處往右側方向步行約3分鐘抵達。
10:30 | 12:30	千鳥淵公園	從靖國神社步行至千鳥ヶ淵綠道約2分鐘抵達，走走皇居（北之丸公園、千鳥淵公園），於櫻花季節滿滿人潮。
12:30 | 16:30	新宿御苑	中午用餐後，步行可從半藏門駅搭乘東京地鐵半藏門線至永田町駅，步行地下聯絡道至赤坂見附駅，再轉乘東京地鐵丸之內線至新宿御苑前駅，交通時間約20分鐘（車資約180円），從1號出口處步行約3分鐘抵達。
16:30 | 20:00	新宿	從新宿御苑步行至新宿駅約8分鐘，可從新宿御苑前駅搭乘東京地鐵丸之內線至新宿駅，車程約3分鐘（車資約180円）。
20:00 | 20:40	淺草/藏前＆ 飯店休息	從新宿駅搭乘都營地鐵新宿線至馬喰橫山駅，，步行地下聯絡道至東日本橋駅再搭乘都營地鐵淺草線至淺草/藏前駅，交通時間約33分鐘（車資約280円），步行回飯店休息。

靖國神社中門鳥居

千鳥ヶ淵護城河夜櫻

澀谷 SKY 最佳全景

DAY-4 銀座、澀谷

時間	行程	交通方式
10:00 | 14:00	銀座	從淺草駅搭乘東京地鐵銀座線至銀座駅，車程約 18 分鐘 (車資約 210 円) 抵達
14:00 | 20:00	澀谷	從銀座駅搭乘東京地鐵銀座線至澀谷駅，車程約 16 分鐘 (車資約 210 円) 抵達。
20:00 | 21:00	淺草 / 藏前 & 飯店休息	從澀谷駅搭乘東京地鐵銀座線至淺草駅，車程約 35 分鐘 (車資約 260 円) 抵達，步行至飯店休息。

DAY-5 淺草觀音寺、台場

時間	行程	交通方式
09:00 | 13:00	淺草觀音寺	從飯店步行至淺草觀音寺。請於 11:30 左右開始中餐。
13:00 | 20:00	台場	步行至淺草渡輪碼頭 (Tokyo Cruise) 預定搭乘 13:10 的水上巴士船班前往台場海濱公園船碼頭。
20:00 | 21:00	淺草 / 藏前 & 飯店休息	從台場駅搭乘海鷗線至新橋駅，車程約 16 分鐘 (車資約 330 円) 抵達，步行轉乘都營地鐵淺草線 (各站停) 至淺草駅，車程約 14 分鐘 (車資約 220 円)，若從新橋駅搭乘東京地鐵銀座線至淺草駅，車程約 20 分鐘 (車資約 210 円)，步行至飯店休息。

仲見世通商店街

鋼彈劇場

DAY-6 晴空塔

時間	行程	交通方式
09:00 | 20:00	晴空塔	從淺草駅搭乘都營地鐵淺草線至押上駅，車程約 4 分鐘 (車資約 180 円) 抵達。
20:00 | 20:30	淺草 / 藏前 & 飯店休息	從押上駅搭乘都營地鐵淺草線至淺草駅，車程約 4 分鐘 (車資約 180 円) 抵達，步行至飯店休息。

晴塔空展望台回廊走道

DAY-7 清澄白河庭園、富岡八幡宮、六本木、月島燒

時間	行程	交通方式
09:00 ~ 10:30	清澄白河庭園	步行至藏前駅搭乘都營地鐵大江戶線 (往兩國 / 大門方向) 至清澄白河駅，車程約 6 分鐘 (車資約 180 円)，步行約 3 分鐘抵達。本行程可至都營地鐵車站自動售票機購買都營地鐵一日券。
10:30 ~ 12:00	富岡八幡宮、深川不動堂	從清澄白河庭園步行至清澄白河駅搭乘都營地鐵大江戶線 (往兩國 / 大門方向) 至門前仲町駅，車程約 2 分鐘 (車資約 180 円)，從 1 號或 5 號出口處步行約 5 分鐘抵達。
12:00 ~ 18:00	六本木	從深川不動堂步行至門前仲町駅搭乘都營地鐵大江戶線 (往大門 / 六本木方向) 至六本木駅，車程約 18 分鐘 (車資約 220 円) 抵達。中餐可選擇門前仲町駅或六本木附近用餐。
18:00 ~ 20:00	月島燒	從六本木駅搭乘都營地鐵大江戶線 (往大門 / 兩國方向) 至月島駅，車程約 16 分鐘 (車資約 220 円) 抵達。建議晚餐選擇吃當地料理月島燒。
20:00 ~ 20:30	淺草 / 藏前 & 飯店休息	從月島駅搭乘都營地鐵大江戶線 (往兩國 / 春日方向) 至藏前駅，車程約 12 分鐘 (車資約 220 円) 抵達，步行至飯店休息。

清澄庭園渡池石塊 (磯渡り)

富岡八幡宮西參道

DAY-8 上野恩賜公園、阿美橫丁、成田國際機場／羽田機場

時間	行程	交通方式
09:00 ~ 11:00	上野恩賜公園	從淺草駅搭乘東京地鐵銀座線至上野駅，車程約 5 分鐘 (車資約 180 円) 抵達。
11:00 ~ 14:00	阿美橫丁	從上野恩賜公園步行至阿美橫丁約 6 分鐘，中午在阿美橫丁用餐。
14:00 ~ 15:00	淺草 / 藏前 & 飯店整理行李	從上野駅搭乘東京地鐵銀座線至淺草駅，車程約 5 分鐘 (車資約 180 円) 抵達，步行至飯店整理行理，建議前一天晚上將行李整理好。
15:00 ~ 17:00	成田國際機場 / 羽田國際機場	整理行理，飯店 check out，從淺草駅搭乘淺草和京成押上線至青砥駅，再轉乘京成成田 SKY ACCESS 至成田國際機場 (機場第 2・第 3 航廈站)，車程時間約 60 分鐘 (車資約 1,370 円) 抵達，預計搭乘 18:30 ～ 19:30 航班；從淺草駅搭乘機場快特線至羽田機場第 3 航廈站，車程時間約 35 分鐘 (車資約 650 円) 抵達。

注意事項：
① 入境時間依現況為主。
② 可自行參考東京單日精選行程來搭配本行程的內容。

chapter • 4
人氣景點
玩樂購物

如果是第一次要去東京旅遊,你知道哪些是必遊景點嗎?
哪些地方好逛好買?哪些又是必吃的美食?
本章針對每個景點都有詳細交通路線,
並介紹周遭美食購物、推薦伴手禮。

通常第一次到東京淺草地區自助旅行的朋友，都會安排東京歷史最為悠久的觀光勝地淺草寺（聖觀音寺），淺草寺位於東京都台東區淺草二丁目，山號名稱為金龍山，宗派屬聖觀音宗總本山，供奉的本尊為聖觀音。寺院建立於 628 年，曾傳說一段故事，有兩位漁夫在隅田河川捕魚撈起觀音（菩薩）金像，雖將那尊觀音金像送還至河川裡，但漁夫之後在河川捕魚的時候，卻再次捕撈到觀音金像，經數次歸還河川及捕撈，最後開始供奉觀音金像。

淺草寺範圍包含雷門、淺草觀音表參道、仲見世通、寶藏門（仁王門）、五重塔、本堂（觀音堂）、淺草神社、影向堂、藥師堂、淡島堂、二天門、六角堂、佛教寺院等，雷門（風雷神門）為淺草觀音表參道入口處，中間有一座巨大紅燈籠，左側是風神像，右側是雷神像，從雷門到寶藏門之間為仲見世通商店街，街道保有江戶時代的風情，長約 250 公尺，商店街兩旁店鋪販賣當地特色仙貝餅乾、人形燒、壽司、菠蘿麵包、魚鯛燒、日式和菓子、羊羹、服飾、工藝品、藥妝店等。

淺草寺附近有四個不同電鐵交通路線的淺草駅，分別為東京地鐵銀座線淺草駅、都營地下鐵淺草線淺草駅、東武伊勢崎線（スカイツリーライン）淺草駅及つくばエクスプレス (Tsukuba Express) 淺草駅。通常第一次到東京自助的旅人，大多都會安排前往雷門淺草寺遊玩，建議大家早上 10:00 至傍晚 17:00 期間前往遊玩會比較有趣好玩，大多商店街的店鋪於 17:00 之後就準備收攤打烊，每年新年元旦、夏季期間舉辦隅田川花火大會，以及 5 月分第 3 個週五會舉辦江戶三大祭典之一等活動，值得去感受活動熱鬧的氣氛。

注意事項

- 御朱印授理地點為本堂西側的影向堂，授理時間為 08:00 ～ 17:00。
- 新年元旦、祭典及花火大會期間，會執行交通管制，道路將為人行專用，車量須繞道通行。

🏠 東京都台東區淺草 2-3-1　📞 03-3842-0181　🕐 每年 4 月～ 9 月本堂觀音堂參拜時間為 06:00 開堂～ 17:00 閉堂；10 月～隔年 3 月開堂時間 06:30 ～ 17:00 閉堂　💲 免費　💬 適合親子旅遊，建議待 2 ～ 3 小時遊玩　🗺 參閱地圖 P.144

@ 淺草寺

淺草交通資訊

- 從上野駅搭乘東京地鐵銀座線到淺草駅，車程約 5 分鐘 (車資約 180 円)，從 1 或 3 號出入口處再步行約 1 分鐘即可抵達雷門。

- 從澀谷駅搭乘東京地鐵銀座線到淺草駅，車程約 35 分鐘 (車資約 260 円)，從 1 或 3 出入口處再步行約 1 分鐘即可抵達雷門。

- 從押上駅搭乘都營淺草線至淺草駅，車程約 3 分鐘 (車資約 180 円)，從 A4 出口處再步行約 4 分鐘即可抵達雷門。

- 從新宿駅搭乘都營新宿線到馬喰橫山駅，再沿著地下聯絡道 (往出口 A4 方向) 步行約 4 分鐘至東日本橋駅，轉乘都營淺草線至淺草駅，車程及步行時間約 30 分鐘 (車資約 280 円)。

- 從 JR 東京駅搭乘 JR 山手線至上野駅，再轉乘東京地鐵銀座線至淺草駅的距離及路線走法比較順，車程及步行時間約 22 分鐘 (車資約 330 円)；若使用東京地鐵 (Tokyo Subway Ticket) 券者，建議從東京八重洲口步行至京橋駅搭乘東京地鐵銀座線至淺草駅 1 或 3 號出入口處再步行約 1 分鐘即可抵達雷門，交通時間約 25 分鐘 (車資約 210 円)。

- 從 JR 池袋駅搭乘 JR 山手線至上野駅轉乘東京地鐵銀座線至淺草駅的距離及路線走法比較順，車程及步行時間約 30 分鐘 (車資約 360 円)；若使用東京地鐵 (Tokyo Subway Ticket) 券者，建議搭乘東京地鐵丸之內線至後樂園駅，再沿著地下聯絡道步行約 5 分鐘至春日駅，轉乘都營地鐵大江戶線至藏前駅 A6 出口往江戶通り方向步行至淺草雷門，車程及步行約 42 分鐘 (車資約 290 円)，或搭乘東京地鐵丸之內線至銀座駅再轉乘東京地鐵銀座線至淺草駅 (車資約 260 円)，最為輕鬆便利。

注意事項

- 從新宿駅搭乘都營地鐵大江戶線前往淺草駅 (上野御徒町方向) 時，若在藏前駅轉乘都營淺草線至押上駅時，因大江戶線與淺草線的藏前駅並不是共同地下聯絡通道，須地面轉乘，所以抵達大江戶線藏前駅時，往 A6 出口往右側方向第一個紅綠燈為江戶通り，再右轉往淺草線的藏前駅 A4 出入口處的方向即可。

- 櫻花季、花火大會及寺院祭典活動人潮眾多，要小心自身交通安全。

▼ 淺草寺及五重塔

▲ 隅田公園可眺望晴空塔及朝日啤酒大樓之美景

📷 隅田公園

位於吾妻橋及櫻橋之間隅田川兩岸的隅田公園，是日本櫻花名所 100 選之一，每當櫻花季的時候，會吸引許多遊客前往賞櫻花，範圍包括河川兩岸公園，水戶德川家下屋敷跡、牛嶋神社等，河川兩岸種植約 700 株櫻花樹，沿著隅田川約有一公里長，於每年 3 月底至 4 月初期間櫻花會滿滿盛開，只要天氣晴朗的時候，花美得令遊客驚豔，傍晚的時候，你也可以至櫻花樹下，一邊欣賞著夜櫻，再與朋友野餐飲酒聊天。每年夏天，隅田川會舉行花火大會，前來觀賞的人潮也是相當多，行程若安排得悠閒的話，可以漫步隅田川河岸欣賞東京朝日啤酒大樓及晴空塔的美景。

🏠 東京都墨田區向島 1 丁目 2-5　📞 03-5608-1111（墨田區役所）　🚇 搭乘都營地鐵淺草線或東京地鐵銀座線淺草駅 5 號出口右方，往吾妻橋方向再步行約 2 分鐘即可抵達隅田公園（淺草渡船碼頭）；從都營地鐵淺草線淺草駅 A4 出口，往吾妻橋方向再步行約 4 分鐘即可抵達　🕐 24 小時　💲 公園免費　💬 適合親子旅遊，建議待 1～2 小時遊玩　🗺 參閱地圖 P.144

@ 隅田公園

▼ 隅田公園櫻花

141

隅田川觀光船

東京都觀光汽船有各式水上交通工具提供遊客選擇，觀光船種類分為海上巴士、屋形船及大型觀光船等，海上巴士船型外觀很像太空船，船內設施及透明窗設計時尚風格，深受遊客喜愛，船的種類分為エメラルダス (EMERALDAS)、ヒミコ (HIMIKO) 及ホタルナ (HOTALUNA) 三種，

▲ 觀光船ヒミコ（HIMIKO）

乘船的地點可選擇淺草、台場海濱公園、日之出淺橋、浜離宮及豐洲等碼頭出發，目的地及搭乘的費用皆不相同，若選擇淺草隅田川線往台場方向的話，沿路可欣賞朝日啤酒大樓、晴空塔及彩虹橋的美景。海上巴士的船票可事前網路預約（出發前 1～45 天內），也可以選擇當日排隊購買船票，若選擇 HOTALUNA 的船班，可到甲板上欣賞東京灣美景。

注意事項

- HIMIKO 每月第 2 週的週二及週三暫停運行、HOTALUNA 每月第 3 週的週三及週四暫停運行、EMERALDAS 每月第 4 週的週三及週四暫停運行，以上 8 月每天運行皆正常營業。
- 若遇颱風、天候不佳及維修狀況等因素，船公司會公告欠航停駛。
- 若想參與隅田川花火大會、東京灣花火祭、聖誕節等觀光遊船活動者，建議提早預約船票。

🏠 東京都台東區花川戶 1-1-1 📞 0120-977-311 🚇 東京地鐵銀座線淺草駅 5 號出口右方，往吾妻橋方向再步行約 1 分鐘即可抵達隅田公園（淺草渡船碼頭）；都營地鐵淺草線淺草駅 A4 出口，往吾妻橋方向再步行約 3 分鐘即可抵達 🕙 10:00～18:40（淺草～台場海濱公園）💲 從淺草搭乘 EMERALDAS、HIMIKO 及 HOTALUNA 至台場海濱公園票價，大人 2,000 円、小學生 6~11 歲 1,000 円、未滿 6 歲免費（須大人陪同）🗺 參閱地圖 P.144

@ 隅田川觀光船

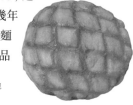 淺草花月堂本店

創業於 1945 年（昭和 20 年）的花月堂本堂總店，位於淺草寺本堂左側，西參道商店街入口處，是淺草地區最有名氣的菠蘿麵包老店，菠蘿麵包使用砂糖、雞蛋、麵粉、奶油等食材烘焙製作而成，特色是外皮酥、內鬆軟，巨無霸菠蘿麵包（ジャンボめろんぱん）是花月堂的人氣商品，近幾年香氣濃醇的冰淇淋菠蘿麵包也吸引許多遊客前來品

嘗。若從東京地鐵銀座線或都營地鐵淺草線的淺草駅前來花月堂本店的話，步行距離會比較遠，可以選擇較近的花月堂櫻店或雷門店。

▶ 招牌菠蘿麵包

▲ 淺草花月堂本店外觀

🏠 東京都台東區淺草 2-7-13 📞 03-3847-5251 🚇 東京地鐵銀座線 6 號出口（新仲通り入口）步行約 7 分鐘抵達、都營地鐵淺草駅 A4 出口步行約 12 分鐘抵達，或東武淺草駅出口，步行約 8 分鐘抵達；筑波快線（TSUKUBA EXPRESS）淺草駅 A1（淺草寺方向）出口步行約 4 分鐘抵達 🕙 全年無休平日 11:00～17:00、假日 10:00～17:00（售完為止）💲 220 円起 🗺 參閱地圖 P.144

@ 淺草花月堂

🍴 淺草絲滑布丁

位於淺草寺雷門附近巷子裡有間店面不大的布丁專賣店，店名為淺草シルクプリン，店內所販賣的布丁種類很多，包括牛奶原味、焦糖、草莓、咖啡、黑芝麻、抹茶、起士、芒果、紅茶、紫芋、巧克力等數十種口味，布丁的口感濃郁，入口即化，店家每天早晨只使用新鮮食材製作，包括北海道製作新鮮

▲ 淺草絲滑布丁店鋪外觀

奶油，以及來自茨城縣的雞蛋及牛奶等，店內有中文商品的說明可供遊客參考，若有機會的話，還可遇到店家於季節限定所特別製作的布丁。近幾年布丁很受觀光客的歡迎，除了本店之外，你也可選擇至其他分店購買，例如新仲見世通商店（營業時間 10:00 ～ 18:00）。

▲ 淺草絲滑布丁

🔍 東京都台東區淺草 1-4-11(本店)　📞 03-5828-1677　🚇 東京地鐵銀座線淺草駅 1 或 3 號出口步行約 2 分鐘抵達；都營地鐵淺草駅 A4 出口步行約 6 分鐘抵達，或東武淺草駅正面出口，步行約 3 分鐘抵達；筑波快線（TSUKUBA EXPRESS）淺草駅 A 出口（國際通り方向淺草一丁目）步行約 5 分鐘抵達　🕐 11：00 ～ 21：00，不定休　💲 530 円起　🗺 參閱地圖 P.144

@ 淺草絲滑布丁

🍴 天婦羅大黑家

東京百年日式料理老店的天婦羅大黑家創立於 1887 年（明治 20 年），天婦羅大黑家在淺草寺附近有兩間店鋪，本店位於伝法院通及淺草中央通路口處，別館位於本店斜對面巷口金箔屋卯兵衛店鋪旁，古色古香的日式風格房屋吸引許多觀光遊客拍照打卡，每到用餐時間，店門口就馬

▲ 天婦羅大黑家本店外觀

上出現排隊的人潮。店內有日式榻榻米獨立包廂及餐桌的座位，有提供日文及英文版的菜單，招牌料理為天丼（炸蝦料理）及海老天丼，白飯與炸蝦都淋上特製的醬油汁，味道香醇可口。晚上可能會遇到本店或別館休息沒有營業，只要其中一間有營業的話，皆可以前往享用美食。

▲ 招牌天丼飯

🔍 東京都台東區淺草 1-38-10(本館)　📞 03-3844-1111、03-3844-2222　🚇 東京地鐵銀座線淺草駅 1 或 3 號出口步行約 5 分鐘抵達；都營地鐵淺草駅 A4 出口步行約 8 分鐘抵達，或東武淺草駅正面出口，步行約 7 分鐘抵達；筑波快線（TSUKUBA EXPRESS）淺草駅 A 出口（國際通り方向淺草一丁目）步行約 7 分鐘抵達　🕐 11:00~20:30(平日)、11:00~21:00(週六及國定假日)　💲 天丼 2,000 円起　🗺 參閱地圖 P.144

@ 天婦羅大黑家

天婦羅下町
天丼秋光

淺草花屋敷

淺草超級飯店

淺草花月堂本店

淺草寺

淺草里士滿
國際飯店

合羽橋道具街

筑波淺草駅

Asakusa ROX
(浅草ROX購物中心)

天婦羅大黑家本店

Ryokan Asakusa Shigetsu旅館
(淺草指月)

松屋淺草百貨

仲見世商店街

東武淺草駅

淺草花月堂
雷門店

龜屋人形燒

淺草
中央酒店

一蘭拉麵淺草店

東本願寺

淺草
絲滑布丁

三定天婦羅

隅田公園

雷門通り

雷門
(風雷神門)

觀光船隅田川線

淺草田原町站前
APA飯店

雷門大門飯店

元祖壽司淺草駅前店

淺草駅(銀座線)

ホテルサンルート
淺草飯店

淺草文化
觀光中心

Asa

田原町駅

淺草雷門APA飯店

東京地鐵銀座線

喜多方拉麵
坂内

都營淺草駅

淺草駅前APA飯店

淺草駒形Wing飯店

淺草飯店旅籠

BANDAI Office

東京淺草藏前1號店
東橫INN飯店

淺草藏前北APA飯店

淺草藏前APA飯店

都營大江戶線藏前駅

都營大江戶線

MyCUBE膠囊旅館
(MYSTAYS淺草藏前管理)

Hotel Mystays Asakusa

都營淺草線藏前駅

淺草藏前2號店
東橫INN飯店

牛嶋神社

東武晴空塔線、伊勢崎線

京成押上線

東京晴空塔駅
(とうきょうスカイツリー駅)

東京晴空塔

すみだ水族館

押上駅

dquarter Building

郵政博物館

東京押上
Richmond
Premier酒店

本所吾妻橋駅

Live Max Asakusa
Sky Front商旅

都營地鐵淺草線

東京地鐵半藏門線

大横川親水公園

押上温泉大黒湯(公共浴室)

🍽 三定天婦羅

創業於江戶時代（西元 1837 年）的百年老店雷門三定天婦羅，招牌炸蝦丼飯（天丼）是淺草地區超人氣的美食之一，店內菜單附有英文及中文的版本，天丼的菜單種類分為 並天丼、上天丼、特上丼、海老特上丼等，差別在炸蝦的數量及天婦羅（天ぷら）的配菜方式，御定食的菜單種類分為松、竹、梅、雷神、風神、特選等，菜色的種類搭配差別在生魚片、醃製食物、燒烤、茶碗蒸、味噌汁、飯及水果等，除此之外，還有提供油炸魚蝦、海鮮丼、北海道親子丼等美食佳餚。

▲ 上天丼

🔍 東京都台東區淺草 1-2-2 📞 03-3841-3200、03-3841-3400 🚇 從東京地鐵銀座線 1 號出口步行約 1 分鐘抵達；從都營地鐵淺草駅 A4 出口步行約 3 分鐘抵達，或從東武淺草駅（松屋デパート）出口，步行約 3 分鐘抵達。🕐 11:00 ～ 20:30(最後點餐 20:00) 💲 並天丼 1,820 円、上天丼 2,360 円 🗺 參閱地圖 P.144

@ 三定天婦羅

🍽 龜屋人形燒

人形燒起源於東京日本橋人形町，也是東京都淺草寺的特產，與淺草雷門、五重塔合稱為淺草寺三大名物，原料以麵粉、雞蛋、砂糖為主，內餡有紅豆、原味及抹茶三種，人形燒是使用專用的模具烘烤而成的日式傳統點心，外觀造型主要有五重塔及雷門燈籠。

▼ 淺草名物之一人形燒

仲見世通商店街著名的人形燒店鋪包括有木村家人形燒及龜屋人形燒，都是歷史悠久的老店鋪，龜屋（亀な）除了人形燒

之外，還有手燒仙貝餅（口味有原味、醬油、海苔、芝麻）及各式和菓子提供遊客購買。

▲ 龜屋人形燒店鋪外觀

🔍 東京都台東區淺草 1-37-1 📞 03-3844-7915 🚇 東京地鐵銀座線淺草駅 1 或 3 號出口步行約 4 分鐘抵達；都營地鐵淺草駅 A4 出口步行約 7 分鐘抵達 🕐 10:00 ～ 18:00 💲 人形燒及手燒仙貝 500 円起 🗺 參閱地圖 P.144

@ 龜屋人形燒

晴空塔 とうきょうスカイツリー
Tokyo Sky Tree

　　東京晴空塔又稱東京天空樹，位於東京都墨田區押上駅旁，自立式電波塔高度為 634 公尺，是東京最有名的觀光景點地標及購物天堂，塔內設置兩層 360 度環狀全景的玻璃窗展望台，高度分別為 350 公尺處的天望甲板（TEMBO DECK）及 450 公尺處的天望回廊（TEMBO GALLERIA），不管站在天望甲板或天望回廊，除了可以眺望整個東京市區之外，若天氣能見度好的話，可以看到富士山。晴空塔於夜晚的時候，外觀景色也是令人驚豔，尤其是點燈主題，每個時期晴空塔外觀所展現燈光主題都不同，例如聖誕節期間會呈現香檳塔及蠟燭塔的燈光主題；年末年初（12/31 ～ 1/1）跨年期間也會出現令人驚喜的燈光主題。

　　東京晴空街道（東京ソラマチ，Tokyo Solamachi）的商場範圍分為東庭院、高塔庭院和西庭院三個部分，店鋪皆集中在 1 ～ 4 樓，約有 300 家以上店鋪，包括時尚服飾、餐廳、紀念禮品、生鮮、名產、生活雜貨等限定商品等。喜歡血拼購物的朋友，在晴空塔至少需要安排半天以上的時間才夠，商場內有提供臨時行李寄存、行李郵寄、投幣置物櫃、貨幣兌換、嬰兒室等服務。

🏠 東京都墨田區押上 1-1-2 📞 0570-55-0634 🕐 展望台 08:00 ～ 22:00（最後入場時間 21:00），全年無休，元旦新年假期營業時間依官方公告為主，店鋪營業時間 10:00 ～ 21:00 💲 東京晴空塔天望甲板平日 2,100 円／假日 2,300 円（18 歲以上）、平日 1,550 円／假日 1,650 円（12 ～ 17 歲）、平日 950 円／假日 1,000 円（6 ～ 11 歲）；東京晴空塔天望回廊平日 1,000 円／假日 1100 円（18 歲以上）、平日 800 円／假日 900 円（12 ～ 17 歲）、平日 500 円／假日 550 円（6 ～ 11 歲），5 歲以下免費入場。晴空塔快速入場券（組合票：天望甲板＋天望回廊）平日 3,100 円（18 歲以上）、2,350 円（12 ～ 17 歲）、1,450 円（6 ～ 11 歲），假日 3,400 円（18 歲以上）、2,550 円（12 ～ 17 歲）、1,550 円（6 ～ 11 歲）💬 適合親子旅遊，建議待 6 ～ 10 小時遊玩 🗺 參閱地圖 P.145

@ 晴空塔

▼ 展望台眺望東京都美景

晴空塔交通資訊

前往押上駅建議路線走法：

- 從上野駅搭乘東京地鐵銀座線到淺草駅，再轉乘都營地鐵淺草線至押上駅，車程約 15 分鐘（車資約日幣 290 円），依路標指示 A2 出口（淺草通り）步行約 4 分鐘抵達晴空塔，也可選擇地下聯絡通道 B3 出口再步行約 1 分鐘抵達。

- 從新宿駅搭乘都營地鐵新宿線至馬喰橫山駅，再步行聯絡道至東日本橋駅轉乘都營地鐵淺草線至押上駅，車程約 30 分鐘（車資約日幣 280 円），再步行約 1 分鐘即可抵達。

- 從澀谷駅搭乘東京地鐵半藏門線至押上駅 B3 出口，車程約 31 分鐘（車資約日幣 260 円），再步行約 1 分鐘即可抵達。

- 從東京駅搭乘東京地鐵丸之內線到大手町駅，再轉乘東京地鐵半藏門線至押上駅 B3 出口，車程約 22 分鐘（車資約 210 円），再步行約 1 分鐘即可抵達。

- 從池袋駅搭乘東京地鐵丸之內線至大手町駅，再換乘東京地鐵半藏門線至押上駅 B3 出口，車程約 35 分鐘（車資約 260 円），再步行約 1 分鐘即可抵達。

- 從羽田機場搭乘京急電鐵京急線急行電車往押上方向，經品川駅後會接上都營淺草線，約 62 分鐘（車資約 610 円）抵達押上駅，依路標指示 A2 出口（淺草通り）步行約 4 分鐘抵達晴空塔，也可選擇地下聯絡通道 B3 出口再步

▲ 晴空塔展望台導覽

▲ 晴空塔夜晚外觀

行約 1 分鐘抵達。

- 從成田機場搭乘京成電鐵成田 SKY ACCESS 線往押上方向，約 65 分鐘（車資約 1,190 円）抵達押上駅，依路標指示 A2 出口（淺草通り）步行約 4 分鐘抵達晴空塔，也可選擇地下聯絡通道 B3 出口步行約 1 分鐘抵達。

- 從北千住駅或淺草駅出發前往晴空塔者，可選擇搭乘東武電鐵前往東京晴空塔駅押上駅 1 號或 2 號出口步行約 2 分鐘抵達。

注意事項

- 東京晴空塔官方禮品店位於 5 樓、天望甲板 345 樓，購買的商品可在 1 樓 7 區免稅櫃檯統一辦理手續。

- 門票可提前預約，會比現場購買便宜約 400 円。

- 前往晴空塔票務櫃檯購買票券時須出示護照或其他相關身分證件，售票營業時間 10:00 ～ 20:00，售票地點為東京晴空塔 4 樓入口西側大廳。

- 團體成員到齊後再購票，無法代替別人預先購買票券。

- 在授權的旅行社、KKday、Klook 等網路平台購買者，依時段入場時須出示電子憑證。

- 購買票券前，請預先確認平日及假日的票價內容，如遇人潮擁擠，將可能臨時停售入場券套票。

🔭 墨田水族館

　　於 2012 年 5 月 22 日開業至今的墨田水族館（すみだ水族館），設置於東京晴空塔西側 5 樓及 6 樓，是一座都市型人造海的水族館，館內展示約一萬多種的海中生物，大多皆來自於東京灣、伊豆及小笠原群島等，可以隔著玻璃欣賞夢幻、

▲ 墨田水族館內燈光展示

人氣企鵝

神祕、有趣的海洋生物，包括人氣企鵝、海豹、珊瑚礁、水母、金魚、鯊魚、大魟魚等各式各樣的深海魚。水族館很適合安排親子知性旅遊，可以安排小朋友在這裡 DIY 學習水母手工作品。

📷 東京都墨田區押上 1-1-2（東京天空樹城，天空町 5 樓及 6 樓）📞 03-5619-1821 🚃 搭乘東京地鐵半藏門線押上駅 B3 出口再步行約 1 分鐘抵達晴空塔；搭乘都營地鐵淺草線或京成電鐵押上線押上駅 A2 出口（淺草通リ）步行約 4 分鐘抵達晴空塔，也可選擇地下聯絡通道 B3 出口再步行約 1 分鐘抵達晴空塔；東武地鐵晴空塔駅 1 號或 2 號出口步行約 2 分鐘抵達晴空塔 🕐 平日 10:00-20:00，假日 09:00-21:00（最後入館時間 20:00），全年無休，會視設施檢查暫時關閉 💰 成人 2,500 円、高校生 1,800 円、中小學生 1,200 円、幼兒（3 歲以上）800 円 💬 適合親子旅遊，建議待 2～3 小時遊玩 🗺 參閱地圖 P.145

@ 墨田水族館

🏛 郵政博物館

　　位於東京晴空塔東側 9 樓的郵政博物館（POSTAL MUSEUM JAPAN），深受郵票迷的喜愛，到郵政博物館需要先搭乘手扶梯或電梯到 8F，再轉搭 8～10 樓的專用電梯至 9 樓，館內典藏來自全世界合計約 33 萬種以上的郵票，展示區分為歷史緣由、郵便、手紙（書信）、切手（郵票）、郵便貯金、簡易保險、穿郵差服飾拍照、數位體驗（騎車當郵差）設施等主題。若有空餘時間，可以在博物館內的商店購買明信片及郵票，寄給親朋好友或是自己。可將明信片寫好

的內容，蓋印紀念章郵戳，再將明信片投入晴空塔郵筒，從這裡寄送出去的明信片是非常有紀念價值。

▲ 郵政博物館展示古董機車和郵政信箱

📷 東京都墨田區押上 1-1-2（位於東京晴空塔城東面、晴空街道 9F）📞 03-6240-4311 🚃 搭乘東京地鐵半藏門線押上駅 B3 出口再步行約 1 分鐘抵達晴空塔；搭乘都營地鐵淺草線或京成電鐵押上線押上駅 A2 出口（往淺草通方向）步行約 4 分鐘抵達晴空塔，也可選擇地下聯絡通道 B3 出口再步行約 1 分鐘抵達晴空塔；東武地鐵晴空塔駅 1 號或 2 號出口步行約 2 分鐘抵達晴空塔 🕐 10:00～17:30（最後入館時間至 17:00）💰 全票 300 円，高中生／中學生／小學生 150 円 🗺 參閱地圖 P.145

@ 郵政博物館

位於東京晴空塔附近的錦糸町，有許多生活雜貨商品及美食值得前來消費血拼，錦糸町駅匯集 JR 東日本總武線各停、總武本線及東京地鐵半藏門線，交通非常方便。錦糸町駅南口附近有 0101 丸井百貨、YODOBASHI 電器百貨、松本清藥妝マツモトキヨシ、ZARZ、PARCO，北口附近有星巴克、アルカキット錦糸町購物商場、TERMINA 2 等購物商場、拉麵、壽司及居酒屋燒肉等店鋪，アルカキット錦糸町商場 B1 有生鮮超市，4 樓有 UNIQLO，5 樓有 阿卡將 (アカチャンホンポ)，6 樓有 GU、無印良品，7 樓有大創 (DAISO)，以及 10 樓有許多美食，包括不二家洋菓子餐廳 (甜品)、迴轉壽司、洋式及日式料理等。通常想安排來錦糸町遊玩的遊客，大多數是父母親，且都會優先前來血拼嬰兒或小朋友的童裝及日常生活用品，再來就是每年 4 月底開始紫藤季節的活動，目標是血拼購物的話，建議可以安排半天左右的時間前來購物。

錦糸町交通資訊

- 從押上駅搭乘東京地鐵半藏門線至錦糸町駅，車程約 2 分鐘 (車資約 180 円) 抵達。
- 從 JR 上野駅搭乘 JR 山手線或京濱東北線至秋葉原駅轉乘 JR 中央總武線至 JR 錦糸町駅，車程約 13 分鐘 (車資約 170 円) 抵達。
- 從東京駅搭乘 JR 總武線快速至 JR 錦糸町駅，車程約 9 分鐘 (車資約 170 円) 抵達。
- 從 JR 池袋駅搭乘 JR 山手線至秋葉原駅轉乘 JR 中央總武線至 JR 錦糸町駅，車程約 30 分鐘 (車資約 230 円)；若使用東京地鐵 (Tokyo Subway Ticket) 券者，建議搭乘東京地鐵丸之內線至大手町駅轉乘半藏門線至錦糸町駅，車程約 32 分鐘 (車資約 260 円) 抵達。
- 從 JR 新宿駅搭乘 JR 中央總武線各站停列車至 JR 錦糸町駅，車程約 24 分鐘 (車資約 230 円) 抵達；搭乘都營地鐵新宿線至九段下駅轉乘東京地鐵半藏門線至錦糸町駅，車程約 30 分鐘

錦糸町、龜戶天神社

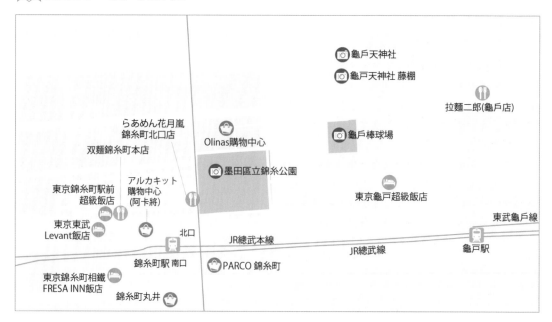

（車資約 320 円）抵達。

- 從澀谷駅搭乘東京地鐵半藏門線至錦糸町駅，車程約 29 分鐘（車資約 260 円）；若使用 JR PASS 者，建議搭乘 JR 山手線至代代木駅轉乘 JR 中央總武線各站停列車至 JR 錦糸町駅，車

程約 30 分鐘（車資約 230 円）抵達。

- 從成田空港駅或成田空港第 2 ビル駅搭乘 JR 成田線快速列車往東京、品川、逗子、久里濱、大船方向至 JR 錦糸町駅，車程約 83 分鐘（車資約 1,340 円）即可抵達。

アカチャンホンポ
（阿卡將錦糸町店）

▲ 兒童服飾及書包

　　這幾年有許多父母親會帶著小朋友一起到東京自助旅行，大多都會想到阿卡將錦糸町店（アルカキット錦糸町，Arcakit Kinshicho)5 樓的阿卡將 (Akachan Honpo) 嬰兒用品店商場，店內有許多兒童日用品皆可列為免稅商品，一般物品包括童裝服飾、鞋子、包包、嬰兒車、兒童安全座椅、護膚用品、被子；消耗物品包括紙尿布、濕紙巾、食品奶粉、清潔劑類等，在購買用品時要注意，有部分商品沒有免稅服務，辦理免稅商品時，可能會以免稅商品價格約 1.1% 作為手續費（每一間阿卡將連鎖分店規定不同），若有其他相關的問題，店內有說中文的店員可以服務。

🏠 東京都墨田區錦糸 2-2-1（Arcakit 錦糸町 5F）📞 03-3829-5381 🚃 從 JR 錦糸町駅北口往左步行約 1 分鐘抵達；從地鐵錦糸町駅 3 號出口往左步行約 2 分鐘抵達，5 號出口有電梯，步行約 4 分鐘抵達 🕙 10:00-21:00 💲 商品依店鋪而異 🗻 參閱地圖 P.150

@アカチャンホンポ

らあめん花月嵐

　　從路邊麵攤開始經營，以大蒜拳骨拉麵打響名氣的らあめん花月嵐拉麵，店鋪遍布日本各地，拉麵使用配料包括海苔、筍干、水煮蛋、蔥花、叉燒，以及使用嚴選的豚骨及大骨所熬煮出獨特特製祕傳的湯頭，拳骨是指豬的前腿骨，形狀像拳頭而得其名，熬煮的湯頭含豐富的膠質，店內除了製作濃郁的豚骨湯汁之外，還有醬油、鹽味及味噌等三種湯頭，菜單除了大蒜拳骨拉麵之外，還有銀次郎魚豚骨拉麵、黃金味噌拉麵、

◀ 叉燒拉麵

辛紅薔薇拉麵、藤崎家拉麵、水餃、煎餃及唐揚雞等料理提供客人選擇，喜歡吃辣口味的朋友們，可以嘗試激辣拉麵。

🏠 東京都墨田區錦糸 3-5-7（錦糸町北口店）📞 03-5637-8776 🚃 從 JR 錦糸町駅北口右前方向過馬路步行約 4 分鐘；從地鐵錦糸町駅 3 號出口往右前方過馬路步行約 2 分鐘抵達 🕙 11:00 ～ 20:00 💲 拉麵 820 円起 🗻 參閱地圖 P.150

@花月嵐

双麵

創業以招牌叉燒拉麵打響名號的店鋪，麵條 Q 彈有嚼勁，獨特的湯頭是使用昆布（海帶）、雞肉、豬脊、豬腿、扇貝、香菇及幾種風味蔬菜熬煮而成，濃郁的口感受到遊客的歡迎。拉麵湯頭有三種口味，包括味噌、鹽味、醬油，除了湯麵之外，還提供日式（極太平打）沾麵的湯頭、煎餃等料理，店內裝潢設有日式小酒館風格的吧檯座位，可與朋友來此喝喝清酒、燒酒等。双麵對魚類的料理非常講究，尤其是拉麵的湯頭，店內還有自製蝦的辣椒油，調味醬的配料包括辣椒、山藥、大蒜、生薑及香料

◀ 味噌叉燒拉麵

等。用餐前記得先投幣購買食券，店內空間雖然不大，但有提供兒童座椅，若有機會前往門前仲町駅附近富岡八幡宮旅行的話，可以前往門前仲町的双麵分店享用美食。

▲ 双麵店鋪外觀

🔍 東京都墨田區錦糸 1-4-10（錦糸町本店）　📞 03-5819-2880　🚃 JR 錦糸町駅北口左邊方向步行約 3 分鐘；東京地鐵半藏門線錦糸町駅 3 號出口往左邊方向步行約 4 分鐘抵達　🕐 11:00～23:30 (最後點餐時間 23:00)，新年元旦期間休息　💲 拉麵 880 円起　🗺 參閱地圖 P.150

@ 双麵

📷 龜戶天神社

花之天神樣、天東宰府天滿宮，有東京第一賞藤勝地之美名（龜戶之五尺藤，龜戶之藤浪）的龜戶天神社，於每年 4 月中旬至 5 月初紫藤花盛開，從紫藤棚架 (15 棚 100 株) 垂下一串串的紫藤花倒映在池水中非常漂亮，歷史文獻記載，幕府第五代將軍德川綱吉及第八代將軍德川吉宗都曾經到此欣賞紫藤花，世人也留傳許多浮世繪等創作，每年農曆 2 月 25 日下午 18:00 舉辦神忌祭，2 月至 3 月期間也可欣賞約 300 株梅花，10 月底至 11 月下旬，神社本殿旁將會展示菊花鑑賞活動。龜戶天神社祭祀著學問之神菅原道公，準備考試的學生前往祭拜會得到菅原道公的祝福及保佑，除了祈求學業合格之外，還可祈求交通

安全、戀愛成就等。神社境內有兩座太鼓橋，從鳥居進入可看到第一座橋為男橋，再繼續往本殿方向走會看到第二座橋為女橋，喜歡拍照攝影的旅人可站在橋上遠望晴空塔的美景。

▲ 神社本殿

🔍 東京都江東區龜戶 3-6-1　📞 03-3681-0010　🚃 從 JR 錦糸町駅北口往右邊方向郵局及錦糸公園方向，步行約 15 分鐘抵達，若從地鐵錦糸町駅 5 號出口或 4 號出口（電梯出口）經錦糸公園，步行約 12 分鐘抵達；從 JR 龜戶駅北口北側行明治通り（巴士乘車月台）方向，步行約 14 分鐘抵達；搭都營巴士在站牌「龜戶天神前」下車　🕐 24 小時　💲 免費　💬 適合親子旅遊，建議待 40～60 分鐘遊玩　🗺 參閱地圖 P.150

@ 龜戶天神社

匯集東日本旅客鐵道 (JR 東日本)、京成電鐵、都營地鐵大江戶線及東京地鐵 (日比谷線、千代田線及銀座線) 的上野地區，附近有許多景點、購物及美食令人流連忘返。上野位於東京都台東區，早期 (明治時期) 是日本東北地區有許多外地青年男女來東京工作必經的交通要道之一，也是貨物運送及批發的集散地。

JR 上野駅的交通非常便利，為東京市中心前往東北地區的鐵路交通起點車站，電鐵路線的範圍包含京濱東北線、山手線、常磐成田線、常磐線、高崎線、東北本線、新幹線 (上越線、東北線、北海道線、北陸線、山形線、秋田線) 等路線。東京地鐵路線範圍包含銀座線 (上野駅、上野廣小路駅)、日比谷線 (上野駅、仲御徒町駅)、千代田線湯島駅，都營地鐵路線範圍包含大江戶線上野御徒町駅。

上野是平價美食的天堂，平易近人的價格是自助旅人的最愛，費用大多皆是日幣 600 円起跳，包括松屋、すき家 (Sukiya)、吉野家、天丼てんや、CoCo 壱番屋、名代.富士そば (蕎麥麵)、一蘭拉麵、橫濱拉麵、餃子の王將、讚岐丸龜製麵、宇奈とと (Unatoto) 鰻魚飯、磯丸水產 (海鮮居酒屋)、豐丸水產、三浦三崎港迴轉壽司等。

上野是休閒的好地方，可以早上先安排到上野恩賜公園散步、賞花、划船，或者前往上野動物園走走，下午可以前往阿美橫丁逛街購物吃吃美食。JR 上野駅出入口分別為「不忍口」、「公園口」、「入谷口」、「淺草口」、「山下口」、「廣小路口」等，若要前往上野恩賜公園、上野動物園、上野東照宮神社、美術館和博物館等地可往「公園口」方向；若要前往星巴克、阿美橫丁、0101 百貨、UNIQLO、YODOBASHI、UENO 3153、京成電鐵上野駅、不忍池等地可往「不忍口」方向；若要前往東京地鐵日比谷駅可往「入谷口」方向；若要前往東京地鐵稻荷町駅可往「淺草口」方向；若要搭乘新幹線的話，可往「中央改札」方向即可。

▼ JR 上野駅廣小路口外觀

上野交通資訊

搭乘 JR 山手線	車程時間	車資
池袋駅 (上野 / 東京方向外環線) 至上野駅	約 16 分鐘	約 180 円
東京駅 (東京 / 品川方向內環線 4 號月台或京濱東北線 3 號月台) 至上野駅	約 8 分鐘	約 170 円
品川駅 (東京 / 上野方向內環線 1 號月台或京濱東北線 3 號月台) 至上野駅	約 20 分鐘	約 210 円
新宿駅 (池袋 / 上野方向外環線 15 號月台) 至上野駅	約 25 分鐘	約 210 円
澀谷駅 (新宿 / 池袋方向外環線 1 號月台) 至上野駅	約 32 分鐘	約 210 円
秋葉原駅 (東京 / 品川方向內環線 2 號月台或京濱東北線 1 號月台) 至上野駅	約 4 分鐘	約 150 円

- 從 JR 品川駅可搭乘 JR 東海道本線 6 號月台至 JR 上野駅，車程時間約 14 分鐘 (車資約 210 円)。
- 從 JR 東京駅可搭乘 JR 宇都宮 / 高崎線 7 號月台至 JR 上野駅，車程時間約 8 分鐘 (車資約 170 円)。
- 從秋葉原駅可搭乘東京地鐵日比谷線至上野駅，車程時間約 3 分鐘 (車資日幣約 180 円)。
- 從 JR 新宿駅可搭乘 JR 中央線快速列車 7 號月台至神田駅，再轉乘 JR 山手線或京濱東北線至 JR 上野駅，車程及步行時間約 20 分鐘 (車資約 210 円)。
- 從澀谷駅可搭乘東京地鐵銀座線 (各站停的普通電車) 至上野駅，車程時間約 28 分鐘 (車資約 210 円)。
- 從新宿西口駅可搭乘都營地鐵大江戶線至上野御徒町駅，車程時間約 17 分鐘 (車資約 220 円)。

注意事項
- JR 山手線為環狀線，建議搭乘的方向以路程最近的距離為主。

▲ 上野恩賜公園的櫻花與不忍池

📷 上野恩賜公園

▲ 櫻花季在樹下野餐

　　充滿文藝氣息的上野恩賜公園是日本第一座公園，也為日本百大賞櫻名所之一。公園土地原本屬於日本皇室，於 1924 年始由大正天皇下賜與東京市管理，名為「恩賜」。每年 3 月底至 4 月初為櫻花季節，盛開時可以看許多民眾在櫻花樹下暢飲啤酒及野餐。上野恩賜公園範圍包括西鄉隆盛銅像、清水觀音堂、上野東照宮、五條天神社、不忍池、東京國立博物館、國立西洋美術館、國立科學博物館、上野動物園等，喜歡欣賞美術館及博物館展示物品的朋友可以安排約 2～3 小時左右的時間個別參觀。

🔍 東京都台東區上野公園・池之端 3 丁目　📞 03-3828-5644（上野公園管理所）　🕐 全天開放（內部設施各有開放時間）　🚃 搭乘 JR 山手線、京浜東北線、高崎線、宇都宮線上野駅（公園口）步行約 3 分鐘抵達；搭乘東京地鐵銀座線、日比谷線至上野駅 7 號出口步行約 1 分鐘抵達，或行經地下聯絡道經 JR 上野駅公園口步行約 3 分鐘抵達；京成本線京成上野駅正面口步行約 1 分鐘抵達　💲 免費　💬 適合親子旅遊，建議待 2～4 小時遊玩　🗺 參閱地圖 P.163

@ 上野恩賜公園

📷 上野動物園

▲ 上野動物園主要入口處（表門）外觀

　　日本歷史最悠久的上野動物園成立於西元 1882 年，動物的種類約有 450 種，其中以貓熊、企鵝與北極熊最受民眾的喜愛，園內範圍分為東園與西園，東園除了有貓熊與北極熊可觀賞之外，還有獅子、老虎、海獅、海豹、象、鹿、猴子及各種鳥類；西園除了有企鵝可觀賞之外，還有斑馬、長頸鹿、袋鼠、鱷魚及各種小動物。兩個園區之間設有人行專用道路，另外也有設置兩地園區的單軌電車及車站，只要購買乘車票券，可提供親子遊客往返園區。動物園很適合安排親子旅遊，建議待 4～5 小時遊玩。

🔍 東京都台東區上野公園 9-83　📞 03-3828-5171　🚃 從 JR 上野駅公園口或不忍口，步行約 6 分鐘抵達；搭乘京成電鐵至上野駅正面口行經上野公園，步行 7 分鐘抵達動物園之主要入口處（表門）；搭乘東京地鐵銀座線、日比谷線至上野駅 7 號出口，步行約 12 分鐘抵達表門，若從 6 號出口，步行約 8 分鐘抵達弁天門；從都營地鐵大江戶線上野御徒町駅 A5 出口步行約 15 分鐘抵達；東京地鐵千代田線根津站 2 號出口，步行約 10 分抵達池之端門　🕐 09:30～17:00（最後入園時間 16:00），週一為定休日（若週一為假日，週二為公休日），12/29 至隔年 1/1 公休　💲 成人 600 円、中學生 200 円、65 歲以上 300 円，國小生以下和在東京都內居住、就學的國中生免費　🗺 參閱地圖 P.163　💬 正門（表門）售票口位於東京都美術館與上野東照宮之間、動物園餐廳位於西園；東園及西園之間人行專用道路為一段斜坡，從西園至東園方向為上坡路段，建議先參觀東園範圍後再前往西園

@ 上野動物園

▲ 動物園貓熊造型很 Q　▲ 企鵝

155

📷 上野東照宮

　　位於東京都台東區上野公園內的上野東照宮
保留著江戶時代風貌，東照宮社殿創建於 1627
年（江戶幕府時代），為祭祀供奉德川家康將軍
（東照大權現）所建造，於 1651 年第三代將軍
德川家光改建時，建造唐門及社殿使用大量金
箔，金色的裝飾及精巧的雕刻技術，外觀被稱為
金色殿，皆列為日本國家指定重要文化財產。可
於每年元旦至 2 月底（冬季牡丹祭），以及 4 月
中旬至 5 月上旬（春季牡丹祭），前來牡丹苑欣
賞牡丹花，秋天還可欣賞楓葉。許多遊客來到東

▲ 東照宮本殿、拜殿

照宮祈求學業
成就、開運厄
除、健康長壽、
交通安全、病
氣平癒等。

▲ 東照宮金箔唐門

📍 台東區上野公園 9-88 📞 03-3822-3455 🚉 從 JR 上野駅公園口步行約 10 分鐘；從京成上野駅步行經動物園
通り約 8 分鐘；搭乘東京地鐵銀座線、日比谷線至上野駅 7 號出口，步行約 10 分鐘抵達 🕙 每年 3 月～ 9 月
09:00 ～ 17:30；10 月～隔年 2 月 09:00 ～ 16:30 💲 大人（中學生以上）500 円、小學生 200 円；牡丹苑開苑
大人（中學生以上）1,000 円、小學生以下無料 💬 適合親子旅遊，建議待 40 分鐘遊玩 🗺 參閱地圖 P.163

📷 上野東照宮

🛍 阿美横丁

　　位於 JR 上野駅及 JR 御徒町駅之間鐵路高架
橋旁的阿美横丁（アメ横 / Ameyoko）非常熱鬧，
商店街道長約 500 多公尺，聚集許多雜貨商店
及餐廳，店鋪販賣的商品包括服飾鞋子、3C 電
器、藥妝店、各式玩具、雜貨食品、生鮮海產、
異國料理（包括土耳其烤肉モーゼス沙威瑪）、
平價美食、100 元商品等，知名商店包括友都八
喜、YAMASHIROYA、 OS drug、松本清、二木
の菓子、UNIQLO、ABC MART 鞋店等各式
商品應有盡有，大多店鋪集中在上午
10:00 左右開始營業，中午開始人
潮湧進，傍晚 18:00 過後，有些服
飾及雜貨的店鋪陸續打烊，而居
酒屋及日式燒烤店鋪將會營業至夜
晚凌晨。

▲ 阿美横丁商店街

▲ 土耳其烤肉モーゼス沙威瑪店鋪外觀

▶ 土耳其美食烤肉

📍 東京都台東區上野 6-10-7（アメ横商店街連合会）📞 依店鋪而異 🚉 從東京地鐵銀座線、日比谷線上野駅 7
號、5A 或 5B 出口步行約 1 分鐘抵達；JR 上野駅中央出口、不忍口步行約 1 分鐘抵達；JR 御徒町駅北口步行約
1 分鐘抵達；京成電鐵上野駅正面口、C8、C9 出口步行約 2 分鐘抵達；都營地鐵大江戶線上野御徒町駅、東京
地鐵上野廣小路駅、日比谷線仲御徒町駅的地下聯絡道 A5、A7、C2 ～ C4 出口步行約 2 分鐘抵達 🕙 依店鋪而
異 💲 依店鋪而異 💬 建議待 2 ～ 3 小時遊玩 🗺 參閱地圖 P.163

📷 阿美横丁

一蘭拉麵

　　發源地來自於九州的一蘭拉麵，在東京設置許多分店，近幾年是國際遊客必吃的拉麵之一，用餐之前要先到販賣機購買食券，然後等待服務人員接待座位，服務人員會詢問或請顧客填寫拉麵口味調查表，內容可選擇湯頭濃度、加入蒜及蔥的多與少，以及麵條的軟或硬等，最後再將食券及口味調查表交付給伙房人員，最後麵條及湯都要吃完才能見到碗底的文字（この一滴が最高の喜びです）。

◀ 一蘭拉麵　　▲ 一蘭拉麵店鋪外觀

🏠 東京都台東區上野 7-1-1（アトレ上野山下口店）📞 03-5826-5861 🚃 JR 上野駅山下口步行約 1 分鐘抵達，京成上野駅正面口步行約 3 分鐘抵達 🕐 09:00 ～隔天清晨 06:00（最後點餐 05:45）💲 890 ～ 980 円 🗺 參閱地圖 P.163

@ 一蘭拉麵

日高屋

　　熱烈中華食堂日高屋為日本知名連鎖店鋪，店內提供經濟實惠的平價簡餐連日本上班族都喜歡，料理分量十足深受好評，餐點包括日式丼飯、叉燒拉麵、煎餃、咖哩飯、熱炒青菜、炸物（豬排、春捲、唐揚雞等），尤其是野菜什錦湯麵及炒飯深受孩子喜歡。店內皆已使用電子化點餐，對外帶族群及自助旅行的朋友來說非常方便，雖然只能選擇單點麵飯、煎餃類，不過分量不會大打折扣，對出外旅行想吃中華料理的朋友來說是項不錯的選擇。

▲ 日高屋店鋪外觀

▲ 外帶煎餃

▲ 外帶豚骨叉燒麵

▲ 外帶什錦麵

🏠 東京都台東區東上野 5-1-3（稻荷町店）📞 03-3844-6625 🚃 東京地鐵銀座線稻荷町駅 3 號出口，步行 1 分鐘即可抵達 🕐 10:00 ～ 23:00（最後點餐 22:30）💲 390 円起 🗺 參閱地圖 P.163

@ 日高屋

🍴 アメ横みなとや鉄火丼

　　阿美橫丁裡最便宜且平價的海鮮丼店鋪名為鉄火丼，店門口貼滿各式海鮮丼的照片，店內感覺好像在傳統菜市場裡的路邊攤小吃店，海鮮丼的食材包括鮭魚（サーモン）、鮭魚卵、鮪魚（マグロ）、金槍魚、海膽、甜蝦、扇貝、明太子、章魚等，菜單品項非常多元，點餐的時候可以直接告訴店員照片的編號，記得要領取餐點號碼牌，價位範圍為 500 円～ 1,000 円之間，店內的位置並不多，約幾張桌子及十幾張椅子，從中午開始就有許多遊客排隊等著用餐，店內有免費提供冷麥茶給用餐者使用，建議中午 11:00 前或下午 15:00 ～ 16:00 左右前去用餐人潮較少。

▲ アメ横みなとや鉄火丼店鋪外觀

◀ 鮭魚鮪魚丼飯

🔍 東京都台東區上野 4-1-9　📞 03-3831-4350　🚃 JR 御徒町駅北口步行約 3 分鐘抵達；都營地鐵大江戶線上野御徒町駅、東京地鐵銀座線上野廣小路駅行經地下聯絡道 C2 ～ C 3 出口步行約 4 分鐘抵達；東京地鐵日比谷線仲御徒町駅行經地下聯絡道 A6、A7 出口步行約 4 分鐘抵達　🕐 11：00 ～ 19：00，新年元旦定休日 1/1 ～ 1/2　💲 500 円起　🗺 參閱地圖 P.163

@鉄火丼

👜 二木の菓子

　　位於摩利支天德大寺旁的二木の菓子有兩間店鋪，分別為第一營業所及ビック（BIG）館，第一營業所專賣糖果、食品批發（包括各式種類的餅乾零食、伴手禮）為主，ビック館內商品專賣日常生活用品、飲料、咖啡抹茶粉、調味醬、料理包（咖哩、七味粉等）、泡麵等食品，應有盡有，價格很便宜且親民，是觀光遊客的最愛。二木の菓子第一營業所及ビック館內的結帳櫃檯，皆有免稅及退稅的服務。

▲ 和菓子餅乾

◀ 二木の菓子 BIG 館外觀

🔍 東京都台東區上野 4-1-8　📞 03-3833-4051　🚃 JR 御徒町駅北口步行約 3 分鐘抵達；都營地鐵大江戶線上野御徒町駅、東京地鐵銀座線上野廣小路駅行經地下聯絡道 A5、C2 ～ C 3 出口步行約 3 分鐘抵達；東京地鐵日比谷線仲御徒町駅行經地下聯絡道 A6、A7 出口步行約 5 分鐘抵達　🕐 10：00 ～ 20：00　💲 依商品而異　🗺 參閱地圖 P.163

@二木の菓子

🍴 吉豚屋

　　起源於 1998 年於日本神奈川縣相模原市的
吉豚屋（かつや），為日本著名連鎖日式豬排專
門店，店內所販售的炸物餐食的費用很平價親
民。吉豚屋的招牌美食為炸豬排丼飯，菜單內容
種類很多元，豬肉排的部位分別為腰內及里肌，
里肌肉稱為大里肌肉，部位於背髓，油質含量高
且有彈性；腰肉稱為小里肌肉，油脂較低，鐵質
含量高。炸豬排的口味包括日式和風醬汁、咖哩、
玉子半熟蛋等，定食還可搭配海老炸蝦、炸可麗
餅、高麗菜絲、野菜豬肉濃湯（とん汁），除了
可在店內享用餐食之外，也可選擇餐食外帶。

▲ 吉豚屋店鋪外觀

◀ 炸豬排丼飯

🔍 東京都台東區上野 5-20-3 御徒町南口店 Katsuya 📞 03-6806-0579 🚃 JR 御徒町駅南口步行約 1 分鐘抵達；
都營地鐵大江戶線上野御徒町駅 A6 出口步行約 3 分鐘抵達；東京地鐵銀座線上野廣小路駅行經地下聯絡道 A1
出口步行約 4 分鐘抵達；東京地鐵日比谷線仲御徒町駅行經地下聯絡道 5 號出口步行約 3 分鐘抵達 🕙 10:30 ～
23:00（最後點餐時間 22:00）💲 豬排丼 540 円起 🗺 參閱地圖 P.163

@吉豚屋

🍜 旭川味噌拉麵

　　北海道三大拉麵分別是札幌拉麵、函館拉麵
及旭川拉麵。位於 JR 御徒町駅北口斜對面的旭
川味噌ラーメン，味噌及豚骨熬煮的湯底香氣逼
人，拉麵還搭配叉燒肉片、筍乾、豆芽菜、玉米
或蔥、蒜味等，吃起來口感相當濃郁，雖然在售
票機只購買了拉麵食券，但店員會另外附上一碗
白飯，可搭配濃湯一起食用，讓顧客更有飽足感。
店內除了拉麵之外，還可選擇煎餃。

▲ 旭川味噌拉麵店鋪外觀

◀ 味噌叉燒拉麵

🔍 東京都台東區上野 4-2-1 榮屋ビル 1F （ばんから上野店） 📞 03-3834-3555 🚃 JR 御徒町駅北口步行約 1
分鐘抵達；都營地鐵大江戶線上野御徒町駅、東京地鐵銀座線上野廣小路駅行經地下聯絡道 A2、A5 ～ A 7 出
口步行約 2 分鐘抵達，C2 ～ C 3 出口步行約 3 分鐘抵達、東京地鐵日比谷線仲御徒町駅行經地下聯絡道 4 號
出口步行約 3 分鐘抵達，A7 出口步行約 2 分鐘抵達 🕙 11:00 ～ 05:00 年中無休 💲 拉麵 750 円起 🗺 參閱地
圖 P.163

@旭川味噌拉麵

すき家

▲ すき家店鋪外觀

日本有三大連鎖餐飲日式丼飯專賣店，分別為吉野家、松屋フーズ，以及すき家（SUKIYA），すき家的菜單內容非常多樣化，光是牛丼飯所搭配的料理組合包括蔥加玉子、起士、秋葵、芥末山、泡菜等，丼飯的分量有分為小碗、普通、中碗、大碗、特大碗、超大碗等，除了牛丼之外，還有烏龍麵、鰻魚、鮭魚、海鮮丼、納豆及咖哩等定食套餐可選擇。

◀ 牛丼秋葵套餐、牛丼、鰻魚牛丼

東京都台東區上野 5-27-2　0120-498-007　JR 御徒町駅南口步行約 1 分鐘抵達；都營地鐵大江戸線上野御徒町駅 A 6 出口步行約 1 分鐘抵達；東京地鐵銀座線上野廣小路駅 A1 出口步行約 3 分鐘抵達；東京地鐵日比谷線仲御徒町駅行經地下聯絡道 4 號出口步行約 5 分鐘抵達　24 時間營業　牛丼小碗 350 円起　參閱地圖 P.163

@すき家

天丼てんや

▲ 天丼てんや店鋪外觀

起源於 1998 年於日本東京八重洲的天丼てんや，為日本著名連鎖日式天婦羅丼飯專門店，天丼てんや使用來自印尼北婆羅洲塔拉干島天然無汙染的根島蝦，再加上特選鰹魚片所熬煮出醇厚的醬汁，成為令人喜愛的炸蝦丼飯。料理食材的費用很平價親民，菜單除了招牌炸蝦天丼飯之外，還可選擇野菜天丼、淺草海老天丼、特選海鮮天丼、海幸天丼、小天丼等。除了天丼飯類之外，另外也可搭配蕎麥麵（そば）及烏龍麵（うどん），除了可在店內享用餐食之外，也可選擇餐食外帶。

東京都台東區上野 5-27-1（御徒町店）　03- 5807-1672　從 JR 御徒町駅南口步行約 1 分鐘抵達；都營地鐵大江戸線上野御徒町駅 A 6 出口步行約 1 分鐘抵達；東京地鐵銀座線上野廣小路駅 A1 出口步行約 3 分鐘抵達；東京地鐵日比谷線仲御徒町駅行經地下聯絡道 4 號出口步行約 5 分鐘抵達　11:00 ～ 22:00（最後點餐時間 21:40）　上天丼弁當 680 円　參閱地圖 P.163

@天丼てんや

　　為東京十大神社之一的根津神社，位於東京都文京區，據說於 1900 年前由日本著名的皇室血脈日本武尊所建造，於 1706 年依江戶幕府時代第五代將軍德川綱吉的命令，搬遷至現在的地址，也是東京都最古老的國寶神社，古時稱為「根津權現」，神社範圍包括本殿、幣殿、唐門、透塀、千本鳥居、乙女稻荷、駒込稻荷、神橋、樓門、鯉魚池塘、谷中靈園等。

　　神社境內有幾項特色值得旅人前來一遊，除了是東京都最古老的神社之外，根津神社境內神殿與日光東照宮的建築古老工法相同，稱為「權現造」，喜歡研究神社建築的旅人值得來訪參觀，從表參道步行至樓門左側，可見到乙女稻荷神社

▲ 社殿

的千本鳥居，境內本殿、唐門、透塀、樓門皆為重要文化財。每年 4 月至 5 月期間杜鵑花滿滿盛開，舉辦杜鵑花祭時，展示的花品種類約 100 種、種植數量多達 3,000 株，花祭活動會設置攤位、茶屋及市集讓遊客可以享受慢活時光。神社於 9 月中旬舉辦例祭式。

🏠 東京都文京區根津 1-28-9 📞 03-3822-0753 🚶 從上野公園不忍池入口處往根津駅（不忍通り）方向，步行約 15 分鐘抵達根津神社表參道入口；搭乘東京地鐵千代田線根津駅 1 號出口步行約 6 分鐘抵達神社表參道入口處；搭乘東京地鐵千代田線千駄木駅 1 號出口步行約 8 分鐘抵達神社北口處；搭乘東京地鐵南北線東大前駅 2 號（b 出口為電梯）出口行經本鄉通り至向丘一丁目右轉過馬路，步行約 10 分鐘抵達神社西口處；搭乘都營巴士上 58 系統，於根津神社入口下車，步行約 1 分鐘抵達 🕐 全天開放，受付時間 09:00 ～ 17:00，唐門開放時間 3 月至 9 月 09:00 ～ 18:00、2 月及 10 月為 09:00 ～ 17:30、11 月至隔年 1 月為 09:00 ～ 17:00 💲 免費 💬 適合親子旅遊，建議待 40 ～ 60 分鐘遊玩 🗺 參閱地圖 P.162

@ 根津神社

📷 # 東京大學

　　日本最高學府的東京大學，簡稱東大或東帝大。東京大學歷史悠久，校園內可見到許多歐式哥德建築，例如本鄉校區總合圖書館、工學院、安田講堂、彌生美術館等。每年 11 月底至 12 月中旬的楓葉季期間，總是會吸引許多觀光客來東大朝聖，欣賞楓葉及銀杏樹林黃金大道，可從都營地鐵大江戶線本鄉三丁目駅 4 號出口（本鄉七丁目方向），沿著正赤通り街道步行約 5 分鐘就能看到赤門與銀杏樹林大道。中央食堂為學校餐

▲ 銀杏樹林黃金大道

廳，簡餐費用很便宜，平均 500 円～ 600 円，平日營業時間 08:00 ～ 21:00；週六日及國定假日營業時間 11:00 ～ 19:00，中午 12:00 ～ 13:15 這段期間只販賣校內學生及教職員工，所以校外人士請勿進入。校園範圍很大，若還有空餘時間，建議還可以前往加賀藩前田家上屋敷及舊岩崎家宅邸庭園（旧岩崎邸庭園）走走。

🏠 東京都文京區本鄉 7-3-1 📞 03-3812-2111 🚇 搭乘都營地鐵大江戶線本鄉三丁目駅 4 或 5 號出口步行約 5 分鐘抵達 🕐 校園 24 小時 💲 免費 💬 適合親子旅遊，建議待 1～2 小時遊玩 🗺 參閱地圖 P.162

@ 東京大學

根津神社

東京地鐵南北線

東京地鐵千代田線

東大前駅

根津駅

東京大学

舊岩崎家宅邸庭園

本郷三丁目駅

都營地鐵大江戶線

湯

東京地鐵丸之內

JR鴬谷駅

入谷駅

JR地鐵(山手線、京濱線)

新幹線

東京都美術館

東京國立博物館

京濱東北口鐵道線

京成電鐵本線

星巴克
上野恩賜公園店

上野動物園

國立科學博物館

上野東照宮

上野入谷口超級飯店

上野大仏

一蘭拉麵

上野燦路
都星辰
大飯店

Sutton Place Hotel Ueno

條天神社

上野恩賜公園

上野稻荷町駅北APA飯店

上野之森
美術館

Hotel Mystays Ueno Iriyaguchi

西鄉隆盛
銅像

HOTEL MYSTAYS Ueno East

堂

上野駅

Hotel New Ueno

東京地鐵銀座線

野站前APA飯店

日高屋

京成上野駅

上野丸井
百貨公司

三井花園上野飯店

稻荷町駅

上野駅前APA飯店

旭川味噌拉麵

阿美橫丁

Hotel Marutani Tokyo

上野百夫飯店

上野
御徒
町駅

Hotel Dormy Inn Ueno

上野広小路駅

Hotel sardonyx ueno

鐵火丼

二木の
菓子

上野御徒町相鐵
FRESA INN飯店

JR御徒
町駅

都營地鐵大江戶線

eno
irst City
otel

UNIQLO
御徒町店

仲御徒町駅

新御徒町駅

すき家
御徒町駅
南口店

Ueno-Okachimachi超級飯店

吉豚屋

天丼
てんや
御徒町店

喜愛日本動畫、漫畫及 3C 電器的朋友一定都會來東京秋葉原朝聖，秋葉原地區有日本最大的電器街，只要有家電、電腦、遊戲商品、數位相機及攝影機、手機平板、耳機、軟體等相關周邊產品的需求，都可以到秋葉原採購，除此之外，二手商品包括書籍、電子零件、音樂唱片 CD 及 DVD 等應有盡有。

秋葉原駅匯集 JR 東日本 (京濱東北線、山手線、總武線)、東京地鐵日比谷線及筑波快線 (TSUKUBA EXPRESS)，交通四通八達非常便利，除此之外還可搭乘東京地鐵銀座線至末廣町駅，再步行遊街。秋葉原商圈位於秋葉原駅西側與末廣町駅的中央道り之間，沿著兩旁道路及巷內的電器商店包括 SEGA、Bic Camera、唐吉訶德、LaOX、Sofmap、EDION、Adores 等，可以找到許多日本新款型號的電腦、手機平板、耳機、相機、遊戲軟體、吹風機、吸塵器等商品。秋葉原的御宅族文化除了動畫及漫畫之外，秋葉原的特色還包括女僕咖啡廳、COSPLAY 角色扮演、鋼彈咖啡廳、扭蛋機、偶像團體 AKB48 的咖啡廳與 AKB 劇場等，值得前來遊玩。

▼ COSPLAY 麻豆 Cherry 角色扮演高中女生

▼ 秋葉原商店林立

▲ 動漫商品店鋪

 秋葉原地區交通資訊

搭乘 JR 山手線的交通資訊

搭乘 JR 山手線	車程時間	車資
池袋駅（上野 / 東京方向外環線 7 號月台）至秋葉原駅	約 21 分鐘	約 210 円
上野駅（東京 / 品川方向外環線 3 號月台）至秋葉原駅	約 4 分鐘	約 150 円
東京駅（上野 / 池袋方向內環線 4 號月台）至秋葉原駅	約 5 分鐘	約 150 円
澀谷駅（品川 / 東京方向內環線 2 號月台）至秋葉原駅	約 32 分鐘	約 210 円

搭乘 JR 中央、總武線的交通資訊

搭乘 JR 中央、總武線各站停車	車程時間	車資
新宿駅 (13 號月台) 至秋葉原駅	約 19 分鐘	約 180 円

- 從 JR 東京駅可搭乘 JR 京濱東北線 (3 號月台) 至 JR 秋葉原駅，車程時間約 4 分鐘 (車資日幣約 150 円)。
- 從 JR 上野駅可搭乘 JR 京濱東北線 (4 號月台) 至 JR 秋葉原駅，車程時間約 4 分鐘 (車資日幣約 150 円)。
- 從上野駅搭乘東京地鐵日比谷線至秋葉原駅，車程時間約 3 分鐘 (車資約 180 円) 抵達。
- 從淺草駅搭乘東京地鐵銀座線至末廣町駅，車程時間約 15 分鐘 (車資約 180 円)，從 1 出口往中央通リ方向步行約 7 分鐘至 JR 秋葉原駅。
- 從新宿駅搭乘都營新宿線至岩本町駅，車程時間約 13 分鐘 (車資約 220 円)，從 A6 出口往昭和通リ方向步行約 7 分鐘至 JR 秋葉原駅。
- 從澀谷駅可搭乘東京地鐵銀座線至末廣町駅，車程時間約 24 分鐘 (車資約 210 円)，從 1 出口往中央通リ方向步行約 7 分鐘至 JR 秋葉原駅。
- 從池袋駅可搭乘東京地鐵丸之內線至淡路町駅，車程時間約 14 分鐘 (車資約 210 円)，再步行地下聯絡通道往小川町駅 A3 出口方向步行約 7 分鐘至 JR 秋葉原駅。

秋葉原

2k540 Aki-Oka Artisan購物商圈

秋葉原、末広町
超級飯店

末広町駅

Dormy Inn
Akihabara飯店

JR山手線／京浜東北線

秋葉原
京急EX Inn飯店

秋葉原駅北APA飯店

芳林公園

若狭家
秋葉原店

駿河屋秋葉原店
アニメ・ホビー館
(二手商店)

鉄道居酒屋
LittleTGV

驚安殿堂・唐吉訶德
(AKB48 Theater劇場8F)

安利美特(動漫商品)

秋葉原UDX

東京地鐵銀座線

東海道新幹線

つくばエクスプレス筑波快線
(TSUKUBA EXPRESS)

東京地鐵日比谷線

BIC CAMERA AKIBA

Aoki Akihabara
(男時裝)

メロンブックス
秋葉原1号店
(漫畫雜誌)

AKB48 Cafe
& Shop
Akihabara

JR秋葉原駅

Cure Maid Café

JR總武線

筑波
秋葉原駅

友都八喜秋葉原店

秋葉原駅前APA飯店

LAOX

日比谷線
秋葉原駅

K-BOOKS

築地すし好

JR總武線

秋葉原雷姆飯店

秋葉原公園

JR中央本線

秋葉原華盛頓飯店

秋葉原駅東APA飯店

往岩本町駅方向

VIA INN 秋葉原

Premier秋葉原超級飯店

岩本町駅

都營地鐵新宿線

🛍 友都八喜秋葉原旗艦店
（位於秋葉原的友都八喜）

▲ 掃地機展示

東京最大型友都八喜連鎖量販旗艦店 (ヨド
バシカメラ /Yodobashi-Akiba) 位於 JR 秋葉原駅
及東京地鐵日比谷秋葉原駅 (A3 及昭和通り口)
旁，主要銷售的範圍，包括 1 樓有手機、平板、
電腦、筆電等；2 樓有電腦周邊的 3C 商品，3 樓
有相機、攝影機、電池、化妝品、錶、時鐘、美

▲ 友都八喜秋葉原旗艦店外觀

容家電等；4 樓有音響、視頻商品；5 樓有生活
家電 (包括空氣清靜機、除濕機、冰箱等)；6 樓
有遊戲機、玩具、自行車等；7～9 樓為綜合商
店 (包括 ABC MART、高爾夫球練習場、打擊場)
及美食餐廳；地下樓層皆為停車場，喜歡逛電器
及 3C 商品的朋友，能夠在旗艦店享受到逛街購
物的樂趣。

📍 東京都千代田區神田花岡町 1-1 📞 03-5209-1010 🚃 從 JR 秋葉原駅 A3 出口步行約 2 分鐘抵達；從東京地
鐵日比谷線秋葉原駅昭和通り口方向，步行約 3 分鐘抵達 🕐 09:30-22:00 💲 商品依店鋪而異 💬 建議待 2～
4 小時購物 🗺 參閱地圖 P.166

@ 友都八喜

☕ AKB48 主題咖啡館
（AKB48 Cafe & Shop）

日本女子偶像團體 AKB48 元素的咖啡館位
於 JR 秋葉原駅的旁邊，是 AKB48 少女團體演藝
生涯的出發地點，店鋪室內的布置分為四個主
題，分別為咖啡廳、商品專賣店、劇場及預約
包廂 (Private Room)，咖啡廳的餐點可以選擇店
內使用及外帶的服務，還有室內展示 AKB48 的
作品大多是禁止拍照。咖啡館內會定期更換新
的菜單內容。AKB 劇場位於唐吉訶德秋葉原店
8F，距離 JR 秋葉原駅步行約 5 分鐘抵達，通常
團體 AKB48、SKE48 與 NM48 有舉辦現場活動

公演的話 (可至官網查詢)，才有機會開放入場，
AKB 劇場與咖啡店內的裝潢相似，沒機會進入
AKB 劇場的粉絲朋友們，可直接前往咖啡館內
體驗氛圍。

▼ AKB48 主題咖啡館外觀

📍 東京都千代田區神田花岡町 1-1 📞 03-5297-4848 🕐 08:00～22:00，週六日及國
定假日休息，營業時間可至官方網站查詢 🚃 從 JR 秋葉原駅電氣街口右側步行約 1 分鐘
抵達 💲 700 円起 💬 建議待 1～2 小時遊玩 🗺 參閱地圖 P.166

@ AKB48
主題咖啡館

@ AKB48
官網

🍽️ 築地すし好

　　起源於築地市場的築地すし好(Tsukiji Sushiko Arcakit Kinshicho Shop)，總店位於築地(市場)場外附近，築地すし好連鎖分店也多達16間，店鋪皆集中在東京地區，包括新宿、新橋、秋葉原、品川、惠比壽、東京車站等。每天食材皆選用豐洲市場直送的新鮮魚貨，店內有中文及英文菜單，內容可選擇各式單點握壽司及海鮮丼、卷物、壽司組合套餐、一品料理(生魚片、日式炸物、茶碗蒸、玉子燒、各式魚料理)等，吃新鮮壽司大餐可以選擇秋葉原店，優點是有許多好逛的商店，用餐時間環境悠閒，值得前來品嚐。

▲ 壽司十貫組合餐

▲ 生魚片組合餐

🏠 東京都千代田區神田佐久間町 1-6-5 (アキバトリム 5F)
📞 03-5297-5555　🚃 從 JR、つくばエクスプレス、日比谷線秋葉原駅步行約 1 分鐘抵達　🕐 平日 11:00 ～ 14:00、17:00 ～ 22:00 (最後點餐時間 21:30)、週六、週日及假日 11:00 ～ 22:00 (最後點餐時間 21:30)　💲 每人平均約 1,500 ～ 3,000 円　🗺 參閱地圖 P.166

@ 築地すし好

🍽️ 若狹家海鮮丼

　　價格相當平價親民的若狹家秋葉原店海鮮丼飯，菜單的種類非常多，有單色丼、雙色丼、三色丼等客製化的組合搭配，料理種類包括鮭魚、鮪魚、魚卵、海膽、甜蝦、鰻魚、花枝、章魚、蟹肉等。若狹家店內人氣うに・いくら・ねぎとろ丼飯上的海膽、金槍魚(肉泥)等海鮮料理淋上醬油，吃起來非常爽口好吃，雖然店內 2 層樓空間並不大，但有中文及英文的菜單供遊客點餐。除了秋葉原店之外，若經過新宿歌舞伎町等地皆有分店供遊客用餐。

▼ 三色丼 (鮭魚、魚卵、海膽)、海鮮味噌湯

🏠 東京都千代田區外神田 3-15-7 麻野ビル 1F　📞 03-5207-8322　🕐 平日 11:00 ～ 22:00、週六、日及國定假日 10:00 ～ 22:00　🚃 JR 秋葉原駅中央口步行約 7 分鐘抵達；東京地鐵銀座線末廣町駅 3 出口步行約 2 分鐘抵達　💲 1,040 円起　🗺 參閱地圖 P.166

@ 若狹家

百年歷史的 JR 東京駅位於千代田區丸之內一丁目，於明治時代建築家辰野金吾設計西式紅磚造型的建築（丸之內口外觀），是日本關東地區車站百大名選車站之一。東京駅是東京都最重要的交通樞紐之一，JR 鐵道匯集山手線、京濱東北線、橫須賀線、中央線、京葉線、上野東京線、總武線、東海道本線、東北本線等主要鐵路幹道，新幹線路線包括東海道、北陸、山形、秋田、上越、東北、北海道新幹線等，東京地鐵丸之內線東京駅與 JR 東京駅相鄰，丸之內地下聯絡道路與大手町駅相通，則搭乘東京地鐵東西線、千代田線、半藏門線及都營三田線的遊客皆可方便前往東京駅。除了鐵道交通四通八達之外，想要長途及機場巴士（包括利木津巴士、京成巴士、JR 巴士等）的話，巴士乘車處大多位於東京駅八重洲口東側及日本橋口附近。

JR 東京駅有三大出入口，分別為丸之內口、八重洲口及日本橋口，丸之內口及八重洲口個別分為北口、中央口及南口，相信大家第一次來到 JR 東京駅都會迷路很久，想拍攝 JR 東京車站百年建築外觀及室內圓頂的話，出了改札丸之內北口及丸之內南口後，往屋頂上方可拍攝到美麗的圓頂，走到車站丸之口廣場時，可拍攝到車站外觀。若要前往皇居，可從丸之內北口、中央口及南口方向，若想到東京駅一番街的話，可前往八重洲地下 B1 北口、中央口及南口皆可抵達。若要搭乘 JR 巴士前往成田機場請至八重洲南口，若要搭乘京成巴士請至八重洲北口，步行往大丸百貨方向，巴士乘車處位於鐵鋼大樓（鉄鋼ビルディング）馬路對面（近八重洲地下街 16 號出口）。

▼ 東京車站丸之內廣場

▲ 東京車站八重洲口外觀

 東京駅交通資訊

搭乘 JR 山手線的交通資訊

搭乘 JR 山手線	車程時間	車資
池袋駅（上野 / 東京方向外環線 7 號月台）至東京駅	約 25 分鐘	約 210 円
上野駅（東京 / 品川方向外環線 3 號月台或京濱東北線 4 號月台）至東京駅	約 8 分鐘	約 170 円
品川駅（東京 / 上野方向內環線 1 號月台或京濱東北線 3 號月台）至東京駅	約 14 分鐘	約 180 円
澀谷駅（品川 / 東京方向內環線 2 號月台）至東京駅	約 25 分鐘	約 210 円
秋葉原駅（東京 / 品川方向外環線 3 號月台或京濱東北線 4 號月台）至東京駅	約 5 分鐘	約 150 円

搭乘 JR 中央、總武線的交通資訊如下

搭乘 JR 中央、總武線各站停車	車程時間	車資
新宿駅（各站停的普通電車）至東京駅	約 19 分鐘	約 210 円
新宿駅（快速電車）至東京駅	約 13 分鐘	約 210 円

- 從 JR 品川駅可搭乘 JR 東海道本線 5 或 6 號月台（快速電車）至東京駅，車程時間約 8 分鐘（車資約 180 円）。
- 從池袋駅可搭乘東京地鐵丸之內線（各站停的普通電車）至東京駅，車程時間約 17 分鐘（車資約 210 円）。
- 從澀谷駅可搭乘東京地鐵銀座線（各站停的普通電車）至赤坂見附駅，再轉乘東京地鐵丸之內線至東京駅，或者搭乘東京地鐵半藏門線（各站停的普通電車）至大手町駅，再轉乘東京地鐵丸之內線至東京駅，車程及步行時間約 25 分鐘（車資約 210 円）。
- 從淺草駅可搭乘東京地鐵銀座線至日本橋駅，車程時間約 21 分鐘（車資約 180 円），從 A3 出口沿著永代通り前往東京駅日本橋口 B8b 或八重洲口，步行約 6 分鐘抵達。

注意事項

- JR 東京駅與東京地鐵東京駅位置並不同。
- 搭乘東京地鐵丸之內線至東京駅的朋友，若要前往 JR 東京駅八重洲口及東京駅一番街的話，請先出站前往 JR 東京駅丸之內北口方向，經聯絡道路往八重洲北口自由通路的方向步行即可抵達。

▲ 東京駅百年建築室內圓頂

🛍️ 東京駅一番街

　　位於 JR 東京駅八重洲（檢票口外）地下中央口 B1 的東京駅一番街，這裡可盡情感受日本文化的主題樂園，若搭乘東京地鐵丸之內線東京駅要前往八重洲口的話，需要出站從 JR 丸之內口進入，經過一段聯絡通道後即可抵達八重洲 B1 東京駅一番街。一番街聚集了許多日本人氣動漫人物（包括拉拉熊、寶可夢 Pokemon 比卡丘、凱

▲ 前往東京駅一番街 B1 出入口

蒂貓 Hello Kitty、水豚君、史努比、米菲兔 Miffy style、JUMP SHOP、鹹蛋超人、宮崎駿龍貓共和國等專賣店）、電視台偶像劇相關商品（包括 NHK、TBS、朝日電視台、富士電視台、東京電視台、日本電視台等）、美食餐廳（包括六厘舍、函館立喰い壽司、斑鳩、仙台牛タンねぎ塩ラーメン蔵、富山白えび亭、電光石火等）、咖啡廳等。喜歡逛一番街的朋友需要多安排及預留多些時間購物，部分店鋪可於本店內辦理免稅手續，其他店鋪商品不得與其他店家之商品合併計算，可至 1 樓佐川急便 SAGAWA 旁免稅櫃檯辦理（時間 09:00 ～ 21:00）。

▲ 蠟筆小新相關商品店鋪外觀

🔍 東京都千代田區丸之內 1-9-1　📞 03-3210-0077　🕐 依店鋪而異，人氣動漫店鋪 10:00 ～ 20:30，美食餐廳 10:30 ～ 23:00　🚆 從 JR 東京駅內步行至八重洲地下 B1 即可抵達　💲 依店鋪而異　💬 適合親子旅遊，建議待 2 ～ 4 小時遊玩　🗺️ 參閱地圖 P.173

@ 東京駅一番街

🍲 電光石火

　　來自廣島的電光石火，是專門製作廣島燒的料理，服務人員領取客人的餐券後，會替每一位客人準備醬料及小鏟子。廣島燒的炒麵可選蕎麥麵（そば）或烏龍麵（うどん），一開始廣島燒內的食材有豬肉片、高麗菜、大葉（紫蘇葉）、花枝、蝦、牡蠣等先放在鐵板上快炒，再將炒麵（或烏龍麵）及配料放上，最後使用蛋皮再將製做好的廣島燒塗上醬料及蔥花。電光石火店鋪的招牌人氣廣島燒前兩名分別為「電光石火燒」及「夢」，差別是「夢」廣島燒多了蝦子及荷包蛋等料理，在食用廣島燒時，假若醬料不夠的話可以自行使用桌上的醬料。

◀ 電光石火燒

▲ 廣島燒電光石火店鋪外觀

🔍 東京都千代田區丸之內 1-9-1（B1 にっぽん、グルメ街道）　📞 03-6268-0313　🕐 10:00 ～ 23:00（最後點餐時間 22：00）　🚆 從 JR 東京駅內步行至八重洲地下 B1 即可抵達　💲 廣島燒 1,100 円起　🗺️ 參閱地圖 P.173

@ 電光石火

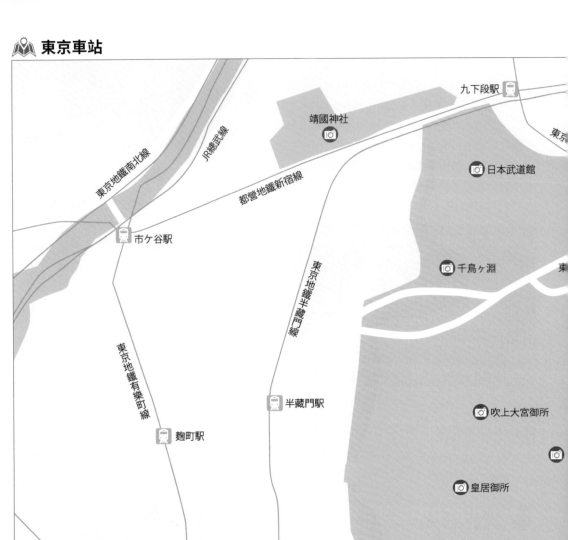

九下段駅

靖國神社

日本武道館

東京地鐵南北線

JR總武線

都營地鐵新宿線

東京地鐵半藏門線

千鳥ヶ淵

東

市ケ谷駅

東京地鐵有樂町線

半藏門駅

吹上大宮御所

麹町駅

皇居御所

永田町駅

東京地鐵有樂町線

桜田門駅

赤坂見附駅

東京地鐵丸之內線

国会議事堂前駅

東京地鐵千代田線

神保町駅

小町川駅

岩本町駅

都營新宿線

都營三田線

東京地鐵銀座線

東京地鐵千代田線

東京地鐵丸之內線

JR神田駅

JR地鐵

新幹線

JR新日本橋駅

JR總武線快速

三越前駅

美術館

皇居東御苑

大手町駅

東京地鐵半藏門線

東京皇宮酒店

桔梗門

丸ノ内飯店

東京地鐵東西線

東京丸之內大都會大飯店

坂下門

東京一番街（六厘舍、電光石火）
東京車站丸之內站前廣場

大丸百貨公司東京店

日本橋駅

二重橋前駅

東京駅

東京車站大飯店

三門鐵橋(二重橋)

皇居外苑

東京中城八重洲

三菱一號館美術館

東京地鐵銀座線

Premier東京站八重洲中央口超級酒店

京橋三井花園飯店

東京站八重洲京王PRESSO INN飯店

都營淺草線

地鐵日比谷線

東京京橋大和Roynet飯店

JR京葉線

京橋駅

日比谷駅

有樂町駅

銀座一丁目駅

宝町駅

🍜 六厘舍

　　沾麵與拉麵的吃法不同，簡單地說，服務人員會端上一碗乾麵及一碗濃湯，麵和湯是分開的，Q彈的乾麵沾上熱呼呼的濃湯是享用沾麵的一大特色，想吃沾麵的話，可選擇前往六厘舍享用。六厘舍的濃湯是使用豚骨所熬煮成的特製湯頭，其他食材還包括柴魚、海苔、叉燒肉、魚板、蔥花、筍片等，菜單另外還可挑選味玉及特製辛辣的沾麵。假如沾麵吃不習慣的話，還有特製中華拉麵可以選擇。六厘舍為日本知名的連鎖店鋪，東京地區除了東京駅一番街有六厘舍的店鋪之外，可另前往羽田空港、上野、晴空塔等皆有分店。

▲ 沾麵（乾麵及濃湯）

🏠 東京都千代田區丸の内 1-9-1 東京駅一番街 B1F(東京ラーメンストリート內) 📞 03-3286-0166 🕐 07:30 ～ 10:00(朝食最後點餐 09:30)、10:00 ～ 23:00(最後點餐 22:30) 🚆 抵達 JR 東京駅時，前往東京一番街方向步行至東京ラーメンストリート內即可抵達 💲 1,300 円起 🗺 參閱地圖 P.173

@ 六厘舍

📷 皇居

　　日本皇居位於東京都千代田區市中心，曾是幕府時代德川將軍所居住的江戶城，於明治天皇登基後，從京都住所遷移至東京的皇居，日本天皇居住的皇居範圍很大，環繞皇居外圍長度約 5 公里長，有部分的區域則開放給一般民眾參觀，包括千鳥ヶ淵綠道、北の丸公園、江戶城本丸跡、二の丸庭園、皇居東御苑、和田倉噴水公園、皇居桔梗門（江戶城內桜田門）、行幸通り等。位於皇居西側的江戶城田安門及千鳥ヶ淵綠道（近地鐵九段下駅 2 號出口）是知名的賞櫻景點，於每年 3 月底至 4 月上旬櫻花季期間會吸引眾多的賞櫻人潮，可以選擇白天及夜晚的時間前來欣賞櫻花。想參觀皇居的話，有兩種方式可以申請，

▲ 和田倉門護城河

分別為事前線上預約，或者當天前往桔梗門，現場排隊登記及領取號碼牌。

> NOTE：警衛發放號碼牌時間為
> 08:30 ～ 12:00（週二～週六）

🏠 東京都千代田區千代田 1-1 📞 03-3213-1111 🚆 從東京地鐵千代田線二重橋前駅 6 號出口或都營三田線大手町駅 D2 出口步行約 15 分鐘抵達坂下門；從 JR 東京駅丸之內中央口步行約 15 分鐘抵達桔梗門；從 JR 東京駅丸之內北口步行約 15 分鐘抵達大手門；從東京地鐵三田線大手町駅 D2 出口步行約 10 分鐘抵達桔梗門；從東京地鐵千代田線二重橋前駅 6 號出口步行約 10 分鐘抵達大手門；從地鐵大手町駅 C13a 出口步行約 5 分鐘抵達大手門；從地鐵東西線竹橋駅 1a 出口步行約 5 分鐘抵達平川門或北桔橋門 🕐 09:00 ～ 11:15；13:30 ～ 14:45，週日、週一、國定假日、12/28 ～ 1/4、7/21 ～ 8/31 的下午未開放。皇居東御苑參觀時間資訊：3/1 ～ 4/14 09:00 ～ 16:30（最後入園時間為 16:00）、4/15 ～ 8/31 09:00 ～ 17:30（最後入園時間為 16:30）、9/1 ～ 10/30 09:00 ～ 16:30（最後入園時間為 16:00）、11/1 ～ 2/28 09:00 ～ 16:00（最後入園時間為 15:30），週一、週五、12/28 ～ 1/3 未開放 💲 免費 💬 適合親子旅遊，建議待 2 ～ 4 小時遊玩 🗺 參閱地圖 P.173

@ 皇居

▲ 拜殿

🏯 靖國神社

　　位於東京都千代田區九段坂（江戶城田安門及千鳥ヶ淵靖國通り對面）的靖國神社，於1869年奉明治天皇之諭而建，神社供奉自明治維新時代以來為日本戰死的軍人及軍屬。神社境內的範圍包括神門、中門鳥居、拜殿、主殿、鎮靈社元宮、靈璽簿奉安殿、神池庭園。從歷史的

▲ 第一鳥居（大鳥居）

▲ 神門菊花の紋章

角度來看，或許不是亞太地區或歐美國家可以接受第二次世界大戰後的結果，言論聲音或許不相同，但從旅遊的觀點面來看，除了可了解歷史的意義之外，靖國神社每年3月底至4月上旬櫻花季期間的賞染井吉野櫻花的人潮很多，屆時還將有各式美食攤位供遊客購買。

🔍 東京都千代田區九段北 3-1-1　📞 03-3261-8326　🚉 搭乘 JR 中央線、總武線各駅停車至飯田橋駅（西口）或市ヶ谷駅，步行約 10 分鐘抵達；搭乘東京地鐵東西線、半藏門線、都營新宿線至九段下駅 1 號出口，步行經大鳥居約 5 分鐘抵達；搭乘東京地鐵有樂町線、南北線、都營新宿線至市ヶ谷駅 A4 出口，步行約 10 分鐘抵達靖國神社南門；搭乘東京地鐵東西線、有樂町線、南北線至飯田橋駅 A2 出口或 A5 出口，步行約 10 分鐘抵達靖國神社北門或第二鳥居　🕐 3月～10月 06:00～18:00；11月～隔年 2月 06:00～17:00　💲 免費　🗺 參閱地圖 P.172

@ 靖國神社

位於東京都中央區的銀座，曾是銀幣鑄造所的遺址（江戶時代 1603 ～ 1867 年），現代則是東京首屈一指的購物天堂，複合式建築設施結合為時尚的購物中心，銀座主要街道為中央通り，精華區域範圍為銀座一丁目至銀座八丁目，銀座一丁目交通匯集銀座一丁目駅（東京地鐵有樂町線），銀座四丁目交通匯集銀座駅（東京地鐵銀座線、日比谷線、丸之內線）及東銀座駅（東京地鐵日比谷線、都營地鐵淺草線）。銀座聚集世界國際精品（包括 Burberry、Tiffany & co、LV、Gucci、Chanel、PRADA、Christian Dior 等）、百貨公司（包括松屋 MATSUYA、三越百貨、和光百貨、資生堂 Shiseido、東急PLAZA 等）、連鎖服飾旗艦店（包括 UNIQLO、GU、ZARA、GAP、H&M 等）、日常生活用品（包括無印良品、伊東屋、LOFT）及餐廳（包括日式、中華及洋食料理），還可以感受日本的傳統文化歌舞伎座。Apple 銀座旗艦店是蘋果粉絲的最愛，商場內陳列各式 iPhone、Mac、Apple Watch、iPad 等產品及配件。搭乘東京地鐵至銀座駅時，可選擇 A3、A6、A7（電梯）、A8、A11、A12 等出口即可抵達銀座四丁目，若還有多餘的時間，可再安排附近的購物行程，從銀座駅沿著晴海通り步行（約 6 分鐘）前往有樂町駅，還有 NISHIGINZA、LUMINE、阪急等百貨購物中心可以逛街血拼。

▲ GAP 美式服飾旗艦店

▲ Apple store 銀座旗艦店（銀座三丁目）

▲ 地鐵有樂町駅及 0101 丸井百貨

▲ 和光百貨（銀座四丁目與晴海通り路口）

▲ LV 銀座旗艦店（銀座六丁目）

▲ NISSAN CROSSING 大樓

▲ Laox 及 GU 銀座旗艦店（銀座五丁目）

▲ H&M 及 YAMAHA

 銀座交通資訊

- 從池袋駅可搭乘東京地鐵有樂町線至銀座一丁目駅 8 號出口，車程時間約 21 分鐘（車資約 210 円），或搭乘東京地鐵丸之內線至銀座駅（銀座四丁目），車程時間約 20 分鐘（車資約 210 円）。
- 從上野駅可搭乘東京地鐵銀座線至銀座駅（銀座四丁目），車程時間約 12 分鐘（車資約 180 円）。
- 從澀谷駅可搭乘東京地鐵銀座線至銀座駅（銀座四丁目），車程時間約 16 分鐘（車資約 210 円）。
- 從新宿駅可搭乘東京地鐵丸之內線至銀座駅（銀座四丁目），車程時間約 16 分鐘（車資約 210 円）。
- 從東京駅可搭乘東京地鐵丸之內線至銀座駅（銀座四丁目），車程時間約 2 分鐘（車資約 180 円）。
- 從淺草駅可搭乘東京地鐵銀座線至銀座駅（銀座四丁目），車程時間約 18 分鐘（車資約 210 円）。

築地場外市場 つきじしじょう
Tsukiji Market

▲ 築地場外市場

▲ 築地本願寺

　　位於東京都中央區隅田川北側的築地市場，被譽為東京人的廚房，曾是東京最大的批發市場，範圍分為場內市場及場外市場，於 2018 年 10 月之後，場內市場的店鋪搬遷至豐洲市場，而場外市場還是與以前一樣留在原來的舊地址，來此的遊客絡繹不絕，可以一邊走一邊逛，盡情享用店家的海鮮美食。

　　場外市場店鋪從早上 08:00 就開始營業，從早餐開始可以品嘗當季水果、大福、煎蛋玉子燒、關東煮、拉麵、蕎麥麵、天婦羅、烤鰻魚、牡蠣等日本料理，壽司、生魚片、海鮮丼飯及新鮮魚貝類的種類多元且豐富，可以看到許多日本從南到北的多元化的商品，場外市場大約有 380 間的店鋪，包括豆類雜糧、乾貨、鹹魚、醬菜、昆布紫菜、茶葉、新鮮蔬果、廚房炊具及刀具、魚類加工品、精肉等海鮮魚貨應有盡有。

　　前往築地場外市場的交通很方便，只要搭乘都營地鐵大江戶線至築地市場駅或東京地鐵日比谷線至築地駅，再沿著新大橋通リ步行即可抵達。若還有多餘的時間，還可以前往附近波除稻荷神社及築地本願寺走走。市場店鋪營業時間有分為正常營業時間、自由營業日及臨時營業日，通常店鋪於每週日及國定假日為自由營業時間，不管是哪一天要前往築地市場，建議事先至官方網站查詢才不會錯過美食饗宴。

 築地市場交通資訊

* 從上野駅可搭乘東京地鐵日比谷線至築地駅 1 號出口，車程時間約 12 分鐘 (車資約 180 円)，直行步行約 3 分鐘抵達。

* 從淺草駅可搭乘都營地鐵淺草線快速特級列車至東銀座駅 5 號或 6 號出口，車程時間約 12 分鐘 (車資約 220 円)，直行往晴海通リ步行約 8 分鐘抵達，若使用東京地鐵周遊卡可考慮再轉乘東京地鐵日比谷線至築地駅 1 號出口，直

▲ 叉燒蕎麥麵

▲ 烤牛肉串

▲ 築地草莓抹茶大福

▲ 烤牡蠣串燒

🏠 東京都中央區築地 4-16-2 千社額棟 1F(總合案內所)　📞 依店鋪而異　🕐 營業時間依店鋪規定　💲 依店鋪而異　💬 適合親子旅遊，建議待 2 ～ 4 小時遊玩　🗺 參閱地圖 P.179

@ 築地市場

行步行約 3 分鐘抵達；若在藏前駅附近的話，可搭乘都營大江戶線至築地市場駅 A1 出口，車程時間約 15 分鐘 (車資約 220 円)，往右側方向步行約 3 分鐘抵達。

- 從東京駅可搭乘東京地鐵丸之內線至銀座駅，再轉乘東京地鐵日比谷線至築地 1 號出口，車程及轉乘步行時間約 12 分鐘 (車資約 180 円)，直行步行約 3 分鐘抵達。
- 從新宿駅搭乘東京地鐵丸之內線至銀座駅，再轉乘東京地鐵日比谷線至築地駅 1 號出口，車程及轉乘步行時間約 25 分鐘 (車資約 210 円)，

直行步行約 3 分鐘抵達；或可轉乘都營地鐵大江戶線至築地市場駅 A1 出口，車程時間約 23 分鐘 (車資約 280 円)，往右側方向步行約 3 分鐘抵達。

- 從池袋駅可搭乘東京地鐵丸之內線至銀座駅，再轉乘日比谷線至築地駅 1 號出口，車程及轉乘步行時間約 25 分鐘 (車資約 210 円)，直行步行約 3 分鐘抵達。
- 從澀谷駅可搭乘東京地鐵銀座線至銀座駅，再轉乘日比谷線至築地駅 1 號出口，車程及轉乘步行時間約 24 分鐘 (車資約 210 円)，直行步行約 3 分鐘抵達。

銀座、築地市場

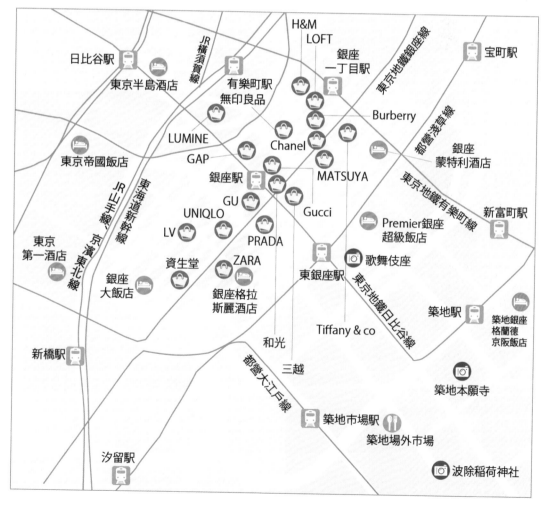

📷 東京鐵塔 とうきょうタワー
Tokyo Tower

位於東京港區的東京鐵塔是一座無線電波塔，於西元 1958 年建造而成，是東京人民的心目中最具有象徵性的觀光勝地，塔高度約 333 公尺，在 150 公尺處設有大展望台 (MAIN DECK)，250 公尺處設有特別展望台 (TOP DECK)，均可眺望東京市區的景色，天候能見度極佳的時候可遠眺到富士山。

▼ 眺望東京鐵塔

東京鐵塔下方的 FOOT TOWN B1F 內設有東京鐵塔大廳及失物招領處，FOOT TOWN 1F 內設有服務處、RED° SHOKUDO 日式餐廳、KEN'S CAFE TOKYO 甜點奶油巧克力專賣店、遊樂設施、Marion 可麗餅、售票處及直達瞭望台電梯搭乘處等設施，2F 內設有特產店鋪（包括 Tokyo Banana 東京香蕉蛋糕限定版焦糖口味）、餐廳等設施，3F 鐵塔藝廊、母親牧場咖啡廳、哺乳室，4F 及 5F 內為 RED° TOKYO TOWER 活動設施。

每天東京鐵塔從日落開始至 24:00 為點燈活動，分為置地廣場燈 (Landmark Light) 及鑽石面紗（七彩之光），置地廣場燈在冬天夜晚的時候，以橘色燈光為主，而夏天夜晚則是以白色燈光為主。鑽石面紗燈光活動於每週六晚上 20:00～22:00，限定 2 小時。

▲ 伴手禮及限定商品

注意事項

- TOP DECK TOUR 方案需要事先至官方網站預約（參觀前 60 天內可預約），報到時請前往 FOOT TOWN 1F 的專用 TOP DECK 通道，並出示預約時所收到之 QR Code 給服務人員。現場會提供遊客 13 種語言導覽設備使用。若天候不佳時則不開放。
- 東京鐵塔有時會因活動或宣傳改變點燈的顏色。
- 置地廣場燈光（Landmark Light）於一年當中，約有 9 個月的期間會使用冬天版的燈光展現，而另外 3 個月則是夏天版燈光展現。

▲ 眺望東京灣及彩虹橋夜景

 東京鐵塔交通資訊

- 從池袋駅搭乘東京地鐵丸之內線至霞關駅，再轉乘東京地鐵日比谷線至神谷町駅 1 或 2 號出口，車程及轉乘時間約 26 分鐘 (車資約 210 円)，再往芝給水所公園方向步行時間約 10 分鐘抵達。

- 從上野駅搭乘東京地鐵日比谷駅至神谷町駅 1 或 2 號出口，車程約 22 分鐘 (車資約 210 円)，再往芝給水所公園方向步行時間約 10 分鐘抵達。

- 從淺草駅搭乘都營地鐵淺草駅至大門駅，再轉乘都營地鐵大江戶線至赤羽橋駅 (赤羽橋口方向)，車程及轉乘時間約 23 分鐘 (車資約 220 円)，過紅綠燈馬路後經加油站右側再步行約 5 分鐘即可抵達。

- 從澀谷駅搭乘東京地鐵半藏門線或銀座線至青山一丁目駅轉乘都營地鐵大江戶線至赤羽橋駅 (赤羽橋口方向)，車程時間約 15 分鐘 (車資約 290 円)，過紅綠燈馬路後經加油站右側再步行約 5 分鐘即可抵達。

- 從新宿駅搭乘都營地鐵大江戶線 (往六本木 / 大門駅方向) 至赤羽橋駅 (赤羽橋口方向)，車程時間約 15 分鐘 (車資約 220 円)，過紅綠燈馬路後經加油站右側再步行約 5 分鐘即可抵達。

- 從東京駅搭乘東京地鐵丸之內線至霞關駅，再轉乘東京地鐵日比谷線至神谷町駅 1 或 2 號出口，車程及轉乘時間約 13 分鐘 (車資約 180 円)，再往芝給水所公園方向步行時間約 10 分鐘抵達。

- 從台場駅搭乘海鷗線至汐留駅，再轉乘都營地鐵大江戶線至赤羽橋駅 (赤羽橋口方向)，車程時間約 22 分鐘 (車資約 510 円)，過紅綠燈馬路後經加油站右側再步行約 5 分鐘即可抵達。

東京都港區芝公園 4-2-8　03-3433-511　大展望台 09:00 ～ 22:30(最後入場時間為 22:00)、TOP DECK TOUR 09:00~22:15(最後入場時間為 21:30)　大展望台門票成人 1,200 円、高校生 1,000 円、兒童 (國中、小學生)700 円、幼童 (4 歲以上)500 円；TOP DECK TOUR 方案 (大展望台 + 特別展望台) 門票成人 3,000 円、高校生 2,800 円、兒童 (國中、小學生)2,000 円、幼童 (4 歲以上)1,400 円，全年無休　適合親子旅遊，建議 40 分鐘遊玩，若參加 TOP DECK TOUR 方案者，建議 80 分鐘遊玩　有　參閱地圖 P.185

@ 東京鐵塔

🏯 增上寺

位於東京都港區芝公園的增上寺是一座淨土宗寺院，山號為三緣山，是日本淨土宗鎮西派七個大本山其中之一，鄰近於東京鐵塔旁，寺內的範圍包括大殿、三解脫門、安國殿、德川將軍家墓所、黑門、經藏、鐘樓堂（為江戶時代三大名鐘之一）、芝大門（為江戶城的大手門）、德川家靈廟等。大殿主要祭拜的本尊為阿彌陀如來，兩旁分別祭祀著創始淨土宗的唐朝高僧善導大師，以及日本淨土宗開創始祖法然上人；德川將軍的家墓祭祀著江戶幕府歷代 6 位德川將軍、妻子及母親；朱紅色的三解脫門供奉著釋迦三尊像以及十六羅漢像，代表佛教的山門，從三解脫門往大殿的方向可眺望東京鐵塔，也是喜歡拍攝美麗照片的旅人取景之處。

▲ 三解脫門

📍 東京都港區芝公園 4-7-35 📞 03-3432-1431 🚃 搭乘 JR 線、東京單軌電車至浜松町駅南口，往大門駅（A6 出口）方向步行約 11 分鐘抵達；都營地鐵三田線至御成門駅 A1 出口，往芝公園方向步行約 4 分鐘抵達；都營地鐵淺草線、大江戶線大門駅 A6 出口步行約 7 分鐘抵達；都營地鐵大江戶線至赤羽橋駅（赤羽橋口方向）步行約 7 分鐘抵達；東京地鐵日比谷線至神谷町駅 3 號出口步行至 10 分鐘 🕐 參拜時間 09:00 ～ 17:00 💲 免費，寶物展示室參觀 700 円，德川將軍家墓所拜觀共通券 1,000 円 💬 適合親子旅遊，建議待 40 分鐘遊玩 🗺 參閱地圖 P.185

@ 增上寺

👜 麻布台之丘

於 2023 年 11 月 24 開幕的複合式商圈麻布台之丘 (Azabudai Hills) 面積約 8.1 公頃，總建築面積約 86 萬平方公尺，範圍包括中央廣場、森 JP 塔 (Mori JP Tower)、Tower Plaza、花園廣場 (Garden Plaza A & B & C)、Residences A & B 及櫻麻通，匯集購物商業中心、精品名牌、餐廳美食、酒店、數位藝術博物館、果樹園、醫療中心、國際學校、高級住宅及商務辦公室等，建築的設計外觀及「綠色與健康」的生活方式深受民眾好評，尤其主棟「森 JP 塔」高度為 330 公尺，成為日本東京最高、最新代表性地標的摩天大樓，位於 33 樓的景觀台可近距離欣賞東京鐵塔外觀之美，而能見度好的話，遠距離可眺望晴空塔、東京灣彩虹大橋及富士山。

▲ 森 JP 塔 33 樓遠眺東京鐵塔

NOTE：前往 33 樓的旅客要從 B1 搭乘電梯

中央廣場有許多有名藝術家的藝術作品，讓來此遊玩的民眾及遊客感受到藝術氣息，鄰近森 JP 塔的 Tower Plaza 購物中心有設置精品服飾、生活雜貨、書店、甜點咖啡廳及美食等店鋪，提供遊客盡情地購物及享受美食。

📍 東京都港區麻布台 1-3-1 📞 03-6433-8100 🚃 東京地鐵南北線六本木一丁目駅 2 號出口步行約 4 分鐘、東京地鐵日比谷線神谷町駅 5 號出口人行聯絡步道、東京地鐵日比谷線六本木駅 3 號出口步行約 10 分鐘、都營地鐵大江戶線六本木駅 5 號出口步行約 10 分鐘、都營地鐵大江戶線麻布十番駅 6 號出口步行約 10 分鐘、東京地鐵南北線麻布十番駅 3 出口步行約 11 分鐘、都營地鐵三田線御成門駅 A6 出口步行約 11 分鐘 🕐 依店舖規定，餐廳及市場 11:00 ～ 23:00、商店 11:00 ～ 21:00 💲 展望台免費 💬 適合親子旅遊，建議待 40 分鐘遊玩 🗺 參閱地圖 P.185

@ 麻布台之丘

以海水隨著潮汐拍擊堤岸為名的汐留位於東京臨海地區，與隅田川及東京灣相鄰，從 1990 年開始建設超大型再開發計畫大規模的區域都市計畫案 (SIO-SITE)，建設至今已匯集許多商業辦公大樓、酒店、購物中心、休閒觀景餐廳等複合式商業設施。汐留交通非常便利，除了汐留駅電鐵路線範圍包含百合海鷗號 (ゆりかもめ) 及都營地鐵大江戶線之外，還緊鄰新橋駅 (聯絡通道距離約 400 公尺，步行約 6 分鐘)，新橋駅匯集 JR 東日本地鐵、百合海鷗號、東京地鐵銀座線及都營地鐵淺草線。

汐留車站周圍附近商業辦公大樓林立，最具代表性為日本電視台公司大樓及 Caretta 汐留 (カレッタ汐留 /CARETTA SHIODOME)，大樓進駐許多特色商店 (包括麵包超人、名偵探柯南紀念品專賣店)、餐廳 (包括下午茶甜點、咖啡廳等)、劇場 (包括四季劇場音樂劇) 及博物館 (包括東京廣告博物館及舊新橋停車場鐵道歷史展示室)，從汐留駅步行往隅田川方向，還可安排前往浜離宮恩賜庭園旅遊。

▲ Caretta 汐留 B2 廣場

▲ 名偵探柯南紀念品專賣店

▲ 日本電視台塔（日本テレビタワー）

汐留交通資訊

- JR 池袋駅搭乘山手線（上野 / 東京方向外環線 7 號月台）至 JR 新橋駅，再步行往汐留口、ゆりかもめ及都營大江戶線汐留駅方向，車程及步行約 38 分鐘（車資約 210 円）抵達；或從池袋駅搭乘東京地鐵丸之內線至銀座駅轉乘東京地鐵銀座線至新橋駅，再步行往汐留口、ゆりかもめ及都營大江戶線汐留駅方向，車程及步行時間約 32 分鐘（車資約 210 円）抵達。

- JR 上野駅搭乘山手線（東京 / 品川方向外環線 3 號月台）至 JR 新橋駅，再步行往汐留口、ゆりかもめ及都營大江戶線汐留駅方向，車程及步行約 20 分鐘（車資約 170 円）抵達；或從上野駅搭乘東京地鐵銀座駅至新橋駅，再步行往汐留口、ゆりかもめ及都營大江戶線汐留駅方向，車程及步行時間約 20 分鐘（車資約 180 円）抵達。

- 從淺草駅搭乘東京地鐵銀座駅至新橋駅，再步行往汐留口、ゆりかもめ及都營大江戶線汐留駅方向，車程及步行時間約 26 分鐘（車資約 210 円）抵達，或搭乘都營地鐵淺草駅至新橋駅，再步行往ゆりかもめ及都營大江戶線汐留駅方向，車程及步行時間約 22 分鐘（車資約 210 円）抵達。

- 從 JR 澀谷駅搭乘山手線（品川 / 東京方向內環線 2 號月台）至 JR 新橋駅，再步行往汐留口、ゆりかもめ及都營大江戶線汐留駅方向，車程及步行約 28 分鐘（車資約 210 円）抵達；從澀谷駅搭乘東京地鐵半藏門線或銀座線至青山一丁目駅轉乘都營地鐵大江戶線至汐留駅 5 或 6 號出口，車程及步行時間約 20 分鐘（車資約 280 円）抵達；若從澀谷駅搭乘東京地鐵銀座線至新橋駅再步行的話，車程及步行約 20 分鐘（車資約 180 円）抵達。

- JR 新宿駅搭乘山手線（品川 / 澀谷方向內環線 14 號月台）至 JR 新橋駅，再步行往汐留口、ゆりかもめ及都營大江戶線汐留駅方向，車程及步行約 36 分鐘（車資約 210 円）抵達；搭乘都營地鐵大江戶駅至汐留駅 5 或 6 號出口，車程時間約 22 分鐘（車資約 220 円）抵達。

- JR 東京駅搭乘山手線（澀谷 / 新宿方向外環線 5 號月台）至 JR 新橋駅，再步行難往汐留口、ゆりかもめ及都營大江戶線汐留駅方向，車程及步行約 12 分鐘（車資約 150 円）抵達；或從東京駅搭乘東京地鐵丸之內線至銀座駅轉乘東京地鐵銀座線至新橋駅，再步行往汐留口、ゆりかもめ及都營大江戶線汐留駅方向，車程及步行時間約 20 分鐘（車資約 180 円）抵達。

宮崎駿大時計

日本動畫大師宮崎駿先生為日本電視台塔（日本テレビタワー）汐留大樓的 3 樓外牆，設計一座大型的大時計機械鐘，大樓位於新橋駅及汐留駅之間，只要走出地鐵車站，交通運用步行方式即可抵達日本電視台大樓，可選擇搭乘電扶梯至 3 樓等待大時計的演出。大時計於 2006 年（平成 18 年）12 月 20 日啓動，長 18 公尺、高 12 公尺，約 1228 銅板建造而成，像一座超大型的音樂盒，每天有 4 個固定時段會演出大時計音樂交響曲，大時計演出時間分別為 12:00、13:00、15:00、18:00、20:00，每週六及週日早上 10:00 會加演一場，演出時間約 3 分鐘，前往大時計之前先至官網查詢是否有不定期機械維護的訊息，以免抵達現場遇到沒有演出之情況。

▲ 宮崎駿大時計外觀

東京都港區東新橋 1-6-1　03-6215-1111　從汐留駅往新橋駅方向步行約 3 分鐘抵達；從 JR 新橋駅或地鐵新橋駅往浜離宮大守門方向步行約 3 ～ 5 分鐘抵達　平日 12:00 ～ 20:00、週六日 10:00 ～ 20:00　免費　適合親子旅遊，建議待 10 ～ 15 分鐘遊玩　參閱地圖 P.185

@ 宮崎駿大時計

Caretta 汐留

東京汐留駅的 Caretta 汐留（カレッタ汐留 /CARETTA SHIODOME）大樓充滿了藝術文化的元素，是日本最大的廣告電通公司總部，大樓 46 樓及 47 樓為空中景觀餐廳 (SKY RESTAURANT)，可眺望東京鐵塔、築地市場、隅田川、浜離宮、東京灣彩虹橋，以及台場的風景。每年冬季最受大家矚目的汐留 Caretta 聖誕節點燈秀 (Caretta Illumination 聖誕點燈)，地點位於 Caretta 汐留 B2 廣場展示，活動日期從 11 月中旬至隔年情人節 2 月 14 日期間，每天燈光秀時間為 17:00 ～ 23:00，平均每 20 分鐘會隨著音樂循環性的燈光表演，燈光秀演出的時間長約 8 ～ 10 分鐘，每年燈光秀的主題都不一樣，過去曾以迪士尼作品為主題，包括美女與野獸、魔髮奇緣、阿拉丁、限定版超人特攻隊等劇場燈光秀演出，新年元旦假期暫停演出。

▲ 汐留 Caretta 阿拉丁點燈秀

東京都港區東新橋 1-8-2（カレッタ汐留）　03-6218-2100　從汐留駅地下聯絡通道 5 或 6 號出口，再往カレッタ汐留或電通四季劇場「海」方向步行約 1 分鐘抵達；從 JR 新橋駅或都營地鐵新橋駅 1 或 2 號出口往汐留駅浜離宮大手門、カレッタ汐留或電通四季劇場「海」方向步行約 6 ～ 8 分鐘抵達　10:00 ～ 20:00　免費　建議待 30 分鐘遊玩　參閱地圖 P.185

@ Caretta 汐留

▲ 三百年之松

浜離宮恩賜庭園

　　建造於 1654 年浜離宮恩賜庭園，曾經是德川將軍家族的別墅，是江戶時代最具代表性的大名庭園，也被指定為國家特別名勝史蹟。庭園的範圍包括 300 年古松樹、鴨場、鴨冢、中島之御茶屋、牡丹園與花田、潮入之池及新樋之口山。位於大手門的三百年之松，是江戶幕府第 6 代德川將軍所種植的，松樹高約 18 公尺，是東京最大規模的黑松之一；潮入之池是東京都內唯一可將海水導入庭園中的水池，根據潮汐的變化原理，可調節水位高低引進東京灣海水進出，水池的中央有一座小島，其中島上的中島之御茶屋，以前是將軍以及貴族在此觀賞庭園美景及休憩場所；鴨場及鴨冢是專門老鷹狩獵鴨子的兩座鴨場。

　　每年 11 月下旬至隔年 3 月中旬可欣賞綻放的梅花、中國水仙、野山茶、玉蘭，於 3 月底至 4 月中旬的時候，可欣賞染井吉野櫻、八重櫻，4 月底至 5 月上旬可欣賞紫藤、牡丹，5 月中旬至 9 月下旬可欣賞繡球花、海黃波斯菊，9 月中旬～11 月下旬可欣賞楓樹、小菊花、刺葉桂花等。

▲ 庭園與池畔美景

▲ 三解脫門

🏠 東京都中央區浜離宮庭園 1-1　📞 03-3541-0200　🚇 從都營地鐵汐留駅 5、9、10 號出口，或百合海鷗線汐留駅 2 號出口往新大橋通り步行約 5 分鐘抵達大手門　🕐 09:00 ～ 17:00（每年 12 月 29 日～隔年 1 月 1 日休園）　💲 一般大人 300 円、65 歲以上 150 円（小學生以下免費、居住東京都內及在學的中學生免費）　💬 適合親子旅遊，建議待 2 小時遊玩　🗺 參閱地圖 P.185

@ 浜離宮
恩賜庭園

位於東京都江東區的清澄庭園，是屬於迴遊式築山林泉庭園，也為東京都指定名勝之一，於日本明治時代 (1878 年)，紅頂商人三菱集團創辦者岩崎彌太郎成為清澄庭院買主。庭園內種植許多黑松與各季花卉，名為泉水 (せんすい) 的泉池，位於庭園中央，以石頭、砂子、人工的築山 (つきやま) 等元素來表現出枯山盡水的庭園之美，泉池水畔設置渡池石塊 (磯渡り)，棲息著各種野鳥、魚以及烏龜。庭園範圍還包括杜鵑山 (つつじ山)、大正記念館、江戶風時計塔、涼亭茶藝館、岩崎家收集日本各地的無數名石 (包括伊豆穗石紀州著石及真鶴石等)、古池的句碑等。每年 5 月及 6 月期間，其中一座名為「紅富士」的人工築山周圍種植許多花卉，分別為杜鵑花及鳶尾花季盛開。

▲ 清澄庭園入口處外觀

▲ 大正記念館

清澄庭園交通資訊

* 從池袋駅搭乘東京地鐵丸之內線至大手町駅，再轉乘東京地鐵半藏門線至清澄白河駅，車程及轉乘時間約 25 分鐘 (車資約 260 円)，從 A3 出口步行時間約 3 分鐘抵達。
* 從上野駅搭乘搭乘東京地鐵銀座駅至三越前駅，再轉乘東京地鐵半藏門線至清澄白河駅，車程及轉乘時間約 18 分鐘 (車資約 180 円)，從 A3 出口步行時間約 3 分鐘抵達。
* 從淺草駅出發，建議先步行至藏前駅搭乘都營地鐵大江戶線至清澄白河駅，車程時間約 6 分鐘 (車資約 180 円)，從 A3 出口步行時間約 3 分鐘抵達。
* 從澀谷駅搭乘東京地鐵半藏門線至清澄白河駅，車程時間約 25 分鐘 (車資約 210 円)，從 A3 出口步行時間約 3 分鐘抵達。
* 從新宿駅搭乘都營地鐵大江戶線 (往六本木 / 大門駅方向) 至清澄白河駅，車程時間約 30 分鐘 (車資約 280 円)，從 A3 出口步行時間約 3 分鐘抵達。
* 從東京駅搭乘東京地鐵丸之內線至大手町駅，再轉乘東京地鐵半藏門線至清澄白河駅，車程及轉乘時間約 12 分鐘 (車資約 180 円)，從 A3 出口步行時間約 3 分鐘抵達。

🏠 東京都江東區清澄 3-3-9　📞 03-3541-0200　🕘 09:00 ～ 17:00 (每年 12 月 29 日～隔年 1 月 1 日休園)　💲 成人 150 円、年長者 (65 歲以上) 70 円，小學生以下免費。
💬 無停車場　🗺 參閱地圖 P.189

清澄庭園

注意事項

* 搭乘東京地鐵半藏門線至清澄白河，請先前往都營大江戶線方向即可看見 A3 出口指標。

清澄白河富岡

門前仲町駅

東京門前
仲町京成里士満酒店

東京地鐵東西線

成田山深川不動堂

東急 STAY 門前仲町飯店

富岡八幡宮

都營大江戸線

清澄庭園

清澄白河駅

Flexstay Inn
清澄白河飯店

Comfort
東京清澄白河飯店

深川江戸資料館

藍瓶咖啡 清澄白河店

高森公園

Tokyo Day Nice Hotel

東京地鐵半藏門線

東西線木場站東横 INN 飯店

木場駅

木場公園

東京都現代美術館

▲ 清澄庭園門票

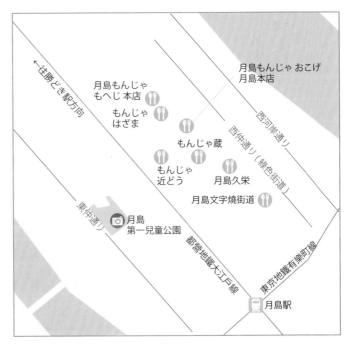

←往勝どき駅方向

月島もんじゃ おこげ
月島本店

月島もんじゃ
もへじ 本店

もんじゃ
はざま

西河岸通り

西仲通り（緑色街道）

もんじゃ蔵

もんじゃ
近どう

月島久栄

月島文字焼街道

東仲通り

月島
第一兒童公園

都營地鐵大江戸線

東京地鐵有樂町線

月島駅

富岡八幡宮 とみおかはちまんぐう
Tomioka Hachimangu Shrine

位於東京都江東區富岡八幡宮（通稱深川八幡宮），建於 1627 年（寬永 4 年），宮內還有十幾座分神社，分別供奉神轎、歷代相撲橫綱名人、民俗藝能、旅行、商業等神，八幡宮範圍包括主殿、木場木遣之碑、七渡弁天社、橫綱力士碑、巨人力士碑、手水舍、力持ち碑、鹿島神社、大鳥社等。於每年 8 月中旬定期舉辦深川八幡祭典活動，吸引許多遊客前來圍觀，沿途街坊民眾會將水潑向抬轎人，此為去除不好穢氣的意思，活動非常熱鬧，也是關東江戶三大祭典之一。富岡八幡宮資料館展示包含富岡八幡宮歷史在內的深川與木場歷史。

▲ 富岡八幡宮御本殿外觀

▲ 西參道

🚆 富岡八幡宮交通資訊

- 從池袋駅搭乘東京地鐵丸之內線至大手町駅，再轉乘東京地鐵東西線至門前仲町駅，車程及轉乘時間約 32 分鐘（車資約 210 円），從 1 號出口步行時間約 4 分鐘抵達。

- 從上野駅搭乘東京地鐵銀座線至日本橋駅，再轉乘東京地鐵東西線至門前仲町駅，車程及轉乘時間約 18 分鐘（車資約 180 円），從 1 號出口步行時間約 4 分鐘抵達。

- 從淺草駅出發，建議先步行至藏前駅搭乘都營地鐵大江戶線至門前仲町駅 6 號出口，車程及步行時間約 25 分鐘（車資約 180 円）抵達；若使用東京地鐵（Tokyo Subway Ticket）券者，建議從淺草駅搭乘都營地鐵淺草線至日本橋駅，再轉乘東京地鐵東西線至門前仲町駅，車程及轉乘時間約 20 分鐘（車資約 290 円），從 1 號出口步行時間約 4 分鐘抵達。

- 從澀谷駅搭乘東京地鐵銀座線至日本橋駅，再轉乘東京地鐵東西線至門前仲町駅，車程及轉乘時間約 30 分鐘（車資約 210 円），從 1 號出口步行時間約 4 分鐘抵達。

- 從新宿駅搭乘都營地鐵大江戶線（往六本木 / 大門駅方向）至門前仲町駅 6 號出口，車程及步行時間約 35 分鐘（車資約 290 円），若使用東京地鐵（Tokyo Subway Ticket）券者，建議從新宿駅搭乘都營地鐵新宿線至九段下駅，再轉乘東京地鐵東西線至門前仲町駅，車程及轉乘時間約 25 分鐘（車資約 320 円），從 1 號出口步行時間約 5 分鐘抵達。

- 從東京駅步行地下人行聯絡道至大手町駅，搭乘東京地鐵東西線至門前仲町駅，車程及步行時間約 15 分鐘（車資約 180 円），從 1 號出口步行時間約 5 分鐘抵達。

🏠 東京都江東區富岡 1-20-3　📞 03-3642-1315　🕐 09:00～17:00，全年無休　💲 免費，資料館大人 300 円、小人（中小學生）150 円。　@ www.tomiokahachimangu.or.jp　🗺 參閱地圖 P.189

@ 富岡八幡宮

成田山深川不動堂

　　位於東京都江東區深川公園旁的成田山深川不動堂（東京別院）起源於日本千葉縣成田市的大本山成田山新勝寺，因江戶時期信徒從東京到千葉步行需要 3 天的時間才能抵達，故決定在深川成立東京別院，御本尊為不動明王，宗派為真言宗智山派，民眾供奉深川不動尊主要祈求生意興隆、交通安全及消災病除，堂內禁止戴帽子、帶食物、拍照攝影、講電話。深川不動堂距離富岡八幡宮僅需要步行約 2 分鐘即可抵達主殿。從門前仲町駅 1 號出口沿著永代通り街道步行時，左側巷口可見到朱紅色的「成田山」大門，參拜的表參道被當地人稱為人情深川發財通道，附近的店鋪可購買仙貝、醃漬物、雜貨及美食。水手舍位於深川不動堂左側，有 3 尊龍神雕像，據說

只要在龍神水下祈禱願望相當靈驗。深川不動堂與富岡八幡宮於元旦新年期間有非常多的民眾會前來祭拜，排隊的人潮及美食攤位車水馬龍，往往會排隊到永代通り的人行街道上。

▲ 深川不動堂（舊本堂及本堂參拜入口處）

東京都江東區富岡 1-17-13　03-3641-8288　搭乘東京地鐵東西線至門前仲町駅 1 號出口步行約 2 分鐘抵達；搭乘都營地鐵大江戶線至門前仲町駅 6 號出口步行約 5 分鐘抵達　08:00 ～ 18:00，內仏殿參拜 1 樓 09:00 ～ 17:45；內仏殿參拜 2 樓及 4 樓 09:00 ～ 16:00　免費　參閱地圖 P.189

@ 深川不動堂

もんじゃ はざま

　　位於東京地鐵有樂町線及都營地鐵大江戶線的月島駅，會讓人想到東京知名的月島文字燒（もんじゃ お好み燒き），月島西中通り四番街附近的もんじゃ はざま (Hazama)，是著名月島文字燒的老店鋪，通常須先預約座位，邀約三五好友一同去吃月島文字燒，建議搭配日本的生啤酒才好吃，店內席數約 13 桌，座位約 50 席。

東京都中央區月島 3-17-8 はざま本店　03-3534-1279　搭乘東京地鐵有樂町線 / 都營地鐵大江戶線月島駅 7 號出口步行約 6 分鐘抵達或 10 號出口步行約 4 分鐘抵達，從勝どき駅 A1 出口步行約 6 分鐘抵達　11:00 ～ 22:00，年中無休　每人約 2000 ～ 3000 円　參閱地圖 P.189

@ もんじゃ はざま

▲店鋪はざま外觀

月島文字燒街道

月島駅旁的月島西中通り，街道範圍從一番街至四番街，一整條街及巷內都是月島文字燒的店鋪，知名的店鋪包括月島久榮的波蘿麵包、もんじゃ蔵、もん吉本店、はざま本店、つくしや本店等。月島文字燒的備料及製作方式與大阪燒、廣島燒不太一樣，月島燒的料理主食為海鮮類（明太子、章魚、蝦類、貝類、魚類等）、高麗菜及麵食，配料的部份包括蛋、醬汁、麵糊及起士等，通常須自己 DIY 親自製作月島文字燒來吃。

 月島文字燒街道交通資訊

- 從池袋駅搭乘東京地鐵有樂町線至月島駅，車程時間約 25 分鐘（車資約 260 円），從 7 號出口步行時間約 1 分鐘抵達街道。
- 從上野駅出發，建議先步行至上野御徒町駅搭乘都營地鐵大江戶線至月島駅，車程及步行時間約 25 分鐘（車資約 220 円），從 8 或 10 號出口步行時間約 2 分鐘抵達街道。
- 從淺草駅出發，建議先步行至藏前駅搭乘都營地鐵大江戶線至月島駅，車程及步行時間約 23 分鐘（車資約 220 円），從 8 或 10 號出口步行時間約 2 分鐘抵達街道。
- 從澀谷駅搭乘東京地鐵半藏門線至永田町駅，再轉乘東京地鐵有樂町線至月島駅，車程及轉乘時間約 22 分鐘（車資約 210 円），從 7 號出口步行時間約 1 分鐘抵達街道。
- 從新宿駅搭乘都營地鐵大江戶線（往六本木 / 大門駅方向）至月島駅，車程時間約 26 分鐘（車資約 290 円），從 8 號或 10 號出口步行時間約 2 分鐘抵達街道。
- 從東京駅地下連絡通道前往京葉地下丸之內口 5 號出口、東京國際フォーラム前廣場及 Hall D 方向出發步行至有樂町駅，搭乘東京地鐵有樂町線至月島駅，車程及步行時間約 20 分鐘（車資約 180 円），從 7 號出口步行時間約 1 分鐘抵達街道。

月島文字燒的製作方法很簡單，步驟如下：

步驟一： 在鐵板上油，拿平鏟均勻地加熱在鐵板上。

步驟二： 慢慢把備料及麵倒在鐵板上，先均勻鋪平，再倒下一部分的湯汁。

步驟三： 把中間內部的料理往外推，形狀像甜甜圈，再倒下剩餘湯汁。

步驟四： 倒入配料（蛋或起士）至中間，如果是蛋的話，須打散再倒入，若是起士的話，須等待起士變軟，慢慢與其他料理混合在一起。

步驟五： 等待幾分鐘就出現圓形餅狀。

步驟六： 料理完成，可拿小鏟子將料理放置在餐盤中享用美食。

▲月島西仲通り一番街

◀ 圓形餅狀的月島文字燒

明治神宮

めいじじんぐう
Meiji Jingu

位於東京都澀谷區代代木到原宿駅之間的明治神宮，是供奉明治天皇與昭憲皇太后靈位的地方。明治神宮的範圍分為外苑及內苑，外苑範圍包括明治紀念館、明治神宮棒球場、國立代代木競技場、銀杏樹等；內苑範圍包括明治神宮御社殿、神樂殿、西玉垣鳥居、清正井、寶物殿、至誠館、參集殿等，附近還包括代代木公園、竹下通及表參道等。前往明治神宮的交通也非常方便，可搭乘 JR 山手線至原宿駅（近南參道口）；都營地鐵大江戶線至代代木駅（近北參道口）；東京地鐵副都心線至北參道駅；電鐵小田急線至參宮橋駅（近西參道口）。每年 11 月底至 12 月中旬秋季期間，從南參道至前往明治神宮前駅的途中，可見到道路兩側銀杏樹的美景。

明治神宮的精神象徵大鳥居位於北參道與南參道交會之處，大鳥居木材來自台灣的扁柏，樹齡約 1,500 年，是日本最大木製的明神鳥居，走進南參道時，還可見到神宮祭祀神明及祈禱日本

五穀豐收的日本清酒樽及葡萄酒樽。位於御社殿左側有兩株神木夫婦楠，兩棵樹用繩子綁繫在一起稱為注連繩，據說祈求姻緣、戀愛及夫妻情感圓滿很靈驗；清正井為神宮的能量水井，湧出來的水質清澈透明，據說於江戶初期的時代，由武將加藤清正所挖掘出來水井，後來這水井被東京人稱為龍穴或土木之神；位於神宮北方寶物殿內陳列許多明治天皇及皇后的御物，位於寶物殿入口至北池之間有放置像烏龜的石頭，此稱為守護神龜石，據說撫摸龜石表面可以保佑身體健康。

▲日本傳統婚禮儀式

明治神宮竹下通表參道

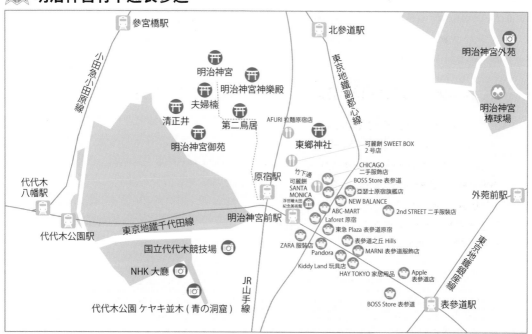

參宮橋駅

北參道駅

明治神宮外苑

小田急小田原線

東京地鐵副都心線

明治神宮

明治神宮神樂殿

夫婦楠

清正井

第二鳥居

AFURI 拉麵原宿店

明治神宮棒球場

明治神宮御苑

東鄉神社

可麗餅 SWEET BOX 2 號店

原宿駅

竹下通

可麗餅 SANTA MONICA

浮世繪太田紀念美術館

CHICAGO 二手服飾店

BOSS Store 表參道

亞瑟士原宿旗艦店

NEW BALANCE

外苑前駅

代代木八幡駅

ABC-MART

Laforet 原宿

2nd STREET 二手服裝店

東京地鐵千代田線

明治神宮前駅

東急 Plaza 表參道原宿

代代木公園駅

ZARA 服飾店

表參道之丘 Hills

MARNI 表參道服飾店

Pandora

Kiddy Land 玩具店

HAY TOKYO 家居用品

Apple 表參道店

東京地鐵半藏門線

国立代代木競技場

NHK 大廳

JR山手線

BOSS Store 表參道

表參道駅

代代木公園 ケヤキ並木（青の洞窟）

▲本殿

▲北參道綠蔭大道

 明治神宮交通資訊

- 從 JR 池袋駅搭乘 JR 山手線（新宿／澀谷方向內環線 6 號月台）至原宿駅，車程時間約 10 分鐘（車資約 180 円），從神宮橋方向步行時間約 2 分鐘抵達南參道鳥居。

- 從 JR 上野駅搭乘 JR 山手線（池袋／新宿方向內環線 2 號月台）至代代木駅（西口），車程時間 28 分鐘（車資約 180 円），從北參道口方向步行時間約 5 分鐘抵達北參道入口處，或搭乘東京地鐵銀座線至表參道駅，再轉乘東京地鐵千代田線至明治神宮前駅，車程及轉乘時間約 32 分鐘（車資約 210 円），從 2 號出口往神宮橋方向步行時間約 2 分鐘抵達南參道鳥居。

- 從淺草駅搭乘東京地鐵銀座線至表參道駅，再轉乘東京地鐵千代田線至明治神宮前駅，車程及轉乘時間 37 分鐘（車資約 260 円），從 2 號出口往神宮橋方向步行時間約 2 分鐘抵達南參道鳥居。

- 從 JR 澀谷駅搭乘 JR 山手線（新宿／池袋方向外環線 1 號月台）至原宿駅，車程時間約 2 分鐘（車資約 150 円），從神宮橋方向步行時間約 2 分鐘抵達南參道鳥居，搭乘東京地鐵副都心線至明治神宮前駅，車程時間約 1 分鐘（車資約 170 円），從 2 號出口往神宮橋方向步行時間約 2 分鐘抵達南參道鳥居。

- 從 JR 新宿駅搭乘 JR 山手線（品川／澀谷方向內環線 14 號月台）至原宿駅，車程時間約 5 分鐘（車資約 150 円），從神宮橋方向步行時間約 2 分鐘抵達南參道鳥居，或搭乘都營地鐵大江戶線（往六本木／大門駅方向）至代代木駅，車程時間約 1 分鐘（車資約 180 円），從 A1 出口往右後方向步行約 5 分鐘即可抵達北參道入口處。

- 從 JR 東京駅搭乘 JR 山手線（澀谷／新宿方向外環線 5 號月台）至原宿駅，車程時間約 30 分鐘（車資約 180 円），從神宮橋方向步行時間約 2 分鐘抵達南參道鳥居，搭乘東京地鐵丸之內線至國會議事堂前駅，再轉乘東京地鐵千代田線至明治神宮前駅，車程及轉乘時間約 18 分鐘（車資約 210 円），從 2 號出口往神宮橋方向步行時間約 2 分鐘抵達南參道鳥居。

東京都澀谷區代代木神園町 1-1 03-3379-5511 05:40 ～ 16:40，明治神宮依據每日太陽升起及日落的時間而每月開放不同時間，請至官網查詢。 免費，明治神宮博物館展覽活動票價請至官網查詢 建議待 1 ～ 2 小時遊玩 參閱地圖 P.193

@明治神宮

🛍 竹下通

位於 JR 原宿駅竹下口的對面為竹下通商店街，全長約 350 公尺，街道兩旁聚集許多可麗餅、冰淇淋、飲料、咖啡甜點、百元商店大創 DAISO、藥妝用品、女孩的髮飾耳環、包包及鞋子、青少年男孩女孩的時尚服飾等專賣店鋪。竹下通有幾間人氣可麗餅店鋪，包括 MARION CREPES、SANTA MONICA、SWEET BOX、Angels Heart 等，可麗餅的特色除了餅皮柔軟之外，內餡食材包括鮮奶油、草莓、香蕉、奇異果、冰淇淋、布丁、餅乾、蛋糕等可提供遊客選擇。

竹下通是充滿了活力的商店街，整條街道皆以平價、年輕、可愛的服飾店居多，知名的店鋪還包括糖果專賣店、WEGO、SoLaDo Takeshita-dori 購物中心 (以女性及少女為主 ALGY、repipi ar mario、Lovetoxic、PINK-latte 服飾店)、原宿アルタ（Alta）購物中心 (以女性為主 INGNI 服飾店、Choco Choco，以及二樓有迪士尼 Disney Store 專賣店)、Cute Cube Harajuku(布丁狗咖啡餐廳。ザクザク泡芙) 及藥妝店 (OS ドラッグ、松本清) 等，商店街的店家通常營業時間為 10:00 ～ 20:30，想要好好的購物血拼的旅人，記得要預留多點時間逛街。

🏠 東京都澀谷區神宮前 1-17 📞 03-3403-2525 🚃 搭乘 JR 山手線至原宿駅竹下口步行約 1 分鐘抵達；搭乘東京地鐵千代田線或副都心線至明治神宮前駅 5 號出口步行約 2 分鐘抵達 🕐 依店鋪而異 💲 依店鋪而異 💬 建議待 2 ～ 4 小時遊玩 🗺 參閱地圖 P.193

@竹下通

▲竹下通商店街出入口

🏯 東鄉神社

從竹下通 MARION CREPES 店鋪旁的巷子可前往東鄉神社參拜一下，神社供奉東鄉平八郎，東鄉出生地為鹿兒島市，為薩摩藩士東鄉吉左衛門家的第四個兒子，曾在日俄戰爭的時候打敗了俄羅斯的波羅的海艦隊，晚年為日本國家的教育鞠躬盡瘁。東鄉神社境內範圍包括表參道、和樂殿、社殿、神池、東鄉紀念館等，民眾可前來祈求保佑必勝合格、交通安全、厄除招福、病氣平癒、長壽、社運隆昌、戀愛、安產等祈願。

▲社殿

🏠 東京都澀谷區神宮前 1-5-3 📞 03-3403-3591 🚃 搭乘 JR 山手線至原宿駅竹下口步行約 5 分鐘抵達；搭乘東京地鐵千代田線或副都心線至明治神宮前駅 5 號出口步行約 7 分鐘抵達 🕐 4 月～ 10 月 06:00 ～ 17:00、11 月～隔年 3 月 06:30 ～ 17:00；1/1 ～ 1/3 開放時間 06:30 ～ 18:00，年底 12/31 至新年 00:00 💲 免費 💬 建議待 20 分鐘遊玩 🗺 參閱地圖 P.193

@東鄉神社

👜 表参道

從竹下通明治通、神宮前四丁目的方向步行至明治神宮前駅即可抵達世界知名時尚品牌店鋪林立的表参道(おもてさんどう)商圈,沿路有原宿商店街、各種女士及男士服裝相關商品、Forever 21、H&M、ABC MART、東急廣場(表参道原宿)、Laforet、The SHEL'TTER TOKYO、PANDORA等服飾珠寶精品店。表参道位於青山通至明治神宮原宿駅旁的神宮橋之間,道路兩側種植許多櫸樹,長約1.1公里,每年聖誕節期間會舉辦行道樹燈飾活動。表参道街道兩側聚集許多精品商店,包括美髮院、GUCCI、CHANEL、LOUIS VUITTON、NIKE旗艦店、BOSS、RIMOWA(日默瓦行李箱)、PETIT BATEAU(兒童服飾)及表参道HILLS購物中心。原宿貓街

Cat Street(キャットストリート)位於表参道KIDDY LAND玩具用品及DELVAUX精品服飾店之間的巷弄內(人行道天橋旁),附近還有大家喜愛鬆餅、甜點咖啡、Luke's Lobster(龍蝦堡)及義式料理餐廳等美食。

▲ RIMOWA及PETIT BATEAU店鋪外觀

🏠 東京都澀谷區 150-0001　📞 依店鋪而異　🚇 搭乘東京地鐵半藏門或銀座線至表参道駅A1、A2、B5出口往原宿、神宮前方向即可抵達;搭乘JR山手線至原宿駅表参道口步行約6分鐘抵達商圈;搭乘東京地鐵千代田線或副都心線至明治神宮前駅4、5或6號出口步行約1分鐘抵達　🕐 依店鋪而異　💲 依店鋪而異　@ 依店鋪而異　💬 建議待3～5小時遊玩　🗺 參閱地圖 P.193

📷 青の洞窟

每年11月底至12月底夜晚(最後一天點燈至隔日1/1清晨5:00)會舉辦聖誕藍色銀河燈飾活動,燈飾名為青の洞窟(Nakameguro),地點位於澀谷代代木公園旁行道樹內;每年11月底至隔年1月中旬活動舉辦地點位於澀谷公園通り,澀谷公園通り延伸到代代木公園之間長度約800公尺,道路約有50～60萬個LED燈飾照明兩旁櫸樹,整條街道充滿浪漫、神秘藍色光線的美感。

🏠 澀谷公園通り與代代木公園之間　📞 03-6808-8327　🚇 搭從JR澀谷駅或地鐵A6-2或A6-3出口往公園通り方向至代代木公園步行約10分鐘抵達;從JR原宿駅往國立代代木競技場方向步行約12分鐘抵達;地鐵明治神宮前駅2號出口往國立代代木競技場方向步行約14分鐘或代代木公園駅4號出口往NHK ホール方向步行約16分鐘　🕐 17:00～22:00　💲 免費　🗺 參閱地圖 P.193

@ 青の洞窟

▲青の洞窟幸福之鐘

小石川後樂園
こいしかわ こうらくえん
Koishikawa Korakuen Gardens

與東京巨蛋相鄰的小石川後樂園位於東京都文京區，屬於迴遊式築山泉水式之大名庭園，為日本指定特別史跡及特別名勝之重要文化財產，是東京最古老、最美的日本庭園。前往小石川後樂園的交通，可選擇搭乘 JR 電鐵中央線、東京地鐵東西線、有樂町線、南北線、都營地鐵大江戶線至飯田橋駅 C3 或 A1 出口再步行約 5～9 分鐘抵達入口處。

小石川後樂園建造於江戶時代初期，曾經是水戶藩德川家族所建造的庭園，庭園範圍包括円月橋、德仁堂、通天橋、八卦堂跡、清水觀音堂跡、屏風岩、萱門跡、神田上水跡、不老水井、九八屋、西行堂跡、白雲台跡、富士見堂、弁才天祠神社等，園區內的池塘、小廬山、橋、岩石等景色都充滿日本與中國的文化風格，園區內的円月橋據說是明朝時代學者朱舜水引用西湖的景

▲ 円月橋

物所設計，因倒映在水中有如滿月而得其名。小石川後樂園也是賞梅、賞櫻、賞楓的著名景點之一，每年冬天 2 月上旬至 2 月底期間可欣賞紅色及白色梅花，春天 3 月底至 4 月中旬可欣賞櫻花，夏天為杜鵑花季，秋天 11 月中旬至 12 月上旬期間可欣賞通天橋旁的紅葉，花開情況的資訊可在官方網站上查詢。

東京巨蛋小石川

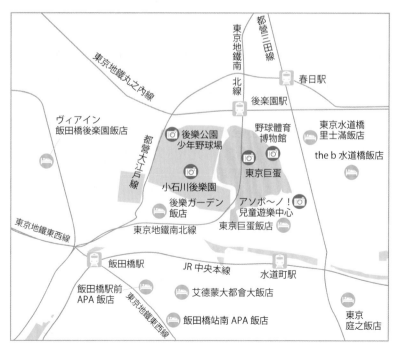

▲ 白色梅花

小石後樂園交通資訊

- 從池袋駅搭乘東京地鐵丸之內線至後樂園駅，車程時間約 8 分鐘 (車資約 180 円)，從 2 號出口經天橋人行道及後樂公園少年野球場方向，步行時間約 10 分鐘抵達入口處。

- 建議從上野駅步行至上野御徒町駅，搭乘都營地鐵大江戶線至飯田橋駅，車程及步行時間約 16 分鐘 (車資約 180 円)，從 C3 出口往小石川後樂園入口處方向步行時間約 5 分鐘抵達。

- 建議從淺草駅步行至藏前駅，搭乘都營地鐵大江戶線至飯田橋駅，車程及步行時間約 20 分鐘 (車資約 180 円)，從 C3 出口往小石川後樂園入口處方向步行時間約 5 分鐘抵達；若使用東京地鐵 (Tokyo Subway Ticket) 券者，建議從淺草駅搭乘東京地鐵銀座線至上野廣小路駅，再步行地下人行聯絡道，轉乘都營地鐵大江戶線從上野御徒町駅至飯田橋駅，車程及步行時間約 21 分鐘 (車資約 290 円)，從 C3 出口往小石川後樂園入口處方向步行時間約 5 分鐘抵達。

- 從澀谷駅搭乘東京地鐵半藏門線至九段下駅，轉乘東京地鐵東西線至飯田橋駅，車程及步行約 15 分鐘 (車資約 210 円)，從 A1 或 C3 出口往小石川後樂園入口處方向步行時間約 5 ～ 9 分鐘抵達。

- 從新宿西口駅搭乘都營地鐵大江戶線至飯田橋駅，車程時間約 11 分鐘 (車資約 220 円)，從 C3 出口往小石川後樂園入口處方向步行時間約 5 分鐘抵達。

- 從東京駅搭乘東京地鐵丸之內線至後樂園駅，車程時間約 9 分鐘 (車資約 180 円)，從 2 號出口經天橋人行道及後樂公園少年野球場方向，步行時間約 10 分鐘抵達入口處。

交通提醒：
因飯田橋駅匯集許多地鐵路線，且地下人行通道皆有相通，以下資訊提供讀者參考：

- 東京地鐵南北線及東西線近 A1 ～ A4、B5 出口。

- 東京地鐵有樂町線近 B2 ～ B4 出口。

- 都營地鐵大戶線近 C1 ～ C3 出口。

- JR 中央總武線近 A3 出口。

東京都文京區後樂 1-6-6　03-3811-3015　09:00 ～ 17:00(最後入場時間為 16:30)，公休日為年末、年始 (12 月 29 日～翌年 1 月 1 日)。 成人 300 円，年長者 (65 歲以上)150 円，小學生以下免費　適合親子旅遊，建議待 1 小時遊玩　參閱地圖 P.197

@ 小石川後樂園

📷 東京巨蛋

位於東京都文京區的東京巨蛋，是日本第一座巨蛋型球場，約 46,000 座位的多功能型體育館場，附近交通有 JR 總武地鐵水道橋駅及都營地鐵水道橋駅、春日駅、飯田橋駅、東京地鐵後樂園駅等車站。喜歡到日本東京看音樂演唱會、棒球 (職棒賽、國際交流、世界棒球經典賽)、美式足球、職業摔角等比賽的朋友，對東京巨蛋一定不陌生。東京巨蛋是日本職棒讀賣巨人的主場，喜歡日本職棒比賽的人，通常到東京旅行的時候，會安排半天以上的時間去看職業棒球比賽。

東京巨蛋是一座複合式商業建築，周圍建築設施包括野球殿堂博物館、東京巨蛋城遊樂園 (Tokyo Dome City Attractions)、宇宙博物館、百貨商場 (La Qua)、室內兒童遊戲中心 (アソボ～ノ！)、東京巨蛋飯店、餐廳及商店等。遊樂園內有雲霄飛車、自由落體 Sky Flower，水滑梯 Wonder Drop 等好玩的遊樂設施，商場 La Qua 有 UNIQLO、無印良品等生活服飾用品，以及星巴克、迴轉壽司、燒肉、抹茶麵包甜點、藥妝、生鮮超市等店鋪。

若想欣賞讀賣巨人主場 (東京巨蛋) 的職業棒球比賽，可前往官方網站線上購買門票，門票販賣的型式包括列印 A4 紙張條形碼門票，電子郵件發送內容有 QR 二維碼和序號，在智慧型手機上可顯示於入口處掃描進場，或至便利商店 7-11 取票 (1 張門票手續費爲 110 円)。

注意事項

* 購買前須仔細確認每欄位所輸入的門票清單等資訊內容，購買後將無法更改或取消。
* 購買門票的過程中，須於 15 分鐘內完成購買流程，若超過 15 分鐘的話，預定選擇的座位將會取消。
* 進入購買流程時，請勿按下瀏覽器上的上一頁 (返回) 的按鈕，避免造成購票流程發生異常。
* 遇到停賽時，若以信用卡付款的話，須與購買時所使用的信用卡公司進行退款。
* 詳細的內容請至官方網站查詢。

▲ 東京巨蛋城遊樂園 (Tokyo Dome City Attractions) 外觀

▲ 東京巨蛋棒球場全景

 東京巨蛋交通資訊

- 從池袋駅搭乘東京地鐵丸之內線至後樂園駅，車程時間約 8 分鐘（車資約 180 円），從 2 號出口經天橋人行道往球場方向，步行時間約 5 分鐘抵達入口處。

- 從 JR 上野駅搭乘 JR 山手線至神田駅，再轉乘 JR 中央總武線各站停至 JR 水道橋駅，車程及步行時間約 20 分鐘（車資約 170 円），從東口或西口步行約 5 分鐘即達；或從上野駅步行至上野御徒町駅，搭乘都營地鐵大江戶線至春日駅，車程及步行時間約 15 分鐘（車資約 180 円），從 6 號出口沿著白山通り步行時間約 9 分鐘抵達入口處。

- 建議從淺草駅步行至藏前駅，搭乘都營地鐵大江戶線至春日駅，車程及步行時間約 18 分鐘（車資約 180 円），從 6 號出口沿著白山通り步行時間約 9 分鐘抵達入口處；若使用東京地鐵 (Tokyo Subway Ticket) 券者，建議從淺草駅搭乘東京地鐵銀座線至上野廣小路駅，再步行地下人行聯絡道，轉乘都營地鐵大江戶線從上野御徒町駅至春日駅，車程及步行時間約 18 分鐘（車資約 290 円），從 6 號出口沿著白山通り步行時間約 9 分鐘抵達入口處。

- 從 JR 澀谷駅搭乘 JR 山手線至新宿駅，再轉乘 JR 中央總武線各站停 (13 號月台) 至 JR 水道橋駅，車程及步行時間約 20 分鐘（車資約 170 円），從東口或西口步行約 5 分鐘即達；若使用東京地鐵 (Tokyo Subway Ticket) 券者，建議從澀谷搭乘東京地鐵半藏門線至神保町駅，轉乘都營地鐵三田線至水道橋駅，車程及步行約 20 分鐘（車資約 290 円），從 A5 出口沿著白山通り步行時間約 3 分鐘抵達入口處。

- 從 JR 新宿駅搭乘 JR 中央總武線各站停 (13 號月台) 至 JR 水道橋駅，車程及步行時間約 12 分鐘（車資約 180 円），從東口或西口步行約 5 分鐘即達；從新宿西口駅搭乘都營地鐵大江戶線至飯田橋駅，車程時間約 11 分鐘（車資約 220 円），從 C2 出口往外堀通り方向經宇宙ミュージアム TeNQ，步行時間約 6 分鐘抵達入口處。

- 從東京駅搭乘東京地鐵丸之內線至後樂園駅，車程時間約 9 分鐘（車資約 180 円），從 2 號出口經天橋人行道步行時間約 10 分鐘抵達入口處。

🏠 東京都文京區後樂 1-3 － 61 📞 03-5800-9999 🕐 依球賽公告時間，野球殿堂博物館營業時間 10:00 ～ 17:00，每週一公休 💲 3,000 ～ 13,000 円 💬 適合親子旅遊，建議待 4 小時以上遊玩 🗺 參閱地圖 P.197

@ 東京巨蛋　@ 購票

位於駒込駅附近的六義園屬於迴遊式山築山泉水庭園，是江戶幕府時代柳澤吉保建造的庭園，明治時代後期成為岩崎彌太郎（三菱公司創辦者）的別墅，於 1938 年岩崎家族捐贈給與東京都政府，並列為國家指定特別名勝及重要的文化財產。六義園最大的特色就是和歌庭園的八十八造景，庭園的景色皆融入日本文學及傳統詩歌「和歌」的情境，景色例如渡月橋、臥龍岩、出汐湊（湊乃港口）、水分石、吹上松、蓬萊島及和歌之浦等。

▲ 六義園入口處外觀

六義園範圍包括心泉亭、觀瀑茶屋、杜鵑茶屋、つつじ茶屋、吹上茶屋、滝見茶屋等處可提供遊客觀賞庭園內的景色，其中杜鵑茶屋是明治時期運用杜鵑花木的古木材建造而成的，觀瀑茶屋旁的涼亭可以觀賞瀑布及石景；吹上茶屋可一邊悠閒地品茶（抹茶及糕點）及眺望蓬萊島美景；渡月橋是大岩石所建造的橋，可通往大泉水之中的人工島。庭園內最高的人造山名為藤代峠，也稱為富士見山，高約 35 公尺處，可眺望整個庭園美景。庭園種植許多松樹、楓樹、楠木、米櫧、杜鵑花、櫻花、梅、山茶、垂枝櫻樹、山桐子、洋玉蘭、胡枝子、海紅、紫珠等，一年四季皆可前來賞花，每年 2 月中旬至 3 月中是賞梅花的季節，櫻花最佳欣賞時間為 3 月下旬至 4 月上旬，以及秋天的紅葉最佳觀賞時間為 11 月下旬至 12 月上旬，櫻花及楓葉皆有夜晚點燈活動。

▲ 出汐湊（湊乃港口）庭園情景

六義園交通資訊

- 搭乘 JR 山手線的交通資訊如下：

JR 山手路線	車程時間	車資
新宿駅 (池袋 / 上野方向外環線 15 號月台) 至駒込駅	約 16 分鐘	約 180 円
池袋駅 (上野 / 東京方向外環線 7 號月台) 至駒込駅	約 7 分鐘	約 170 円
上野駅 (池袋 / 新宿方向內環線 2 號月台) 至駒込駅	約 10 分鐘	約 170 円
東京駅 (上野 / 池袋方向內環線 4 號月台) 至駒込駅	約 17 分鐘	約 180 円
澀谷駅 (新宿 / 池袋方向外環線 1 號月台) 至駒込駅	約 23 分鐘	約 210 円

注意事項

- 從駒込駅南口至六義園步行經本鄉通り約 4 分鐘抵達染井門入口售票處，前往正門入口處須再步行 6 分鐘抵達；若前往舊古河庭園的話，可從 JR 駒込駅北口步行約 11 分鐘抵達，或從東京地鐵駒込駅 5 號出口步行約 10 分鐘抵達。

- 從上野駅出發者，建議步行至上野御徒町駅，使用東京地鐵 (Tokyo Subway Ticket) 券可搭乘都營地鐵大江戶線 (飯田橋 / 都廳前方向) 至春日駅，再轉乘東京地鐵南北線至駒込駅，車程及步行時間約 30 分鐘 (車資約 290 円)，從 2 號出口步行約 1 分鐘抵達染井門入口售票處，前往正門入口處須再步行 6 分鐘抵達。

- 從東京駅可搭乘東京地鐵丸之內線至後樂園駅，再轉乘東京地鐵南北線至駒込駅，車程及步行時間約 26 分鐘 (車資約 210 円)，從 2 號出口步行約 1 分鐘抵達染井門入口售票處，前往正門入口處須再步行 6 分鐘抵達。。

- 從池袋駅可搭乘東京地鐵丸之內線至後樂園駅，再轉乘東京地鐵南北線至駒込駅，車程及步行時間約 18 分鐘 (車資約 210 円)，從 2 號出口步行約 1 分鐘抵達染井門入口售票處，前往正門入口處須再步行 6 分鐘抵達。

- 從澀谷駅可搭乘東京地鐵半藏門線至永田町駅，再轉乘東京地鐵南北線至駒込駅，車程及步行時間約 32 分鐘 (車資約 260 円)，從 2 號

▲ 出汐湊 (湊乃港口) 庭園情景

▲ 吹上茶屋外觀

出口步行約 1 分鐘抵達染井門入口售票處，前往正門入口處須再步行 6 分鐘抵達。

- 從新宿西口駅出發者，建議使用東京地鐵 (Tokyo Subway Ticket) 券可搭乘都營地鐵大江戶線 (飯田橋 / 大門方向) 至後樂園駅，再轉

乘東京地鐵南北線至駒込駅，車程及步行時間約 28 分鐘 (車資約 320 円)，從 2 號出口步行約 1 分鐘抵達染井門入口售票處，前往正門入口處須再步行 6 分鐘抵達。

🏠 東京都文京區本駒入 6-16-3 📞 03-3941-2222 🕘 09:00 ～ 17:00(入園截止至 16:30)，年末年初 (12/29 ～ 1/1) 💰 大人 300 円，65 歲以上 150 円，小學生以下以及居住東京都內的中學生免費，心泉亭及宜春亭需要事先預約申請及費用，詳細內容請參閱官方網站 💬 適合親子旅遊，建議待 40 ～ 60 分鐘遊玩，園區內無停車場 🗺 參閱地圖 P.203

@ 六義園

🗺 六義園舊古河庭園

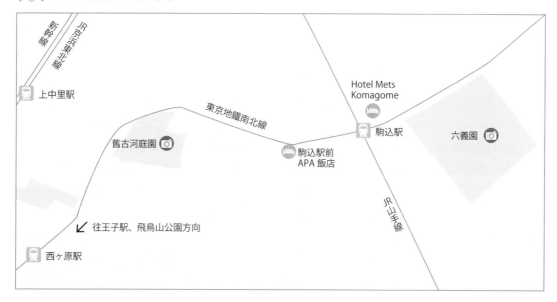

🏯 舊古河庭園

以歐式建築、花園及日式庭園風格為主的舊古河庭園位於日本東京都北區，庭園範圍還包括大谷美術館、玫瑰花園、大滝、茶室、心字池、見晴台及舊古河庭園兒童遊園。歐式建築及花園為英國建築師 Josiah Conder 所設計，每年春天 5 月中旬至 6 月下旬及秋天 10 月中旬至 11 月下旬是玫瑰花盛開的季節，也是欣賞玫瑰花最佳的季節，庭園內所種植的玫瑰花種類約有 100 多種，此時主辦單位會舉辦與玫瑰花相關的音樂會及燈會等活動，讓整座庭園充滿神祕及浪漫的氣息，現場還會有販賣與玫瑰花有關的各式雜貨及小禮物。

▲ 歐式建築大谷美術館正面外觀

舊古河庭園內的範圍除了復古中世紀歐式庭園之外，另一邊則為日式庭園，皆被列為東京都指定文化財及歷史名勝古蹟。據說日式庭園是由著名大師小川治兵衛所設計，園內種植各種季節花卉，四季皆有不同景色可欣賞，每年 2 月中旬至 3 月中是賞梅花季節，3 月下旬至 4 月上旬是欣賞櫻花的季節，4 月中旬到 5 月上旬是欣賞杜鵑花的季節，11 月下旬至 12 月上旬是欣賞楓葉的季節。

▲ 日式庭園及心字池

🚋 舊古河庭園交通資訊

- 從上野駅可搭乘 JR 京濱東北線快速列車至上中里駅，車程時間約 8 分鐘 (車資約 170 円)，從經本鄉通り方向步行約 7 分鐘抵達入口售票處。
- 從東京駅可搭乘東京地鐵丸之內線至後樂園駅，再轉乘東京地鐵南北線至西ヶ原駅，車程及步行時間約 22 分鐘 (車資約 210 円)，從 1 號出口步行約 7 分鐘抵達入口售票處。
- 從池袋駅可搭乘東京地鐵丸之內線至後樂園駅，再轉乘東京地鐵南北線至西ヶ原駅，車程

及步行時間約 20 分鐘 (車資約 210 円)，從 1 號出口步行約 7 分鐘抵達入口售票處。
- 從澀谷駅可搭乘東京地鐵半藏門線至永田町駅，再轉乘東京地鐵南北線至西ヶ原駅，車程及步行時間約 30 分鐘 (車資約 260 円)，從 1 號出口步行約 7 分鐘抵達入口售票處。
- 從新宿駅可搭乘東京地鐵丸之內線至四ッ谷駅，再轉乘東京地鐵南北線至西ヶ原駅，車程及步行時間約 30 分鐘 (車資約 260 円)，從 1 號出口步行約 7 分鐘抵達入口售票處。

🏠 東京都北區西ケ原 1-27-39 📞 03-3910-0394 🕘 09:00 ～ 17:00(最終入場為 16:30)，年末年初 (12/29 ～ 1/1) 💲 大人 150 円，65 歲以上 70 円，小學生以下以及居住東京都內的中學生免費，洋館建築物內部的參觀需要事先預約申請及費用，詳細內容請參閱官方網站 💬 適合親子旅遊，建議待 40 ～ 60 分鐘遊玩，園區內無停車場 🗺 參閱地圖 P.203

@ 舊古河庭園

充滿藝術文化元素的六本木商圈位於東京都港區，商圈附近除了有許多現代都會型商業辦公大樓、飯店、餐廳、電影院、電視台、畫廊、日式花園、時尚住宅等之外，還有兩大購物中心吸引許多觀光旅客前來血拼購物，分別為六本木新城及東京中城，購物商圈除了服飾精品之外，還有許多知名甜點（包括可麗餅、冰淇淋、蛋糕及巧克力等）、麵包、拉麵、日式及歐式料理等美食店鋪。

六本木新城也稱為六本木之丘廣場（六本木 Hills），廣場四周範圍包括森美術館 (Mori Art Museum)、六本木 Tokyo City View 森大樓 54 層摩天大樓 (Roppongi Hills skyscraper)、WEST WALK 購物中心、朝日電視台、毛利庭園、長府藩毛利家上屋敷跡等。毛利庭園占地約 4300 平方公尺，庭園內有池塘及小型瀑布，植物包括櫻花、銀杏樹等，是一座現代與自然之美的日式庭園。喜歡日劇及動畫的朋友可前往朝日電視台（テレビ朝日）一探究竟，遊客可至大廳免費參觀哆啦 A 夢及蠟筆小新的主題場景，除此之外還可至禮品商店購買動畫及電視劇的周邊商品。

東京中城（東京ミッドタウン）附近包括國立新美術館 (National Art Center)、六本木 605 畫廊、

檜町公園等。每年 11 月中旬至聖誕節期間，六本木櫸木坂（けやき坂近地鐵 3 及 4a 出口處）通至東京中城會舉辦聖誕冬季夢幻燈飾（ミッドタウン・クリスマス）點燈秀活動，以東京鐵塔為背景的街道長約 400 公尺，行道樹上裝飾著約百萬盞的 LED 燈飾，展示時間為 17:00 ～ 23:00，這段時間值得前去六本木感受聖誕浪漫氣氛。

▲ 六本木之丘廣場及聖誕節樹

▲ 東京中城道傍晚的燈飾

六本木交通資訊

- 從池袋駅搭乘東京地鐵丸之內線至霞ヶ關駅，再轉乘東京地鐵日比谷線至六本木駅，車程時間約 30 分鐘（車資約 260 円），經地下聯絡道從 1C 號出口至六本木新城，步行時間約 5 分鐘抵達。若要前往東京中城，可經地下聯絡道（往都營地鐵大戶線方向)7 或 8 號出口，再步行約 2 分鐘抵達。

- 從上野駅可搭乘東京地鐵日比谷線至六本木駅，車程及步行時間約 27 分鐘（車資約 210 円），經地下聯絡道從 1C 號出口至六本木新城，步行時間約 5 分鐘抵達。

- 從淺草駅可搭乘東京地鐵銀座線至銀座駅，再轉乘東京地鐵日比谷線至六本木駅，車程及步行時間約 32 分鐘（車資約 210 円），經地下聯絡道從 1C 號出口至六本木新城，步行時間約 5 分鐘抵達。

- 從澀谷駅可搭乘東京地鐵銀座線或半藏門線至青山一丁目駅，再轉乘都營地鐵大江戶線至六本木駅，車程時間約 12 分鐘（車資約 290 円），可從 3 號出口或經地下聯絡道從 1C 號出口至六本木新城，步行時間約 8 分鐘抵達。若要前往東京中城可從 7 或 8 號出口，步行約 2 分鐘抵達。

- 從新宿駅搭乘都營大江戶線至六本木駅，車程時間約 10 分鐘（車資約 220 円），，可從 3 號出口或經地下聯絡道從 1C 號出口至六本木新城，步行時間約 8 分鐘抵達。

- 從東京駅搭乘東京地鐵丸之內線至霞ヶ關駅，再轉乘東京地鐵日比谷線至六本木駅，車程及步行時間約 15 分鐘（車資約 180 円），經地下聯絡道從 1C 號出口至六本木新城，步行時間約 5 分鐘抵達。

六本木

▲ 六本木ヒルズ 外觀

東京城市景觀

位於東京六本木ヒルズ (六本木之丘森大樓) 52 樓的東京城市景觀台 (Tokyo City View)，可透過玻璃 360 度環景欣賞東京皇居、東京巨蛋、市中心新宿、銀座及汐留的大樓街景，以及台場彩虹大橋的東京港灣美景，天氣晴朗時可以很清楚地看見東京鐵塔，氣候能見度好的時候還可眺望富士山美景，也可以等到傍晚黃昏及夜晚的時候欣賞東京都的百萬夜景。若想體驗頂樓 (53F 直升機停機坪) 戶外觀賞東京都市區的壯觀景色，可在自動售票機加購頂樓 Sky Deck 的門票，門票約 500 円。

▲ 東京城市景觀台 (Tokyo City View) 入口處

▼ 東京鐵塔夜晚景色

注意事項

- 請遵守服務人員路線指揮，不要跨入管制危險區內。
- 禁止使用攝影及相機腳架器材，禁帶外食。

▼ 東京鐵塔白天景色

東京都港區六本木 6-10-1 (六本木ヒルズ森タワー)　03-6406-6652　搭乘東京地鐵日比谷線至六本木駅 1C 號出口步行約 3 分鐘抵達；都營地鐵大江戶線至六本木駅 3 號出口步行約 6 分鐘抵達　展望台 10:00 ～ 22:00(最後入場時間為 21:30)　平日一般 2,000 円、學生 (高校、大學生)1,400 円、4 歲～中學生 800 円、老年人 (65 歲以上)1,700 円；假日一般 2,200 円、學生 (高校、大學生)1,500 円、4 歲～中學生 900 円、老年人 (65 歲以上)1,900 円　參閱地圖 P.206

@ 城市景觀台

🍴 石田老鋪

　　起源於京都本店 (百年老字號) 的石田老鋪 (クレーム デ ラ クレーム / Crème de la Crème)，是甜點泡芙、巧克力及水果蛋糕專賣店，瑞穗蛋黃奶油泡芙是店內的招牌，泡芙外皮酥脆、奶油內餡味道濃郁好吃，運氣好的話，不定期可以選購到其他限定商品，包括法式泡芙、冰淇淋泡芙及水果長型泡芙。

▲ 石田老鋪外觀

▲ 各式泡芙

東京都港區六本木 6 － 10 － 1　03-3408-4546　搭乘東京地鐵日比谷線至六本木駅 1C 號出口步行約 2 分鐘抵達；都營地鐵大江戶線至六本木駅 3 號出口步行約 5 分鐘抵達　平日 11:00 ～ 20:00；週六日及假日 11:00 ～ 21:00　280 円起　參閱地圖 P.206

@ 石田老鋪

位於武藏野台地東端的新宿，為東京主要的交通樞紐之一，也是日本東京都的政治中心，第一次來到新宿自助旅行的朋友都會迷路，因為地鐵電車交通路線複雜，容易造成東西南北的方向感不足，雖然當地的地圖景點標示清楚，但對於第一次來的人，地點目標確實不容易找得到，本書經彙整幫助讀者快速地理解新宿的交通要道。JR 新宿駅分為東口、西口、南口及東南口，匯集中央線、中央線特急、中央·總武線各站停車、埼京線、湘南新宿線及山手線等，新宿東口可方便轉乘東京地鐵（丸之內線、副都心線）、都營地鐵（大江戶線、新宿線），以及西武新宿線（西武新宿駅），鄰近的地標包括 HATO BUS(哈多巴士乘車處)、Shoe Plaza、伊勢丹百貨、Studio Alta 購物中心、LUMINE EST、 Yamada Denki LABI(山田電機) 東口館、唐吉訶德（ドン·キホーテ）、歌舞伎町 (從 JR 新宿駅東口步行約 5 分鐘抵達)、TOHO CINEMAS & HOTEL GRACERT(恐龍哥吉拉)、0101 丸井百貨、Daiso 大創百貨 (日幣百元商品)、武士博物館、新宿三丁目駅等；新宿西口可方便轉乘京王線、小田急線與都營地鐵新宿線、大江戶線 (新宿西口駅)，鄰近的地標包括京王百貨、小田急百貨、思い出横丁 (居酒屋街)、LUMINE 1、東京都廳 45 樓展望台 (近都營大江戶線都廳前駅 A3 或 A4 出口，步行約 2 分鐘)；新宿東南口及南口可方便轉乘京王新線、小田急線、都營地鐵新宿線和大江戶線，鄰近的地標包括甲州街道、バスタ新宿 (新宿南口巴士總站)、高島屋時代廣場、LUMINE 2、NEWoMan 購物中心及新宿御苑。往來日本各地的長途巴士起站及終點站，都集中停靠於バスタ新宿總站。

▲ 新宿駅南口外觀

西新宿駅

東京地鐵丸之內線

JR中央線、中央總武各線

新宿歌舞伎町塔APA飯店

西武新宿駅

歌舞伎町一番街

新宿王子飯店

唐新宿

新宿西口駅
Yodobashi Camera
新宿西口本店

居酒屋街
思出横丁

LUMINE
新宿購物

JR地鐵

京王百貨公司

都營大江戶線

都庁前駅

京王廣場大飯店

小田急百貨公司

新
S

東京都庁
展望室

YAMADA Denki LABI
新宿西口館(電器零售)

新

新宿JR九州
Blossom飯店

小田急世紀南悦酒店

新宿華盛頓飯店
本館

新宿燦路都廣場大飯店

京王PRESSO INN
新宿飯店

京王新線

京王線

南新宿駅

小田急小田原線

二郎拉麵新宿歌舞伎町店

OHO影城

新宿酒店

壹番屋

 機器人餐廳ロボットレストラン

枝町店　　　　　花園神社

新宿區役所前
膠囊旅館

Isetan伊勢丹
百貨公司

a
店

新宿三丁目駅

都營新宿線

東京地鐵副都心線

Man
心
站

豪華膠囊旅館
安心之宿新宿站前店

東京地鐵丸之內線

司

東京地鐵副都心線

新宿御苑

代々木駅

新宿是東京的行政及文化中心，匯集百貨公司、大型購物中心、商辦高樓及飯店林立，每次來到東京自助旅行，想到第一個購物地點就是新宿東口，這裡許多各式各樣的電器、藥妝、時尚服飾、紀念品、生活用品、雜貨等，日本三大連鎖電器 Bic Camera、YODOBASHI、LABI 的商場可買到新型款式的電器用品，包括多功能電磁爐、吹風機、吸塵器、空氣清淨器、3C 產品 (筆記型電腦、手機及平板) 等，唐吉訶德驚安的殿堂有許多人氣商品應有盡有，包括各式家電、藥妝、嬰兒用品及玩具、3C 產品、生活雜貨、日本零食、酒類飲料等。新宿地區的連鎖藥妝店鋪林立，包括松本清 (薬 マツモトキヨシ)、大國藥妝、サンドラッグ (Sun Drug)、OS ドラッグ (OS Drug) 等，因新宿地區的藥妝店營業時間較晚，所以購物的時間比較彈性。

東京新宿地區的美食種類非常多元，可選擇前往百貨公司美食地下街、購物商場美食街、歌舞伎町、思い出橫丁居酒屋街等地用餐，美食種類包括日式料理 (蕎麥麵、天婦羅、拉麵、海鮮丼、壽司、居酒屋、日式燒烤等)、特色酒館、異國洋食料理 (漢堡、義大利麵、法式等)、下午茶甜點等應有盡有。新宿黃金街歌舞伎町以紅燈區夜生活聞名，但一般國際旅客大多來此購物及享用美食，走進歌舞伎町一丁目，可望見一棟 TOHO CINEMAS(電影院及娛樂商場) & HOTEL GRACERT 的建築物，飯店最高處可看見恐龍哥吉拉的頭 (Godzilla Head)。位於新宿西口的思い出橫丁居酒街保有日本復古昭和時代的風格，居酒屋及攤位店鋪約 80 間，美食的種類以拉麵、生啤酒及小菜、火烤串燒、壽司等為主。

▲ 新宿歌舞伎町一番街入口

新宿地區交通資訊

- 搭乘 JR 山手線的交通資訊如下：

搭乘 JR 山手線	車程時間	車資
池袋駅 (新宿 / 澀谷方向內環線 6 號月台) 至新宿駅	約 9 分鐘	約 170 円
上野駅 (池袋 / 新宿方向內環線 2 號月台) 至新宿駅	約 26 分鐘	約 210 円
澀谷駅 (新宿 / 池袋方向外環線 1 號月台至新宿駅	約 8 分鐘	約 170 円

- 從 JR 澀谷駅可搭乘 JR 埼京線 3 號月台或湘南新宿線快速列車 3 號月台至 JR 新宿駅，車程時間約 6 分鐘 (車資約 170 円)。
- 從澀谷駅可搭乘東京地鐵副都心線至新宿三丁目駅，車程時間約 7 分鐘 (車資約 180 円)。
- 從池袋駅可搭乘東京地鐵副都心線至新宿三丁目駅，車程時間約 9 分鐘 (車資約 180 円)。
- 從東京駅可搭乘東京地鐵丸之內線至新宿駅，車程時間約 19 分鐘 (車資約 210 円)。
- 從 JR 東京駅可搭乘中央線快速列車至 JR 新宿駅，車程時間約 15 分鐘 (車資約 210 円)。

- 從 JR 秋葉原駅或 JR 上野駅可搭乘 JR 京濱東北線 / 山手線至 JR 神田駅，再轉乘 JR 中央線快速列車至 JR 新宿駅，車程及步行時間約 22 分鐘 (車資約 210 円)。
- 從上野駅可搭乘東京地鐵銀座線至赤坂見附駅，再轉乘東京地鐵丸之內線至新宿駅，車程時間約 30 分鐘 (車資約 260 円)。
- 從淺草駅可搭乘都營地鐵淺草線至東日本橋駅，步行地下聯絡道路至馬喰橫山駅，再搭乘都營地鐵新宿線至新宿駅，車程及步行時間約 30 分鐘 (車資約 280 円)。

📷 東京都廳展望台

　　若想免費欣賞東京都市區的白天及夜晚美景，第一個會想到的地點就是新宿東京都廳展望台（東京都庁舍），東京都廳這座高樓大廈高度約243公尺，分為南棟（南展望台）和北棟（北展望台），展望台（高度約202公尺）皆於45樓，可眺望整個東京市區高樓大廈的景色，展望台天氣能見度好的話，可遠望明治神宮、新宿御苑、代代木公園、晴空塔、東京鐵塔、東京巨蛋、富士山等景點。展望台有設置紀念品及咖啡店鋪，提供遊客休憩及購買紀念商品。1樓大廳有設置郵局、東京觀光情報中心，可提供遊客免費領取東京各地的旅遊資料，還可諮詢服務人員相關東京旅遊資訊。

注意事項

* 進入電梯之前，保安人員會安全檢查隨身物品，禁帶危險物品。
* 禁止使用三腳架。
* 不能飲食。

▲ 東京都廳展望台大樓外觀

▼ 東京市區高樓大廈的景色

🏠 東京都新宿區西新宿 2-8-1　📞 03-5320-7890　🕐 北展望台 09:30～22:00；南展望台開放 09:30～22:00，最後入場時間為閉館前 30 分鐘，南展望台及北展望台公休日以官方網站公告為主　🚇 從 JR 新宿駅西口可經地下聯絡道（往東京都廳或京王飯店方向）步行約 13 分鐘抵達；搭乘都營大江戶線至都廳前駅 A4 出口即可抵達　💲 免費　💬 適合親子旅遊，建議待 1 小時遊玩　🗺 參閱地圖 P.210

@ 東京都廳展望台

新宿御苑

深受東京民眾喜愛的國民公園新宿御苑位於新宿駅與明治神宮外苑之間，面積約 58 公頃，於江戶幕府時代曾是內藤清成 (大名) 的宅邸，新宿御苑有 3 個入口處，分別為新宿門、大木戶門及千駄谷門，園區內可欣賞三大風格的庭園，分別為法式幾何庭園、英國草坪庭園及日本庭園 (屬於池泉迴遊式庭園)，除此之外，園區的範圍還包括舊御涼亭 (台灣閣)、舊洋館御休所、芝生廣場、植物室內溫室、下之池等。

新宿御苑也是櫻花名所 100 選之一，每年四季可欣賞各式各樣的花卉，包括 2 月可欣賞梅花、山茶花等；3 月底至 4 月中旬可欣賞染井吉野櫻、八重櫻等；5 月可欣賞玫瑰、杜鵑；6 月可欣賞繡球花、荷花玉蘭等；11 月底至 12 月

▲ 新宿御苑日本庭園景觀

中旬可欣賞楓紅。漫步於新宿御苑可令人心情愉悅，公園的草坪很乾淨，非常適合小朋友嬉戲玩耍，可很放鬆地平躺在草地上休息，或選擇樹蔭底下席地而坐野餐。

東京都新宿區內藤町 11　03-3350-0151　09:00 ～ 18:00，09:00 ～ 19:30(7/1 至 8/20)；09:00 ～ 16:30(10/1 至隔年 3/14)，最後入園時間為閉園前 30 分鐘，公休日為每週一，若遇國定假日則改為翌日，元旦假期 12/29 至 1/3　搭乘 JR 電鐵、京王電鐵、小田急電鐵至新宿駅南口，沿甲州街道步行約 10 分鐘抵達新宿門；搭乘東京地鐵副都心線至新宿三丁目駅 E5 出口處，或都營地鐵新宿線至新宿三丁目駅 C1 及 C5 出口處，步行約 5 分鐘抵達新宿門；搭乘西武新宿線至西武新宿駅步行約 15 分鐘抵達新宿門；東京地鐵丸之內線至新宿御苑前駅 1 號出口，步行約 5 分鐘抵達新宿門；搭乘 JR 總武線至千駄谷駅，步行約 5 分鐘至千駄谷門；搭乘都營地鐵大江戶線至國立競技場駅 A5 出口，步行約 5 分鐘至千駄谷門；搭乘東京地鐵丸之內線至新宿御苑前駅 2 號出口，步行約 5 分鐘至大木戶門　成人 (15 歲以上)500 円，初中生、小學生 (6 ～ 15 歲)250 円，幼兒 (5 歲以下) 免費　適合親子旅遊，建議待 2 ～ 3 小時遊玩　參閱地圖 P.211

@ 新宿御苑

Sarabeth's

於西元 1981 年 Sarabeth 在紐約曼哈頓上西城創立第一家店，獨特的口味與融合紐約飲食文化深受當地民眾的喜歡，經典美式餐點也漸漸吸引世界各國愛好美食者，曾被著名雜誌評鑑為紐約甜食餐廳第一品牌等評價，而 Sarabeth's 也被紐約雜誌稱讚為紐約早餐女王 (Breakfast Queen of New York)。Sarabeth's 店內經典的餐點包括香蕉磅蛋糕、燕麥嚼醒、煙燻鮭魚班尼迪克蛋、草莓法式吐司、皇家榛果巧克力法式吐司、佬墨輕辣蛋捲、紐約經典酪奶煎、果園檸檬芝士煎餅、奶油番茄濃湯、花樣果露等。除了新宿分店之外，也可選擇前往東京分店及品川分店享用健康與豐盛的餐點。

▲ 草莓法式吐司

東京都新宿區新宿 3-38 － 2 ルミネ新宿店 ルミネ 2 2F (サラベス ルミネ新宿店)　03-5357-7535　09:00 ～ 21:00　從 JR 新宿駅南口步行約 1 分鐘抵達 (新宿 LUMINE2 2F)　每人平均消費 1,300 円～ 2,500 円　參閱地圖 P.210

@ Sarabeth's

🍴 coco 壹番屋

創立於 1978 年的咖哩連鎖專賣店 CoCo 壹番屋，全球連鎖店設立已達到 1400 家以上，創始夫婦在日本經營咖啡館時，以販售平價咖哩飯為主，當時所提供的咖哩飯以飯量、辣度、配菜等方式自由地搭配選擇，也可選擇咖哩飯外帶。日本咖哩口味較為甘甜，咖哩製作過程中會使用大量的蔬菜熬煮成為湯底，還會加入少許蜂蜜、水果等食材，可讓口味充滿多樣式的變化，CoCo 壹番屋的咖哩料理種類很多，包括野菜類的咖哩

飯、肉類的咖哩 (包括豬肉、牛肉、雞肉、香腸、肉排等)、海鮮類的咖哩 (包括炸魚、炸蝦、魷魚、蝦子等)、蛋包咖哩等，野菜類的咖哩包括菠菜咖哩、茄子咖哩、蔬菜咖哩、蔬菜辣咖哩等可提供素食 (方便素) 的旅客選擇。

▲ 咖哩豬排飯外觀

▲ coco 壹番屋歌舞伎町店

🏠 東京都新宿區歌舞伎町 1-18-10 吉川ビル 1 F 📞 03-5155-7098 ⏰ 24 小時營業 🚉 從 JR 新宿駅東口廣場步行約 5 分鐘抵達；西武新宿駅正面口步行約 2 分鐘抵達 💲 咖哩飯 591 円起 🗺 參閱地圖 P.210

@ coco 壹番屋

🍴 二郎拉麵

喜歡滿滿的蒜味叉燒拉麵的人，可以嘗試一下二郎拉麵 (ラーメン二郎)，店鋪的菜單很單純，僅有叉燒拉麵或叉燒沾麵可以選擇，再來是選擇拉麵的分量，分別為普通、大碗、特大碗三種，店員還會詢問麵條可選擇較硬或較軟，野菜 (豆芽菜) 及大蒜是否要多一些，以及是否需要特製辛辣的醬油等，工作人員端上拉麵時，可看見滿滿積如山的豆芽菜，濃郁的醬油湯頭，蒜味香氣逼人，拉麵吃起來很有飽足感，非常過癮。每到中午及晚餐時間，二郎拉麵店鋪門口總是排滿人潮，建議在非用餐尖峰時間前來才不會花太

多時間排隊，除了新宿歌舞伎町有二郎拉麵之外，JR 池袋駅東口附近也有一間分店，營業時間為 11:00 ～ 23:00(每週一公休)。

◀ 叉燒拉麵

🏠 東京都新宿區歌舞伎町 2-37-5 (日新ビル 1F) 📞 03-3205-1726 ⏰ 11:30 ～隔天 02:30，每週三公休 🚉 從 JR 新宿駅東口廣場步行約 8 分鐘抵達；西武新宿駅北口步行約 4 分鐘抵達 💲 拉麵 850 円起 🗺 參閱地圖 P.211

@ 二郎拉麵

🍴 HARBS

　於 1981 年 HARBS 成立至今，已在日本關東、關西、名古屋等地區約有 30 間分店。HARBS 千層蛋糕是甜點控的最愛，尤其是招牌鮮奶油水果千層蛋糕，位於新宿駅東口 LUMINE EST 百貨 B2F 有一間 HARBS，很適合一群好姐妹在新宿購物血拼後，休憩聊天及下午茶的好地方，不管是要外帶或店內用餐，都需要花些時間排隊，若在店鋪用餐的話，店內有規定每人最低消費至少一杯飲料，菜單除了有各式千層蛋糕之外，也提供咖啡、茶、義大利麵及三明治等餐食。

🔍 東京都新宿區新宿 3-38-1 ルミネエスト 新宿 B2F 📞 03-5366-1538 🕐 11:00 ～ 20:00(最後點餐時間 19:00) 🚃 JR 新宿駅 (中央東口改札、東口改札) 步行約 2 分鐘抵達 💲 蛋糕 830 円起 🗺 參閱地圖 P.210

@ HARBS

▲ 鮮奶油水果千層蛋糕外觀

🚃 バスタ新宿

　位於東京都澀谷區新宿駅南口バスタ新宿 (Busta 新宿)，是日本最大的客運總站，也是新宿南口交通總站，バスタ新宿於 2016 年 4 月 4 日啟用至今，可提供遊客搭乘高速巴士 (長途巴士) 至日本各縣城市及觀光景點。搭乘 JR 電鐵至新宿駅的遊客，任何月台都有指標牌標示往南口、新南改札、甲州街道改札方向，皆可沿著 JR 電鐵月台步行至バスタ新宿大樓，售票服務台及巴士出發乘車處皆位於 4 樓，若有空餘等待巴士發車時間，可考慮前往高島屋百貨公司及 NEWOMAN 購物中心逛逛。

▲ 新宿駅南口、甲州街入口

- 搭乘巴士交通資訊如下：

乘車處 (番號)	巴士營運公司	出發前往目的地
A1	東京空港交通 (利木津巴士)、茨城交通	成田空港、羽田空港、常陸太田

▲ バスタ新宿 2 樓路線資訊指示

▲ バスタ新宿 4 樓高速巴士出發乘車處

▲ JR 新宿南口交通總站

東京都澀谷區千駄ヶ谷 5-24 55　　諮詢服務台 07:00~23:00，售票服務台 04:10~23:45，高速巴士休息室 03:30 ～ 25:30　　搭乘小田急線至新宿駅 (南口改札) 步行約 4 分鐘抵達；搭乘京王線至新宿駅，往京王百貨店口改札步行約 5 分鐘抵達；搭乘都營新宿線至新宿駅，往京王新線口改札 2 號出口步行約 5 分鐘抵達；搭乘都營大江戶線至新宿駅，往京王新線口改札 2 號出口步行約 5 分鐘抵達；搭乘東京地鐵副都心線至新宿三丁目駅，往新宿三丁目交叉點方面改札 E10 出口步行約 8 分鐘抵達；搭乘東京地鐵丸之內線至新宿三丁目駅，往伊勢丹方面改札 E10 出口步行約 10 分鐘抵達，JR 新宿駅新南改札聯絡通道步行約 2 分鐘抵達　　依前往地點而定　　參閱地圖 P.210

@ バスタ
新宿

代表型男、辣妹、成人時尚的流行風潮位於東京澀谷，是東京都市中心西南方重要的交通樞紐，澀谷駅鐵路匯集 JR 電鐵包括山手線、埼京線、湘南新宿線、N'EX 成田特快（成田空港線），JR 澀谷駅月台位於 2 樓，前往ハチ公改札及南改札方向請至 1 樓出口，前往玉川改札方向與月台同層 2 樓出口，前往中央改札、新南改札方向請至 3 樓出口。東京地鐵包括銀座線、副都心線、半藏門線，京王電鐵包括京王井之頭線、東急電鐵包括東橫線及田園都市線。

澀谷主要的熱鬧商圈附近包括 JR 澀谷駅紅綠燈前十字路口、澀谷一丁目至四丁目，以及道玄坂、宇田川町、神南、櫻丘町等街道，地標以忠犬八公銅像（ハチ公前広場）為中心，周邊有許多的時尚流行服飾總是吸引很多日本年輕人前去朝聖，百貨及各式店鋪有許多大家喜愛平價品牌的服飾、鞋子、包包、生活小物及美食，包括 SHIBUYA SCRAMBLE SQUARE、SHIBUYA 109、PARCO、OIOI 丸井、東急 Plaza、西武、澀谷 Mark City、澀谷 Hikarie、QFRONT、Forever 21、UNIQLO、Loft、BicCamera、GAP，H&M、ZARA、無印良品、ABC MART、驚安的殿堂（唐吉訶德）、藥妝店、Disney Store、大創 Daiso、Can Do、APLLE 專賣店等。若從地鐵及私鐵前往熱鬧商圈購物血拼的話，可選擇 3、3a(鄰近道玄坂、SHIBUYA 109)、4、5、6、7、7a(鄰近紅綠燈前十字路口)、8(鄰近忠犬八公銅像)、10(鄰近 Bic Camera)、11、13、13a(鄰近宮益坂) 等出口處。

JR 澀谷駅西口與澀谷東急廣場之間的巴士乘車處有小型八公巴士，可提供遊客搭乘旅行，巴士有四條循環路線前往惠比壽、代官山、神宮前、千駄谷、原宿、表參道等景點，成人及兒童票價均為 100 円。

▲ 澀谷十字交叉路口

 澀谷交通資訊

- 搭乘 JR 山手線的交通資訊如下：

JR 山手路線	車程時間	車資
新宿駅 (品川 / 澀谷方向內環線 14 號月台) 至澀谷駅	約 7 分鐘	約 170 円
池袋駅 (新宿 / 澀谷方向內環線 6 號月台) 至澀谷駅	約 16 分鐘	約 180 円
上野駅 (池袋 / 新宿方向內環線 2 號月台) 至澀谷駅	約 33 分鐘	約 210 円
東京駅 (澀谷 / 新宿方向外環線 5 號月台) 至澀谷駅	約 26 分鐘	約 210 円

- 從池袋駅搭乘東京地鐵副都心線至澀谷駅，車程時間約 17 分鐘 (車資約 210 円) 抵達。
- 從 JR 池袋駅搭乘 JR 埼京線快速列車至 JR 澀谷駅，車程時間約 11 分鐘 (車資約 180 円) 抵達。
- 從上野駅可搭乘東京地鐵銀座線至澀谷駅，車程時間約 30 分鐘 (車資約 210 円) 抵達。
- 從淺草駅可搭乘東京地鐵銀座線至澀谷駅，車程時間約 35 分鐘 (車資約 260 円) 抵達。
- 從新宿駅可搭乘東京地鐵丸之線至新宿三丁目駅，再轉乘東京地鐵副都心線至澀谷駅，車程及步行時間約 12 分鐘 (車資約 180 円) 抵達。
- 從東京駅搭乘東京地鐵丸之內線至赤坂見附駅，再轉乘東京地鐵銀座線至澀谷駅，車程及步行時間約 20 分鐘 (車資約 210 円) 抵達。

 澀谷

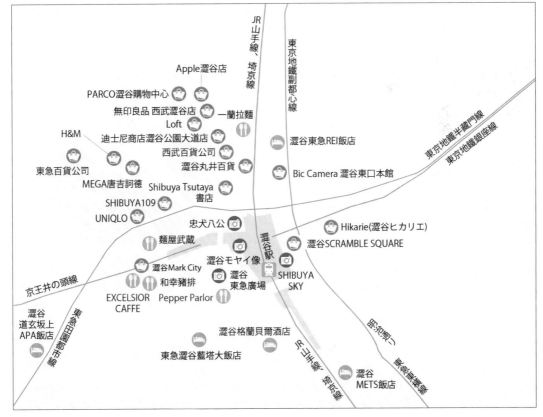

📷 澀谷 SKY 展望台

於 2019 年 11 月 1 日開幕的購物商城 SHIBUYA SCRAMBLE SQUARE(渋谷スクランブルスクエア)，是一棟複合式商場，包括商業辦公設施及產業交流設施，知名店鋪聚集約 200 家，其中包括鍋物、中華料理、化妝品、服飾、生活用品等，目前是澀谷地區的新地標，以及是最高的展望台，高度約 229 公尺。想前往展望台一覽 360 度東京澀谷街景的話，須先前往 14 樓售票處購買門票，澀谷 SKY 有 3 個區域構成，分別為 14 層至 45 層的銀河空間 SKY GATE、46 層的室內展望迴廊 SKY GALLERY、以及露天室外展望空間 SKY STAGE，其中 SKY STAGE 有一個區域名為天空邊緣（SKY EDGE）可無死角眺望全景包括澀谷十字交叉路口、東京鐵塔等，GEO COMPASS 區域是澀谷展望台的最高點，在此可以一覽 360 度全景，能見度好的時候還可清楚看見晴空塔及富士山景，CLOUD HAMMOCK 空間能讓人橫躺在網子上休憩及仰望天空，夜晚的時候，還可看到 18 盞探照燈 CROSSING LIGHT 射向天空，非常美麗。

46 樓的室內展望迴廊 SKY GALLERY 有設置咖啡廳及酒吧，當享受餐點的時候可從大面窗戶遠望東京市區的景色。

▲ 天空邊緣眺望東京市區的景色

🏠 東京都澀谷區澀谷 2-24-12 (最上階 スクランブルスクエア) 📞 03-4221-0229 🕐 10:00 ～ 22:30(最後入場時間 21:20) 🚇 澀谷駅東口 (JR、地鐵、私鐵)，車站直通且電梯直達 💲 預售票大人 (18 歲以上)2,200 円、國高中生 1,700 円；當日票大人 (18 歲以上)2,500 円、國高中生 2,000 円、小學生 1,200 円、孩童 (3 ～ 5 歲)700 円 🗺 參閱地圖 P.219

@ 澀谷 SKY 展望台

🍴 和幸豬排

以炸豬排料理為名的和幸豬排，具有獨特的料理及製作方法，深受大家的喜愛，和幸的招牌餐點包括里肌肉及腰內肉炸豬排，里肌肉 (大里肌) 於豬隻背脊中央，特色是脂肪含量低、肉質較有彈勁，肉味較淡；腰內肉 (小里肌) 是背脊骨下面與大排骨相連的瘦肉，肉質比較嫩，都很適合以油炸的方式來料理烹煮，再沾

炸豬排套餐 ▶

點獨特的豬排醬汁，吃起來皆非常可口美味。除了炸豬排之外，炸蝦、炸天婦羅、青紫蘇炸雞胸肉排及起士炸豬肉餅等，點選套餐類會附白飯、味噌湯、醃漬小菜。

🏠 東京都澀谷區道玄坂 1-12-5(澀谷 MARK CITY WEST 4 樓) 📞 03-5457-1199 🕐 11:00 ～ 22:00(最後點餐時間 21:00)，元旦及 MARK CITY 公告之公休日 🚇 京王井之頭線澀谷駅可抵達澀谷 MARK CITY EAST MALL 2F 及 4F；搭乘 JR (山手線、埼京線、湘南新宿線)、東京地鐵 (銀座線、半藏門線、副都心線)、東急東橫線、田園都市線至澀谷駅，往京王井之頭線及澀谷 Mark City 方向步行約 3 ～ 5 分鐘抵達 💲 1,200 円～ 2,500 円 🗺 參閱地圖 P.219

@ 和幸豬排

澀谷 Mark City

　　位於澀谷東急百貨旁的澀谷 Mark City，是屬於京王電鐵與商業共構的複合式大樓，建築匯集電鐵京王井之頭線、高速巴士總站、餐廳、飯店 (SHIBUYA EXCEL HOTEL TOKYU ／渋谷エクセルホテル東急)、商用辦公室、購物商場等，例如 1 樓有生活用品店 Flying Tiger Copenhagen、2 樓有各式生活用品及雜貨店鋪、3 樓有人行聯絡道可通往 JR、東京地鐵、東急東橫線及田園都市線等電鐵、4 樓有和幸豬排、法國麵包店鋪的 JEAN FRANCOIS、專賣烏龍麵及蕎麥麵簡餐店鋪的美美卯、洋式輕食甜點的 EXCELSIOR CAFFE、啤酒居酒屋餐廳的銀座 LION 等，還有超人氣壽司美登利，用餐時須先抽取號碼牌，不管何時排隊的人潮非常多，需要等待 1 ～ 2 小時

▼ 澀谷 Mark City 出入口外觀

才可進入店內用餐，5 樓還有設置長途巴士及高速巴士澀谷總站。

@澀谷
Mark City

東京都澀谷區道玄坂 1-12-1(SHIBUYA MARK CITY 渋谷マークシティ) 📞 03-3780-6503 ⏰ 09:30 ～ 18:00，商店 10:00 ～ 21:00，餐廳 11:00 ～ 23:00(營業時間依店家而異) 🚃 京王井之頭線澀谷駅可抵達澀谷 MARK CITY EAST MALL 2F 及 4F；搭乘 JR(山手線、埼京線、湘南新宿線)、東京地鐵 (銀座線、半藏門線、副都心線)、東急東橫線、田園都市線至澀谷駅，往京王井之頭線及澀谷 Mark City 方向步行約 3 ～ 5 分鐘抵達；利木津巴士及高速巴士乘車處為 91、92 💲 依店鋪而異 🗺 參閱地圖 P.219

EXCELSIOR CAFFE

　　日本知名連鎖平價咖啡及輕食專賣店 EXCELSIOR CAFFE，從早上開始營業，有提供上班族及民眾組合式的早餐，店內有寬敞空間及舒適的用餐環境，假如住宿的飯店沒有提供早餐或未購買早餐的話，可考慮前往 EXCELSIOR CAFFE。店內供餐的方式是於櫃檯點餐，自行等候或取叫號 (震動) 機取餐，餐點的選擇包括烤麵包、可頌麵包、吐司切片、貝果、鬆餅、三明治、蛋糕、咖啡拿鐵、熱可可、果汁飲品、生菜沙拉等，有時候遇到店鋪特價優惠的時候，吸引不少旅客前來消費，依店內所提供的輕食麵包＋

▼ EXCELSIOR CAFFE 店鋪外觀

咖啡價格優惠。EXCELSIOR CAFFE 中午至晚上還有提供輕食簡餐、下午茶等餐點供顧客享用。

@ EXCELSIOR
CAFFE

東京都澀谷區道玄坂 1-12-5 (渋谷マークシティ ウエスト 4 Ｆ) 📞 03-5428-5460 ⏰ 06:50 ～ 22:30 🚃 京王井之頭線澀谷駅可抵達澀谷 MARK CITY EAST MALL 2F 及 4F；搭乘 JR(山手線、埼京線、湘南新宿線)、東京地鐵 (銀座線、半藏門線、副都心線)、東急東橫線、田園都市線至澀谷駅，往京王井之頭線及澀谷 Mark City 方向步行約 3 ～ 5 分鐘抵達 💲 480 円起 🗺 參閱地圖 P.219

迪士尼澀谷店

喜歡迪士尼角色的旅客來到澀谷購物的時候，大多人都會前往迪士尼澀谷商店 (Disney Store Shibuya) 血拼商品，店鋪外觀是座美麗的城堡，非常的夢幻，喜歡外拍的遊客都會在門口外排隊照相，迪士尼澀谷商店的建築有四層樓，可購買商品包括米奇、米妮、唐老鴨及維尼熊等角色的服飾、吊飾、娃娃、背包、雨傘、馬克杯、鞋子等，店內商品有提供免稅的服務。假如往後

幾天計畫要前往迪士尼樂園遊玩的話，3 樓的櫃檯可直接購買迪士尼樂園及海洋的門票 (遊樂園的票券為非免稅項目)。

東京都澀谷區宇田川町 20-15 (澀谷公園大道店) 📞 03-3461-3932 🕙 10:00-21:30(3F 售票處營業到 21:00) 🚃 澀谷駅 7 號出口步行約 5 分鐘抵達；JR 澀谷駅ハチ公改札往神宮通り、澀谷 TSUTAYA 方向步行約 6 分鐘抵達 💲 商品依店鋪而異 🗺 參閱地圖 P.219

@ 迪士尼澀谷店

▲ 夜晚迪士尼澀谷店外觀

Pepper PARLOR

東京澀谷 FUKURAS 是澀谷駅西口的新旅遊地標，尤其是澀谷東急 PLAZA 廣場 2 ～ 8 樓是提供遊客血拼購物的好去處，店鋪種類包括服飾、化妝品、飾品、生活居家用品等，17 樓及 18 樓設有空中庭園 SHIBU NIWA(咖啡廳、餐廳及酒吧)。Pepper PARLOR 機器人咖啡廳位於 5 樓，可看到各種各樣的 AI 機器人與服務人員一起工作，機器人的種類分為 Pepper、NAO 及 Whiz，Pepper 機器人幫忙招待及點餐等服務，NAO 機器人負責與顧客互動及表演舞蹈，Whiz 機器人運用自動駕駛技術負責清潔，整體用餐的環境，感覺就好像在寧靜的綠色森林裡，咖啡廳菜單提供多樣的精選美食，包括鬆餅、綠茶、咖啡、天然水果汁、餅乾、凱撒沙拉、香草沙拉、胡蘿蔔油菜籽、松露薯條、沙丁魚果醬、啤酒、雞尾酒和葡萄酒等。

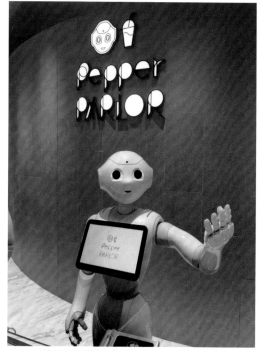

▲ Pepper 機器人幫忙招待及點餐服務

東京都澀谷區道玄坂 1-2-3 東急プラザ渋谷 5 階 📞 03-5422-3988 🕙 11:00 ～ 23:00(最後點餐時間 22:00) 🚃 搭乘 JR 山手線、埼京線、湘南新宿線至 JR 澀谷駅南改札西口步行約 1 分鐘抵達；搭乘東急東橫線、田園都市線、京王井の頭線、東京地鐵半藏門線、銀座線、副都心線至澀谷駅步行約 3 分鐘抵達 💲 平均消費 5,000 円 🗺 參閱地圖 P.219

@ Pepper PARLOR

位於澀谷南邊中目黑與代官山之間的惠比壽，鐵路車站匯集 JR 山手線、湘南新宿線、埼京線及東京地鐵日比谷線，大眾交通非常便利，從澀谷、代官山、中目黑等地區皆可直接步行至惠比壽。車站巷弄附近有許多時尚服飾店、atre 購物中心、咖啡廳、惠比壽橫丁、平價酒吧、居酒屋及餐廳，惠比壽橫丁的店家約 20 間，街道內保有昭和復古風格，還可見到「壽」字的紅燈籠，每到夜晚下班時間可見到成群的上班族來此喝酒聊天。惠比壽橫丁的特色除了巷弄街道很窄小之外，店鋪內的用餐空間也不大，店家販賣的美食種類包括串燒、關東煮、鐵板燒、燒肉、壽司、炸物等。

▲ 惠比壽花園廣場

🚄 惠比壽交通資訊

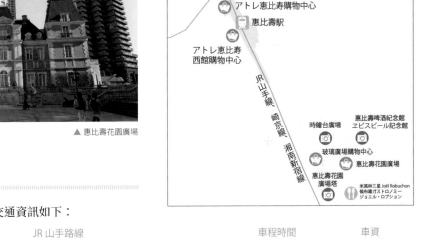

- 搭乘 JR 山手線的交通資訊如下：

JR 山手路線	車程時間	車資
上野駅 (東京 / 品川方向外環線 3 號月台) 至惠比壽駅	約 32 分鐘	約 210 円
東京駅 (澀谷 / 新宿方向外環線 5 號月台) 至惠比壽駅	約 23 分鐘	約 210 円
澀谷駅 (品川 / 東京方向內環線 2 號月台) 至惠比壽駅	約 2 分鐘	約 150 円
新宿駅 (品川 / 澀谷方向內環線 14 號月台或埼京線快速列車、湘南新宿線) 至惠比壽駅	約 9 分鐘	約 170 円
池袋駅 (新宿 / 澀谷方向內環線 6 號月台) 至惠比壽駅	約 18 分鐘	約 180 円

- 從 JR 池袋駅可搭乘 JR 埼京線速列車 1 號月台至惠比壽駅，車程時間約 13 分鐘 (車資約 180 円) 抵達。
- 從上野駅可搭乘東京地鐵日比谷線至惠比壽駅，車程時間約 32 分鐘 (車資約 260 円)。
- 從淺草駅可搭乘東京地鐵銀座線至銀座駅，再轉乘東京地鐵日比谷線至惠比壽駅，車程及步行時間約 37 分鐘 (車資約 260 円)，從 1 號出口至惠比壽花園廣場。
- 從東京駅搭乘東京地鐵丸之內線至霞ヶ關駅，再轉乘東京地鐵日比谷線至惠比壽駅，車程及步行時間約 20 分鐘 (車資約 210 円)。

📷 惠比壽花園廣場

　　距離 JR 惠比壽駅東口步行約 5 分鐘的惠比壽花園廣場 (Yebisu Garden Place)，早期 1890 年是惠比壽啤酒釀造場所，而現代已將啤酒工廠遺址打造為歐風建築的花園廣場，據說花園廣場也是情侶約會的聖地，周圍附近設施包括惠比壽花園廣場大廈 (惠比寿ガーデンプレイスタワー)、三越百貨、購物中心、惠比壽啤酒紀念館、玻璃廣場 (GLASS SQUARE)、米其林三星城堡法式餐廳 (Joël Robuchon)、商業辦公大樓、飯店、美術館等。惠比壽啤酒紀念館內有提供導覽惠比壽啤酒的百年歷史，若想在館內用餐或暢飲啤酒的話，須至販賣機購買代幣，一杯啤酒日幣 400 元起，店鋪還可購買玻璃杯、惠比壽手帕、服飾等各式紀念商品，營業時間為 11:00 ～ 19:00(最晚入館時間為 18:30)。惠比壽花園廣場是日本國土交通省選入都市景觀 100 選之一，廣場會不定期地舉辦各式戶外生活市集活動，每年 11 月初至 12 月 25 日期間會舉辦聖誕樹點燈活動 (イルミネーション・クリスマスツリー)，點燈時間為 16:00 ～ 24:00，廣場會讓你感覺置身於電影般的冬季聖誕情景；11 月初至隔年 1 月中旬廣場會舉辦惠比壽花園廣場冬季點燈活動，可欣賞閃閃發亮，華麗且美到令人嘆為觀止的大型水晶燈飾。

▲ 聖誕樹大道夜景

🏠 東京都澀谷區惠比壽 4-20 📞 03-5423-7111 🕐 07:00 ～ 00:00 🚃 從 JR 惠比壽駅東口往右側方向步行約 5 分鐘抵達；從東京地鐵日比谷線惠比壽駅 1 號出口，前往正面 atre 購物中心的手扶梯至 3 樓步行約 8 分鐘抵達 💲 免費 🗺 參閱地圖 P.223

@ 惠比壽花園廣場

📷 惠比壽花園廣場展望台

　　位於惠比壽花園廣場塔內設置 39 樓的展望台 (11:00 電梯直達)，此大樓屬於綜合性商用大廈，有提供遊客購物、餐廳飲食 (38、39 樓皆有景觀餐廳)、商業辦公及住宿等，也是惠比壽商圈的地標建築。展望台可一覽東京惠比壽及新宿地區的高樓群景觀，若能見度好的話，可眺望到東京鐵塔、台場彩虹橋及東京海灣等美景。

▲ 眺望東京惠比壽的高樓群景觀

🏠 東京都澀谷區惠比壽 4-20 (ガーデンプレイスタワー 38 F、39F) 📞 03-5423-7111 🕐 11:00 ～ 00:00，餐廳中午 11:30 ～ 15:00(最後點餐時間 14:30)；晚餐 17:30 ～ 23:00(最後點餐時間 22:30) 🚃 從 JR 惠比壽駅東口往右側方向步行約 5 分鐘抵達；從東京地鐵日比谷線惠比壽駅 1 號出口，前往正面 atre 購物中心的手扶梯至 3 樓步行約 8 分鐘抵達 💲 免費 🗺 參閱地圖 P.223

@ 惠比壽花園廣場

▲ 啤酒車站餐廳外觀

▲ 黑啤酒

🍽️ YEBISU BAR STAND

惠比壽啤酒使用麥芽製成，想暢飲啤酒的遊客，可選擇前往參觀惠比壽啤酒記念館 (ヱビスビール記念館)，或者前往記念館旁的啤酒車站惠比壽 (ビヤステーション) 餐廳，餐廳內部裝飾，令人有種回到復古歷史的感覺。餐廳的菜單包括凱撒沙拉、披薩式玉米餅、番茄沙拉、德國馬鈴薯等，肉類料理包括烤羊排、豬肉排、牛肉漢堡、鹽烤雞腿肉等，套餐種類包括馬鈴薯牛肉燉飯、石垣意粉溫泉雞蛋套餐等，啤酒種類包括惠比壽啤酒、琥珀啤酒、黑啤酒等，啤酒是麥芽製成，口感清涼濃厚，

琥珀啤酒原料除了麥芽之外，另外再加入水晶麥芽加高溫製作，啤酒的顏色偏紅較深。

🔍 東京都澀谷區惠比壽 4-20-5 (惠比壽花園廣場入口館大樓 1 樓) 📞 03-4400-5165 🕐 11:30 ～ 23:00(最後點餐時間 22:30)，週六、週日及國定假日 11:30 ～ 22:00(最後點餐時間 21:30) 🚃 從 JR 惠比壽駅東口步行約 5 分鐘抵達；從東京地鐵日比谷線惠比壽駅 1 號出口，前往正面 atre 購物中心的手扶梯至 3 樓步行約 8 分鐘抵達 💲 每人約 1,000 ～ 2,500 円 🗺️ 參閱地圖 P.223

@ YEBISU BAR STAND

🍽️ 阿夫利柚子鹽拉麵

起源於神奈川縣丹澤山群的東方有一座阿夫利山，拉麵的湯頭使用阿夫利山下的天然泉水所製作而成，店內食材使用日本國產雞肉、海鮮及蔬菜所熬煮的湯頭，非常爽口不油膩。阿夫利總店位於惠比壽橫丁旁，店內招牌是柚子鹽 (辣) 拉麵，麵條種類有三種選擇，分別是細麵、手揉麵、蒟蒻麵，拉麵內所搭配的雞胸肉或叉燒肉都非常美味。用餐前須先購買食券，店員會詢問湯頭的濃度 (淡麗或濃醇)，若吃沾麵的話，可選擇柚子醬、辣味及甘味三種口味。假如食量比較大，拉麵吃不飽的話，還可以將白飯加入湯頭後繼續享用。除了惠比壽店之外，在原宿竹下通、中目黑、麻布十番、六本木、新宿、橫濱等地區皆有分店。

▲ 柚子鹽叉燒拉麵

▲ 阿夫利店鋪外觀

🔍 東京都澀谷區惠比壽 1-1-7 (117 ビル 1F) 📞 03-5795-0750 🕐 11:00 ～隔天 05:00 🚃 從 JR 惠比壽駅東口步行約 3 分鐘抵達；從東京地鐵日比谷線惠比壽駅 1 號出口步行約 5 分鐘抵達 💲 拉麵 1080 円起 🗺️ 參閱地圖 P.223

@ 阿夫利柚子鹽拉麵

位於東京都豐島區的池袋交通非常發達，池袋駅匯集的鐵路範圍包括 JR 東日本的山手線、湘南新宿線（高崎線、宇都宮線）、埼京線（赤羽線），東京地鐵的丸之內線、副都心線、有樂町線，還有東武東上線及西武池袋線等路線，此地區主要發展為辦公商業中心、購物及娛樂商圈，池袋駅西口附近有東武百貨公司、LUMINE 池袋（無印良品、生活用品等）、唐吉訶德、東京藝術劇場等；池袋駅東口附近有西武百貨公司、池袋 PARCO、太陽城、無印良品、GU、UNIQLO、ABC MART 等，大家喜愛的 BIC CAMERA 電器專賣店，光是車站附近就至少開設三間分店（池袋本店、池袋西口店及池袋東口店）。

▲ UNIQLO 東池袋店

池袋駅附近的美食非常多，例如迴轉壽司、炸豬排飯、鰻魚飯、拉麵等，尤其是拉麵的選擇性非常多，包括麵創房無敵家、石神秀幸極麵、一蘭拉麵、屯京拉麵等。

🗺 **池袋**

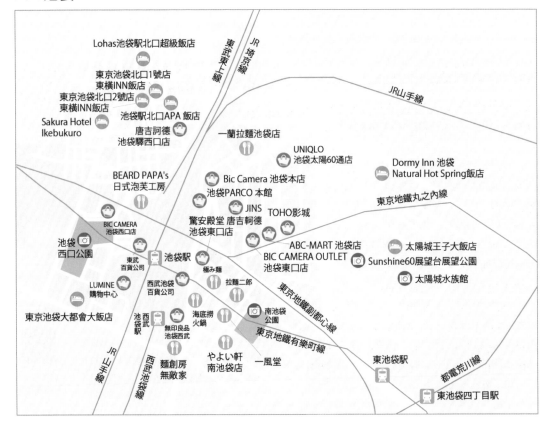

- 搭乘 JR 山手線的交通資訊如下：

JR 山手路線	車程時間	車資
新宿駅 (池袋 / 上野方向外環線 15 號月台) 至池袋駅	約 10 分鐘	約 170 円
澀谷駅 (新宿 / 池袋方向外環線 1 號月台) 至池袋駅	約 16 分鐘	約 180 円
上野駅 (池袋 / 新宿方向內環線 2 號月台) 至池袋駅	約 18 分鐘	約 180 円
東京駅 (上野 / 池袋方向內環線 4 號月台) 至池袋駅	約 26 分鐘	約 210 円
品川駅 (東京 / 上野方向內環線 1 號月台) 至池袋駅	約 37 分鐘	約 280 円

- 從 JR 澀谷駅可搭乘 JR 埼京線或 JR 湘南新宿線 (第 3 號月台) 至池袋駅，車程時間約 12 分鐘 (車資約 180 円) 抵達。
- 從澀谷駅可搭乘東京地鐵副都心線 (各站停的普通電車) 至池袋駅，車程時間約 17 分鐘，搭乘東京地鐵副都心線快速急行列車至池袋駅，車程時間約 14 分鐘 (日幣約 210 円) 抵達。
- 從東京駅可搭乘東京地鐵丸之內線至池袋駅，車程時間約 16 分鐘 (日幣約 210 円) 抵達。
- 從上野駅出發，使用東京地鐵周遊券者，建議先步行至上野御徒町駅搭乘都營地鐵大江戶線至春日駅，再步行地下聯絡道至後樂園駅轉乘東京地鐵丸之內線至池袋駅，車程及步行時間約 35 分鐘 (車資約 290 円) 抵達。
- 從淺草駅可搭乘都營淺草線至東日本橋駅，步行地下聯絡道至馬喰橫山駅轉搭乘都營新宿線至小川町駅，再步行地下聯絡道至淡路町駅轉乘東京地鐵丸之內線至池袋駅，車程及步行時間約 40 分鐘 (車資約 290 円) 抵達。
- 從 JR 新宿駅經甲州街道方向步行至新宿三丁目駅可搭乘東京地鐵副都心線至池袋駅，車程及步行時間約 20 分鐘 (車資約 180 円) 抵達。

太陽城

位於東京池袋豐島區立東池袋中央公園旁的太陽城 (サンシャインシティ／ Sunshine City) 購物商圈，範圍包括陽光 60 大樓、王子大飯店、World Import Mart 大樓、文化會館大樓。陽光 60 大樓是一棟高約 240 公尺的複合式商業大樓，設施包含購物中心、餐廳 (58 ～ 59 樓)、診所、商務辦公室、展望台、主題樂園等，World Import Mart 大樓設施包含水族館及商務辦公室，文化會館大樓設施包含池袋巴士總站。購物商圈除了有許多甜品美食 (例如 Dipper Dan 可麗餅專賣店)、流行服飾、吊飾耳環、鞋子、生活雜貨等用品之外，還有知名的 Pokémon Center(寶可夢)、LOFT、龍貓共和國、迪士尼專賣店、拉拉熊專賣店、KIDDY LAND、航海王（ONE PIECE）、史努比、蠟筆小新、鬼滅の刃等。

▲ 太陽城一樓出入口外觀

東京都豐島區東池袋 3-1 03-3989-3331 從 JR 池袋駅東口步行約 9 分鐘抵達，搭乘東京地鐵、西武地鐵線、東武地鐵線池袋駅 35 號出口，經陽光 60 大道至東急 HANDS 手館旁地下道出入口前往太陽城，步行約 8 分鐘抵達；搭乘東京地鐵有樂町線至東池袋駅，經地下通道直通往 6 或 7 號出口，步行約 3 分鐘抵達 10:00 ～ 20:00 (遊客服務中心)，11:00 ～ 22:00 餐廳 參閱地圖 P.226

太陽城

▲ 生命の躍動魚群

📷 陽光水族館

　　位於池袋太陽城 World Import Mart 大樓屋上頂樓的陽光水族館 (Sunshine Aquarium)，非常適合爸爸媽媽帶小朋友一同來探索海洋生物的景點，館內的海洋生物多達約 550 種，範圍包括深海、海岸、海灣內等海中生物，水族館可欣賞海獅、企鵝、鵜鶘、水獺、曼波魚、魟、水母等各式各樣的海洋生物，戶外有鵜鶘餵養時間、水獺問候時間、企鵝及海獅表演等活動，館內有設置岩礁大水槽 (海水約 240 噸)、陽光潟湖、水母隧道等專區，以及其他眾多海洋生物。陽光水族館會舉辦各式各樣的表演，也有咖啡廳及禮品店。

▲ 水生植物及紅樹林區

🗺 東京都豐島區東池袋 3-1 (サンシャインシティ ワールドインポートマートビル 屋上) 📞 03-3989-3466 🚃 從 JR 池袋駅東口步行約 9 分鐘抵達，搭乘東京地鐵、西武地鐵線、東武地鐵線池袋駅 35 號出口，經陽光 60 大道至東急 HANDS 手館旁地下道出入口前往太陽城，步行約 8 分鐘抵達；搭乘東京地鐵有樂町線至東池袋駅，經地下通道直通往 6 或 7 號出口，步行約 3 分鐘抵達 🕐 12/26 ～隔年 3/19 營業時間 10:00 ～ 18:00、3/20 ～ 4/28 營業時間 09:30 ～ 21:00、4/29 ～ 5/6 營業時間 08:30 ～ 21:00、5/7 ～ 7/17 營業時間 09:30 ～ 21:00、7/18 ～ 8/7 營業時間 09:00 ～ 22:00、8/8 ～ 8/16 營業時間 08:30 ～ 22:00、8/17 ～ 8/31 營業時間 09:00 ～ 22:00、9/11 ～ 12/23 營業時間 10:00 ～ 18:00 💲 高中生以上 2,600 ～ 2,800 円、中小學生 1,300 ～ 1,400 円、4 歲以上 800 ～ 900 円 🏔 參閱地圖 P.226

@ 太陽城水族館

📷 陽光 60 展望台

　　東池袋地區的地標陽光大樓的陽光 60 展望台 (サンシャイン 60 展望台 /SKY CIRCUS)，展望台位於 60 樓，高約 251 公尺，可環景 360 度眺望東京市中心，能見度好的話，可欣賞東京巨蛋、六本木新城、新宿高樓群建築、皇居、六義園、東京晴空樹、日光連山群、富士山等。當你走進陽光 60 展望台時，室內的設計充滿溫馨及五彩繽紛，設施項目包括 SKY 彈簧床區域、充滿光線和鏡子的立體萬花筒隧道、馬賽克 SKY 地區可以拍攝到外部和內部的景色完全反轉倒置的照片，還有 SKY PARTY 地區運用 3DCG 科技製作合成的雲、雨、雷等景象，除此之外，還可體驗虛擬實境 VR 設施 (須另外購票)。

▲ 遠觀棒球場及晴空塔夜景

🏠 東京都豐島區東池袋 3-1-1 60F 📞 03-3989-3457 🚃 從 JR 池袋駅東口步行約 9 分鐘抵達，搭乘東京地鐵、西武地鐵線、東武地鐵線池袋駅 35 號出口，經陽光 60 大道至東急 HANDS 手館旁地下道出入口前往太陽城，步行約 8 分鐘抵達；搭乘東京地鐵有樂町線至東池袋駅，經地下通道直通往 6 或 7 號出口，步行約 3 分鐘抵達 🕐 11:00 ～ 21:00(最後入場時間為 20:00) 💰 成人 (高中以上)700 ～ 1200 円、中小學兒童 500 ～ 800 円，購買學生票者，入場時要出示學生證 🗺 參閱地圖 P.226

@ 陽光 60
展望台

🍽 彌生軒

　　結合了日本與西洋飲食文化的彌生軒 (やよい軒／YAYOI) 美食平價又經濟實惠，在日本各地都有連鎖分店，店內的菜單皆以定食為主，有白飯、主菜、副菜及味噌湯所構成的組合套餐。用餐之前須先購買餐食票券，定食的主餐種類很多，包括麻婆豆腐、豬肉醬油定食、豬肉野菜炒麵、味噌牛排、日式燒肉、唐揚雞、南蠻雞、炸蝦、鯖魚鹽燒、日式火鍋 (豚肉、豆腐、白菜等食材)、日式醬雙主餐 (牛排及炸蝦)、牛肉漢堡等，若在店內點選定食套餐者，白飯吃不夠的話，可至飯鍋區自由取用。

▲ 日式醬油炸豬排定食

🏠 東京都豐島區南池袋 2-24-2 Ｓ Ｔビル１Ｆ (やよい軒南池袋店) 📞 03-5956-6385 🚃 西武袋駅東口或 JR 池袋東口方向出來往右側往東榮会本町通リ方向步行約 7 分鐘；從西武南口往東榮會本町通リ方向步行約 2 分鐘抵達 🕐 08:00 ～ 23:15 💰 丼飯 760 円起 🗺 參閱地圖 P.226

@ 彌生軒

🍽 無敵家

從 1994 年開業至今的麵創房無敵家，位於東京池袋南口附近，店內堅持使用青森及北海道的麵粉食材，無敵家無論何時，店外門口總是有大排長龍的人潮排隊及等待（因為排隊時，不能擋在大樓的出入口，所以有二段式的排隊）。無敵家的湯頭分別有豚骨及醬油兩種口味，招牌叉燒拉麵及特丸麵的湯頭非常濃郁，叉燒肉的品質柔嫩厚切大塊，

吃起來令人非常有飽足感，其他的食材還包括海苔、筍干、蔥、玉子（半熟蛋）、5 種炒野菜、魚介、特製辛辣口味等。店內空間小，座位有限，沒有提供兒童座椅的服務。

▼ 麵創房無敵家店鋪外觀

▼ 招牌豚骨叉燒拉麵

📍 東京都豐島區南池袋 1-17-1（崎本ビル 1F）📞 03-3982-7656 🚃 西武袋駅東口或 JR 池袋東口方向出來往右側步行約 6 分鐘（5 叉路口處）；從西武南口步行約 1 分鐘抵達 🕐 10:30～隔天 04:00，每年休業日 12 月 31 日～隔年 1 月 3 日 💲 950 円起 🗺 參閱地圖 P.226

@ 無敵家

🍽 BEARD PAPA's 日式泡芙工房

位於 JR 池袋駅西口 B1 中央自由通路、東武電鐵東上線出口附近的泡芙ビアードパパ（BEARD PAPA's）日式泡芙工房在日本全國都有店鋪，最大的特色是外皮現烤香酥脆脆的，當場再擠下奶油內餡，吃起來的口感入口即化，除了日式原味牛奶泡芙之外，還有菠蘿泡芙、可頌泡芙、餅乾泡芙、法式泡芙、香蕉巧克力泡芙及限定版北海道牛奶泡芙等。

▲ BEARD PAPA's 日式泡芙工房外觀

📍 東京都豐島區西池袋 1-1-36（池袋西口店，B1 中央自由通路西口）📞 03-5953-8500 🚃 可搭乘 JR 地鐵池袋駅西口中央 1 改札或中央 2 改札 B1 聯絡人行道，步行約 2 分鐘即可抵達；搭乘東京地鐵丸之線或東武電鐵東上線出口步行約 1 分鐘抵達 🕐 10:00～22:00 💲 199 円起 🗺 參閱地圖 P.226

@ BEARD PAPA's

東京華納兄弟哈利波特影城

ワーナー ブラザース スタジオツアー東京 - メイキング・オブ・ハリー・ポッター
WARNER BROS STUDIO TOUR TOKYO THE MAKING OF HARRY POTTER

位於東京都練馬區豐島園舊址內 (範圍約 30000 平方公尺) 的東京華納兄弟哈利波特影城 (Warner Bros. Studio Tour Tokyo -The Making of Harry Potter) 於 2023 年 6 月 16 日正式開幕，目前是全世界規模最大型的電影室內拍片場景遊樂設施，場景設施包括霍格華茲特快列車、九又四分之三月台、魔法部、大禮堂、禁止進入的森林、對角巷 (ダイアゴン横丁) 等，園區內的場景會令民眾深陷於魔法世界的空間之中。每天巡演活動有兩場，時間分別為 10:00 及 15:00。

通往魔法世界的大門，「九又四分之三月台」場景是在繁忙的英國倫敦市中心拍攝而成，旅客可至月台搭上霍格華茲特快列車展開新的魔法旅程。「魔法部」的場景目前只有東京才看得到，布景就像電影般的模樣，面積範圍約 900 平方公尺，室內空間的裝飾、煙霧及燈光充滿魔法與夢幻的氣息，現場遊客們會彼此互相幫忙拍照

及錄影留念。「大禮堂」的場景，恍如一座 16 世紀牛津大學基督教會學院的大禮堂建築，當打開大門走進去時，可看見牆壁上排列著蛇、獾、獅子和鷹的雕塑，霍格華茲的師生們曾在此電影場景舉辦聖誕舞會。「禁止進入的森林」的場景則是充滿黑暗與神祕，森林裡的景觀生物都栩栩如生，在探索森林時，布景有設置互動體驗區，可測試以魔法咒語技能來擊退怪物。

「對角巷」是一條購物街，為世界最大的哈利波特購物商圈，魔法學生每到新的學期之前會前往準備採買購物所需要的東西，場景會隨著燈光變化的設計，遊客可以欣賞到白天與夜晚的街道景色，商店可買到魔法道具、魔法衣服、裝飾品、玩偶、文具雜貨、各式伴手禮等限定紀念商品，魔法餐廳可品嘗奶油啤酒、魔法學院風格的咖啡、甜點飲料。

▲ 大禮堂霍格華茲餐廳場景

注意事項：

可以穿著哈利波特系列的服裝，門票確認後，為確保安全，館內保全人員會要求所有進入設施的顧客，須配合檢查隨身物品，禁止攜帶物品如下：

- 所有餐具，包括鋒利的金屬物品，例如刀具、剪刀等 (包括仿製品)。

- 槍枝、汽油、毒品、毒藥、爆炸物 (鞭炮、爆竹等)，其他可能對其他顧客、工作人員或展品造成傷害的物品，例如鈍器 (包括仿製品)。

- 氣球、無人機、無線電遙控機等。

- 外食、飲料及含酒精的飲料 (若攜帶寶寶的奶瓶及奶粉等用品，帶蓋塑膠瓶須能夠密封防止溢出的容器，相關物品可能會引導放置服務台保管)。

- 用於攜帶行李的手推車 (不包括嬰兒推車)、手提袋等，請放置在衣帽間。

- 輪滑鞋、滑板、溜冰鞋等。

- 發出噪音可能打擾其他顧客的物品，例如樂器。

- 單腳架、三腳架、自拍棒等攝影輔助工具 (出於安全考慮，請勿在攝影棚內使用任何獨立設備拍照)。

- 寵物和動物 (不包括協助犬)。

- 穿著不適合入場的服裝，例如頭飾和不露出臉部的特殊化妝品 (遮住眼睛、鼻子、嘴巴等臉部部位的特殊化妝品、全面罩)，遮蓋一半以上的口罩於安檢時須摘下臉部和偽裝口罩檢查。

▲ 奇幻樓梯及人物相框場景

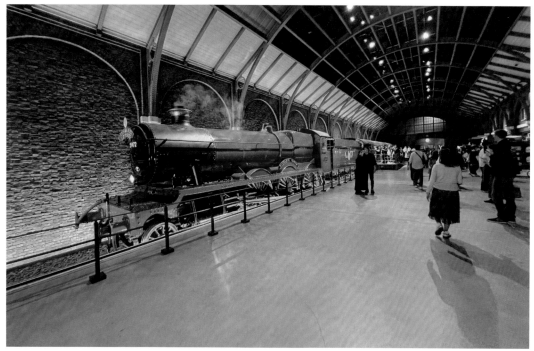

▲ 九又四分之三月台

🚃 前往「哈利波特影城」的交通方式

- 從上野駅可搭乘東京地鐵銀座線至青山一丁目駅，再轉乘都營地鐵大江戶線至豐島園駅，車程時間約 56 分鐘（日幣約 390 円）抵達。再步行約 7 分鐘抵達；從上野駅可搭乘 JR 地鐵山手線至 JR 池袋駅，再轉乘西武地鐵池袋駅搭乘西武地鐵豐島線直達列車至豐島園駅，車程時間約 40 分鐘（日幣約 370 円）抵達。再步行約 5 分鐘抵達。

- 從淺草駅可搭乘都營地鐵淺草線至大門駅，再轉乘都營地鐵大江戶線至豐島園駅，車程時間約 57 分鐘（日幣約 330 円）抵達。再步行約 7 分鐘抵達。

- 從西武地鐵池袋駅可搭乘西武地鐵豐島線直達列車至豐島園駅，車程約 17 分鐘（約 190 円），再步行約 5 分鐘抵達。

- 從新宿駅可搭乘都營地鐵大江戶線至豐島園駅，車程時間約 20 分鐘（日幣約 280 円）抵達。再步行約 7 分鐘抵達。

- 從東京駅搭乘東京地鐵丸之內線至中野坂上駅，再轉乘都營地鐵大江戶駅至豐島園駅，車程時間約 45 分鐘（日幣約 360 円）抵達。再步行約 7 分鐘抵達。

- 從澀谷駅可搭乘東京地鐵半藏門線至青山一丁目駅，再轉乘都營地鐵大江戶線至豐島園駅，車程時間約 35 分鐘（日幣約 330 円）抵達。再步行約 7 分鐘抵達；從澀谷駅可搭乘 JR 地鐵山手線至 JR 池袋駅，再轉乘西武地鐵池袋駅搭乘西武地鐵豐島線直達列車至豐島園駅，車程時間約 32 分鐘（日幣約 370 円）抵達。再步行約 4 分鐘抵達。

🏠 東京都練馬區春日町 1-1-7 📞 05-06862-3676 ⏰ 平日 08:30 ～ 19:30；週六日及假日 08:30 ～ 22:00 💲 大人（18 歲以上）6,500 円、中學生・高校生（12 ～ 17 歲）5,400 円、幼兒・小學生（4 ～ 11 歲）3,900 円 💬 適合親子旅遊，建議待 3 ～ 4 小時遊玩

@影城地圖

@哈利波特

位於東京港都區御台場是以填海方式而形成的人工島，這座人工島擁有東京最美麗的港灣海景，有橫跨東京灣的彩虹大橋、大型購物中心、娛樂商城及未來科技展示館等。若想要開心購物血拼的話，可考慮前往 AQUA CiTY ODAIBA、台場購物廣場 (Diver City Tokyo Plaza)、DECKS TOKYO BEACH (デックス 東京ビーチ) 等；若想要享受親子旅行的樂趣，戶外活動可安排前往台場海濱公園、潮風公園、自由女神像、セントラル廣場等，室內活動可安排前往富士電視台、樂高樂園探索中心東京 (LEGOLAND DISCOVERY CENTER TOKYO)、日本科學未來館、船之科學館等。東京台場是情侶的約會聖地，於每年 12 月的每星期六晚上時間 19:00 ～ 19:10 舉辦台場彩虹花火節活動，建議站在台場海濱公園或 DECKS 海濱購物中心戶外自由女神像的觀景台，眺望著東京港灣彩虹大橋及煙火美景。

▲ 東京港灣彩虹橋煙火夜景

▼ 自由女神像及東京港灣彩虹橋

彩虹大橋是連接港區芝浦及台場之間的一座斜拉式吊橋，大橋全長約 798 公尺，橋跨約 570 公尺，橋上分為上下 2 層構造，上層為首都高速道路，下層為新交通百合鷗號的鐵道，前往台場地區的交通可選擇搭乘電車百合鷗號（ゆりかも め）至お台場海浜公園駅、台場駅或青海駅下車，搭乘東京臨海高速鐵道（りんかい）可至東京電訊駅（東京テレポート）下車，或者從淺草、日之出棧橋、豐洲的渡船口搭乘水上巴士至台場海濱公園渡船口即可。

台場

- 從上野駅可搭乘東京地鐵銀座線至新橋駅,再轉乘海鷗線至台場駅,車程及步行時間約 40 分鐘 (車資約 500 円) 抵達。
- 從淺草駅可搭乘都營地鐵淺草線至新橋駅,再轉乘海鷗線至台場駅,車程及步行時間約 40 分鐘 (車資約 550 円) 抵達。
- 從新宿駅可搭乘都營地鐵大江戶線至汐留駅,再轉乘海鷗線至台場駅,車程及步行時間約 45 分鐘 (車資約 550 円) 抵達;從 JR 新宿駅搭乘 JR 埼京線快速列車 (與臨海線共軌直通) 至東京電訊駅,車程時間約 25 分鐘 (車資約 520 円) 抵達。
- 從澀谷駅搭乘東京地鐵銀座線至新橋駅,再轉乘海鷗線至台場駅,車程及步行時間約 40 分鐘 (車資約 510 円) 抵達;從 JR 澀谷駅搭乘 JR 埼京線快速列車 (與臨海線共軌直通) 至東京電訊駅,車程時間約 19 分鐘 (車資約 510 円) 抵達。
- 從 JR 東京駅搭乘 JR 山手線至 JR 新橋駅,往百合鷗電鐵新橋駅方向轉乘海鷗線至台場駅,車程及步行時間約 27 分鐘 (車資約 480 円) 抵達。
- 從 JR 池袋駅搭乘 JR 山手線至 JR 新橋駅,往百合鷗電鐵新橋駅方向轉乘海鷗線至台場駅,車程及步行時間約 55 分鐘 (車資約 540 円) 抵達。
- 從羽田機場搭乘東京單軌電車至天王洲島駅,再轉乘東京臨海高速鐵道 (臨空線) 至東京電訊駅,車程時間約 26 分鐘 (車資約 560 円) 抵達。

DECKS TOKYO BEACH

位於御台場海濱公園旁的台場海濱購物商城 DECKS TOKYO BEACH (東京海灘),建築外觀是一座以船舶為主題的購物中心。商場內除了有時尚服飾、電器藥妝、百元商店 DAISO、嬰兒用品、精品、咖啡廳以及美食餐廳之外,還有許多主題遊樂中心,包括東京歡樂城 (東京ジョイポリス)、3D 幻覺藝術博物館 (東京トリックアート迷宮館)、蠟像名人館、東京樂高樂園探索中心 (LEGOLAND DISCOVERY CENTER Tokyo)、台場一丁目商店街、台場怪奇學校場景、東京 JOYPOLIS 等。3D 幻覺藝術博物館內充滿許多趣味的江戶時代 3D 藝術場景;台場一丁目商店街聚集各家人氣且具有特色的章魚燒,店鋪內還可購買日本昭和時代懷舊時的相關商品,包括糖果、懷舊小商品、日式雜貨等;東京樂高樂園探

▲ DECKS TOKYO BEACH 夜晚外觀

索中心提供約 300 多萬個樂高積木,可激發大朋友及小朋友各種項目的創造力,位於 DECKS 頂樓或露天的餐廳,可一邊用餐及一邊欣賞著東京灣及彩虹跨海大橋的夜景。

🏠 東京都港區台場 1-6-1 📞 03-3599-6500 🕐 商店和咖啡廳 11:00 ～ 21:00,餐廳 11:00 ～ 23:00 🚃 搭乘百合海鷗線至台場海濱公園駅步行約 2 分鐘抵達;搭乘臨海線至東京電訊駅步行約 5 分鐘抵達;搭乘水上巴士至台場海濱公園渡船口步行約 3 分鐘抵達 💲 免費 💬 適合親子旅遊,建議待 2 ～ 3 小時遊玩 🗺 參閱地圖 P.235

@ DECKS TOKYO BEACH

AQUA CiTY ODAIBA

與台場自由女神像及海濱公園相鄰的 AQUA
CiTY ODAIBA 購物商場，地理位置及交通也非
常的便利，你可選擇搭乘水上巴士或電車前來
血拼購物，露天戶外可清楚眺望東京灣及彩虹大
橋，商場內約 60 家店鋪，包括服飾、精品、包包、
紀念品、文具雜貨、電器 Bic Camera、Disney
Store 商店、Coca-Cola 專賣店、大創 (DAISO)、
寵物等商品等應有盡有，商場 1 樓、3～6 樓皆
有美食店鋪，並聚集許多各式異國料理，包括日
式料理 (海鮮壽司、拉麵)、韓國式烤肉、中華
料理、美式漢堡及牛排、泰國料理、墨西哥料理、
義大利料理、夏威夷料理冰淇淋甜點及咖啡廳
等，娛樂設施包括玩具反斗城、寶寶反斗城、電
影院等。

▲ AQUA CiTY ODAIBA 夜晚外觀

🔍 東京都港區台場 1-7-1 📞 03-3599-
4700 🕐 店鋪 11:00～21:00，飲食店鋪
11:00～23:00 🚃 搭乘百合海鷗線至台場
海濱公園駅步行約 1 分鐘抵達；搭乘臨海
線至東京電訊駅步行約 6 分鐘抵達；搭乘
水上巴士至台場海濱公園渡船口步行約 2
分鐘抵達 💲 免費 💬 適合親子旅遊，建
議待 2～3 小時遊玩 🗺 參閱地圖 P.235

 @ AQUA CiTY ODAIBA

 # 台場購物廣場

想到台場的超級地標就是機動戰士獨角獸
鋼彈 (機動戰士燈光秀及壁面映像演出的時間
表分別為 11:00、13:00、15:00、17:00、19:00、
19:30、20:00、20:30、21:00、21:30，若遇天候不
佳或強風等因素，則演出活動取消)。台場購物
廣場 (Diver City Tokyo Plaza) 除了門口外的巨型的
鋼彈之外，館內以劇場型都市空間為設計理念，
設置許多大型的遊樂設施，包括鋼彈劇場、溜冰
場等，館內的店鋪商品豐富齊全，美食廣場的餐
廳甜品專賣店皆具有特色，服飾店的品牌包括
UNIQLO、GU、H&M、ZARA、Timberland、
A|X ARMANI EXCHANGE、WEGO、
LACOSTE，精品包括 COACH 及 PANDORA 等，
3C 電器商品包括 Air Bic Camera，運動球鞋品牌
專賣店包括 ABC-MART、VANS、adidas 等，眼
鏡品牌 JINS，生活雜貨包括百元日用品 DAISO
大創、Hello Kitty Japan、成城石井等，商品種類
非常豐富，還包括雜貨、麵包及自製料理等。

▲ 夜晚的獨角獸鋼彈

🔍 東京都江東區青海 1-1-10 📞 03-6380-
7800 🕐 店鋪平日 11:00～20:00、假日
10:00～21:00 🚃 搭乘百合海鷗線至台場
駅南口 1 步行約 5 分鐘抵達；搭乘臨海線
至東京電訊駅 B 出口步行約 8 分鐘抵達；
搭乘水上巴士至台場海濱公園渡船口步行
約 10 分鐘抵達 💲 免費 💬 適合親子旅
遊，建議待 2～3 小時遊玩 🗺 參閱地圖
P.235

 @ 台場購物廣場 Diver City

📷 富士電視台

喜愛看日劇、日本綜藝節目，以及動畫櫻桃小丸子、七龍珠、海賊王的朋友們，來到富士電視台遊玩，一定可以收穫滿滿。電視台打造許多設施提供給旅人遊玩，包括可 360 度無死角欣賞整個東京灣海景、彩虹大橋、東京鐵塔等景色的球型展望台 (25 樓)；富士電視台劇場大廳 (1 樓) 有設置禮品店鋪，可購買動畫及電視劇的周邊商品；從 1 樓建築外圍搭乘環狀電扶梯至 7 樓可前往 FUJISAN(富士電視台商品旗艦店) 購買動畫、電視日劇及綜藝節目的相關紀念商品，除此之外還有熱門動畫的主題餐廳供遊客享用美食；前往 5 樓可免費參觀電視台許多節目的道具、布景、攝影棚的展示，除了可以了解日本電視文化之外，還可以看到歷年的明星、電視主播親手簽名的牆板。

▲ 富士電視台外觀

🏠 東京都港區台場 2-4-8 📞 03-5500-8888 🕙 10:00 ～ 18:00 🚃 搭乘百合海鷗線至台場駅南口 1 步行約 4 分鐘抵達；搭乘臨海線至東京電訊駅 B 出口步行約 6 分鐘抵達；搭乘水上巴士至台場海濱公園渡船口步行約 7 分鐘抵達 💲 24 樓及以下區域免費開放，球型展望台一般 (高校生以上)700 円，小中學生 450 円，每週一休館 💬 適合親子旅遊，建議待 2 ～ 3 小時遊玩 🗺️ 參閱地圖 P.235

@ 富士電視台

▼ 高處眺望百合海鷗線電車景色

於 2018 年 10 月 11 日開始營業的豐洲市場位於東京都江東區，延續築地場內市場營運規模的魚市場地位，店鋪販賣的美食包括蕎麥麵、鰻魚飯、壽司、生魚片、海鮮丼飯及新鮮魚貝類等，也被當地民眾稱為東京人的新廚房。市場的範圍包括果蔬大樓(青果棟)、管理大樓(管理施設棟)、水產批發賣場大樓 (水產卸売場)、水產仲介批發賣場大樓(水產仲卸売場棟)，以及屋頂綠化廣場。

豐洲市場臨近私鐵新交通百合海鷗號(ゆりかもめ線)的市場前駅，從出口處可見豐洲市場導覽地圖，從空橋人行聯絡道右側方向步行約 4 分鐘可抵達水產仲介批發賣場樓，而從左側方向步行約 3 分鐘可抵達果蔬樓棟及管理樓棟，步行約 6 分鐘可抵達水產批發賣場樓棟。果蔬大樓外部 1 樓有大和壽司、天房天婦羅、富士見屋，管理大樓 3 樓有神樂壽司、八千代天婦羅、丼匠海

▲ 海鮮壽司

鮮丼、龍壽司、木村屋等，水產仲介批發賣場大樓 3 樓有壽司大、磯寿司、弁富壽司、福せん(鰻魚飯)、大江戶海鮮丼、小田保日式炸物、印度咖哩中榮、粹之屋等知名店鋪，水產批發賣場大樓內有觀光案內所、資料館及見學活動，市場於每日清晨 02:00 ～ 07:00 有許多的批發商將新鮮漁獲送到這裡進行競標、拍賣等活動。

市場內店鋪營業時間為 05:00 ～ 17:00，有許多知名店鋪開店至中午時間 (約 14:00 左右) 過後就準備休息，尤其是壽司大及大和壽司，不到清晨 05:00 就已經是大排長龍，門口會先備好臨時座位給顧客排隊及等待，店內的招牌皆為海鮮壽司，包括鮭魚、鮪魚、海膽、鯛魚、鰻魚、烤秋刀魚、玉子燒等，店長推薦的套餐組合皆為十種壽司 (含手捲)，套餐組合費用約 4,500 円 (含稅)。

▲ 弁富壽司店鋪外觀

▲ 海鮮丼大江戶店鋪外觀

▲ 大和壽司店鋪外觀

- 從上野駅出發者，建議步行至上野御徒町駅，搭乘都營地鐵大江戶線至月島駅，轉乘東京地鐵有樂町線至豐洲駅，再轉乘海鷗線至市場前駅，車程及步行轉乘時間約 40 分鐘（車資約 480 円）抵達。
- 從淺草駅出發者，建議步行至藏前駅，可搭乘都營地鐵大江戶線至月島駅，轉乘東京地鐵有樂町線至豐洲駅，再轉乘海鷗線至市場前駅，車程及步行轉乘時間約 40 分鐘（車資約 480 円）抵達。
- 從新宿駅可搭乘都營地鐵新宿線急行列車至市ケ谷駅，轉乘東京地鐵有樂町線至豐洲駅，再轉乘海鷗線至市場前駅，車程及步行轉乘時間約 40 分鐘（車資約 500 円）抵達。
- 從澀谷駅可搭乘東京地鐵半藏門線至永田町駅，轉乘東京地鐵有樂町線至豐洲駅，再轉乘海鷗線至市場前駅，車程及步行轉乘時間約 36 分鐘（車資約 400 円）抵達。
- 建議從 JR 東京駅南口步行至有樂町駅，可搭乘東京

▲ 天房天婦羅及富士見屋店鋪外觀

地鐵有樂町線至豐洲駅，再轉乘海鷗線至市場前駅，車程及步行轉乘時間約 30 分鐘（車資約 370 円）抵達。

- 從池袋駅搭乘東京地鐵有樂町線至豐洲駅，再轉乘海鷗線至市場前駅，車程及步行時間約 40 分鐘（車資約 450 円）抵達。

🏠 東京都江東區豐洲 6-5-1 📞 03-5927-9320 🕐 05:00 ～ 17:00(依店鋪規定)，週日公休，部分店鋪週三或不定期公休 💲 免費 💬 建議待 2 ～ 4 小時遊玩 🏔 參閱地圖 P.235

@豐洲市場

▶海鮮丼

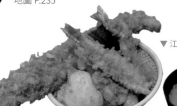

▼ 江戶前天婦羅蓋飯及味噌湯

🍽 日本橋天丼金子半之助

創始人金子半之助先生是一位喜愛日本傳統江戶料理職人，出生於東京淺草地區，研發及珍藏了獨門祕方丼飯醬汁，以及江戶前蓋飯佐料的製作方法，後代的兒孫也繼承了祖父（金子半之助）的食譜至今。招牌江戶前天婦羅蓋飯是經過嚴選的食材包括星鰻、蝦、墨魚、半熟雞蛋等所製作而成，分量十足的天婦羅蓋飯深受饕客們的喜愛，菜單除了江戶前天丼之外，

還有海鮮上天丼、野菜上天丼及天丼可搭配組合套餐提供顧客選擇，店內也有提供外帶的江戶前天丼便當。

🏠 東京都江東區豐洲 2-4-9(アーバンドック ららぽーと豐洲 1F) 📞 03-6910-1850 🚃 搭乘百合海鷗線或東京地鐵有樂町線至豐洲駅 2a 出口步行約 6 分鐘抵達 🕐 11:00 ～ 21:00 (最後點餐時間 20:30) 💲 江戶前天丼 1650 円起 🏔 參閱地圖 P.235

@日本橋天丼金子半之助

三井奧特萊斯購物城 (MITSUI OUTLET PARK) 是日本最大規模的 OUTLET 購物平台。購物城的商品種類包括精品服飾、鞋子、包包、隨身飾品、化妝品、運動用品、休閒娛樂、居家廚具用品及雜貨、旅遊用品 (包括登山用具、露營用具、行李箱等)、藥妝用品等。三井 OUTLET PARK 幕張店位於 JR 電鐵京葉線海濱幕張駅南口及縣立幕張海濱公園旁，店鋪總數約有 140 家，駐進許多日本以及歐美知名品牌，建築的規畫分為 4 個 SITE，分別為 A、B、C、D 棟，在 A-SITE 和 C-SITE 的 1 樓皆有設置綜合服務台，方便遊客前去兌換優惠券的服務。

三井 OUTLET 是全家大小一同購物、遊樂、享用美食的好去處，運動商品的種類很多，包括運動服飾 (含 T 恤及帽 T)、籃球鞋、慢跑鞋、背包等；居家廚具用品的種類多樣化，商品的款示設計時尚高雅，包括餐具、床單、椅墊、桌子、沙發等，OUTLET 平均每月會舉辦 1 次各種特賣會活動，商品價格有機會便宜 20 ～ 70% 左右的折扣。從東京迪士尼樂園 JR 舞濱駅搭乘 JR 京葉線快速列車 (前往蘇我或君津方向) 車程約 19 分鐘即可到達，交通相當方便。

- 從 JR 舞濱駅可搭乘 JR 京葉線快速列車至 JR 海濱幕張駅，車程時間約 19 分鐘（車資約 320 円）抵達，再往南口方向步行約 1 分鐘抵達。
- 從 JR 東京駅可搭乘 JR 京葉線快速列車至 JR 海濱幕張駅，車程時間約 30 分鐘（車資約 580 円）抵達，再往南口方向步行約 1 分鐘抵達。
- 從 JR 新宿駅可搭乘 JR 中央線快速列車至 JR 東京駅，再轉乘 JR 京葉線快速列車（前往蘇我方向）至 JR 海濱幕張駅，車程及轉乘步行時間約 70 分鐘（車資約 660 円）抵達，再往南口方向步行約 1 分鐘抵達。
- 從 JR 澀谷駅可搭乘 JR 埼京線快速列車至臨海線新木場駅，再從 JR 新木場駅轉乘 JR 京葉線快速列車至 JR 海濱幕張駅，車程及轉乘步行時間約 65 分鐘（車資約 980 円）抵達，再往南口方向步行約 1 分鐘抵達。
- 從上野駅可搭乘東京地鐵日比谷線至八丁堀駅，再轉乘 JR 京葉線快速列車至 JR 海濱幕張駅，車程及轉乘步行時間約 55 分鐘（車資約 760 円）抵達，再往南口方向步行約 1 分鐘抵達。

注意事項：
- 購物城有提供投幣式嬰兒車，費用約 100 円。
- 店鋪有提供刷卡服務。
- 綜合服務台出示網頁優惠內容可得到約 50 家店鋪的折扣優惠券，各家店鋪折扣幅度與條件不同，每家店鋪只限使用一次。
- 促銷活動等期間可能無法使用此優惠券，具體狀況請向各店家洽詢。
- 於購物結帳前、餐飲點餐時須向收銀人員出示優惠券。
- 現金、信用卡或禮券支付時均可使用優惠券，但有部分店鋪可能有不接受信用卡和禮券支付之情況，請務必與店鋪確認相關規定。
- 部分商品不在優惠範圍內。
- 相關辦法請參閱官方網站。

- 從成田機場（第 1 航廈巴士搭乘處為 5 號月台、第 2 航廈巴士搭乘處為 12 號月台、第 3 航廈巴士搭乘處為 10 號月台）搭乘利木津巴士至 JR 海濱幕張駅北口，車程時間約 45 ～ 50 分鐘（車資約 2,300 円）抵達。

▲ 三井 OUTLET PARK 幕張購物城入口處外觀

三井 OUTLET PARK 幕張購物城入口處外

▲ 購物城室外街道景象

◀ 購物城室內街道景象

@ MITSUI OUTLET PARK 幕張

@ MITSUI OUTLET PARK 幕張地圖

🏠 千葉縣千葉市美濱區ひび野 2-6-1 📞 043-212-8200 🕐 10:00 ～ 20:00 💲 免費 💬 適合親子旅遊，建議待 2 ～ 4 小時遊玩

對大朋友及小朋友來說，東京迪士尼樂園是充滿夢想與兒時回憶的遊樂園，也是旅人前往東京旅行必朝聖的景點之一，不管到東京旅行過幾次，若還沒有去過東京迪士尼樂園的話，那真的要好好去體驗一下夢幻與歡樂的氣氛。東京迪士尼度假區範圍分為迪士尼陸地樂園及迪士尼海洋樂園，以及迪士尼大使飯店、東京迪士尼海洋觀海景大飯店、東京迪士尼樂園大飯店、園區公認飯店、伊克斯皮兒莉複合式購物商城，以及迪士尼度假區環狀線單軌電車。

東京迪士尼園區內單軌電車行駛經過的範圍包含海洋樂園、陸地樂園、飯店、度假區內等四大區域，也是園區內主要的交通工具，當抵達

JR 舞濱駅時，從南口右邊方向步行約 8 分鐘抵達迪士尼陸地樂園，左邊方向步行至度假園區總駅（リゾートゲートウェイ・ステーション）環狀線單軌電車售票處約 3 分鐘抵達。電車環狀行駛順序為度假園區總駅→東京迪士尼海洋駅（東京ディズニーシー・ステーション）→海濱駅（ベイサイド・ステーション駅）→東京迪士尼樂園駅（東京ディズニーランド・ステーション駅），大人單程票價為 300 円，小朋友 (6 ～ 11 歲) 單程票價為 150 円，一日乘車券大人票價為 700 円，發車時間為每 4 ～ 13 分鐘一班。

東京迪士尼樂園

▲ 迪士尼陸地樂園

 東京迪士尼交通資訊

- 從 JR 海濱幕張駅可搭乘 JR 京葉線快速列車至 JR 舞濱駅，車程時間約 19 分鐘 (車資約 320 円) 抵達。

- 從 JR 東京駅可搭乘 JR 京葉線快速列車至 JR 舞濱駅，車程時間約 13 分鐘 (車資約 230 円) 抵達，再往南口方向步行即可抵達。

- 從 JR 新宿駅可搭乘 JR 中央線快速列車至 JR 東京駅，再轉乘 JR 京葉線快速列車 (前往蘇我方向) 至 JR 舞濱駅，車程及轉乘步行時間約 45 分鐘 (車資約 410 円) 抵達，再往南口方向步行約 1 分鐘抵達。

- 從澀谷駅可搭乘東京地鐵半藏門線急行列車至永田町駅轉乘東京地鐵有樂町線至新木場駅，再轉乘 JR 京葉線快速列車 (前往蘇我方向) 至 JR 舞濱駅，車程及轉乘步行時間約 42 分鐘 (車資約 430 円) 抵達，再往南口方向步行約 1 分鐘抵達。

- 從池袋駅可搭乘東京地鐵有樂町線至新木場

駅，再轉乘 JR 京葉線快速列車至 JR 舞濱駅，車程及轉乘步行時間約 45 分鐘 (車資約 430 円) 抵達，再往南口方向步行約 1 分鐘抵達。

- 從上野駅可搭乘東京地鐵日比谷線至八丁堀駅，再轉乘 JR 京葉線快速列車至 JR 舞濱駅，車程及轉乘步行時間約 35 分鐘 (車資約 410 円) 抵達，再往南口方向步行約 1 分鐘抵達。

- 從成田機場 (第一航廈巴士搭乘處為 10 號乘車處、第二航廈巴士搭乘處為 17 號乘車處、第三航廈巴士搭乘處為 9 號乘車處) 搭乘巴士 (東京機場交通、千葉交通、東京 BayCity 交通) 至迪士尼樂園，車程時間約 45 ～ 55 分鐘 (車資約 2,300 円) 抵達。

- 從羽田機場 (第一航廈巴士搭乘處為 5 號乘車處、第二航廈巴士搭乘處為 6 號乘車處、第三航廈巴士搭乘處為 5 號乘車處) 搭乘機場巴士至迪士尼樂園，車程時間約 25 ～ 35 分鐘抵達，大人車資約 1,300 円，小孩 650 円。

🏠 千葉縣浦安市舞濱 1-1 📞 04-5330-5211 🕐 09:00 ～ 21:00 💲 一日護照大人 8,900 ～ 10,900 円、學生票 7,400 ～ 9,000 円、小人 5,300 ～ 5,600 円 (園區票券依不同時段採浮動價格制，所以須先確認各日期的票券價格，再購買指定，日期票券，若指定日期的票券銷售張數已抵達上限時，園方將會停止售票) 🔺 參閱地圖 P.243

@ 東京迪士尼樂園

東京迪士尼陸地樂園的設施屬於美式經典風格，園區內的遊樂設施適合家庭及親子遊玩，而迪士尼海洋樂園的設施比較適合喜愛刺激的青年朋友及情侶等遊玩。迪士尼樂園的遊樂設施很多，哪些設施熱門？哪些設施需要優先排隊？因為遊區總是滿滿的人潮，所以時間規畫的掌握真的是一門很大學問。

迪士尼陸地樂園範圍包括世界市集、明日樂園、卡通城、夢幻樂園、動物天地、西部樂園及探索樂園等，受歡迎的熱門設施包括美女與野獸、小熊維尼獵蜜記、怪獸電力公司迷藏巡遊車、幽靈公館、巨雷山、太空山、巴斯光年星際歷險、星際旅行：冒險續航、小小世界、飛濺山等；迪

士尼海洋樂園範圍包括地中海港灣、神祕島、美人魚礁瑚、阿拉伯海岸、失落河三角洲、發現港、美國海濱等，受歡迎的熱門設施包括翱翔：夢幻奇航 (SOARING：FANTASTIC FLIGHT)、玩具總動員瘋狂玩具屋、海底巡遊艇：尼莫＆好友的海洋世界、地心探險、驚魂古塔、印地安納瓊斯冒險旅程：水晶骷髏頭魔宮、憤怒雙神、美人魚礁湖劇場 (川頓王的音樂會)、神燈劇場、海底兩萬里、美女與野獸等，以上遊樂設施皆可依開放之時段，使用 Disney Resort APP 及購買入場門票直接掃 QR Code。

注意事項：
- 下載 Disney Resort APP 及登入會員，可購買各式遊樂設施預約通關券 (Standby Pass)，例如購買選時段優先遊玩美女與野獸設施單人費用約 2,000 円。
- 可使用 Disney ResortAPP 購買及預約迪士尼遊行觀賞區。

迪士尼樂園不定期會舉辦特殊節慶活動，例如復活節 (每年 3 月底至 6 月中旬)、萬聖節 (每年 9 月中旬至 10 月底)、聖誕節 (每年 11 月中旬至 12 月底) 等活動，遊樂園的人潮也比較多。

▲ 迪士尼陸地樂園

▲ 迪士尼海洋樂園

▲ 迪士尼海洋樂園

東京迪士尼陸地樂園注意事項：

- 若父母親帶著 0～4 歲孩童到迪士尼樂園，因小朋友的生活狀況，通常沒辦法太早進入園區，有許多遊樂設施未滿 102 或 117 公分孩童無法入場，建議遊玩卡通城及夢幻樂園的設施，包括小熊維尼獵蜜記、卡通公園、米妮公館等，或前往劇場型的設施，天氣好的話，可選擇占位子欣賞大遊行。
- 每日樂園的總人數不同，可依當時的狀況調整遊玩設施的順序。
- 依天候因素，官方樂園會判斷是否施放城堡煙火秀。
- 嬰兒或小孩童會因煙火秀的聲音受到驚嚇哭鬧，請家長自行評估孩子的狀況。

東京迪士尼海洋樂園注意事項：

- 進入園區時，建議先前往發現港及失落河三角洲區域，因位置比較裡面，早上人潮比較少，排隊容易遊玩到設施。
- 每日美國海濱玩具總動員瘋狂玩具屋一大早入園排隊的人潮很多，想優先遊玩到設施的話，建議早上 07:00 之前抵達樂園門口排隊等待入場，若發現排隊的人潮多得嚇人，建議購買及預約通關券 (Standby Pass)。
- 若父母親帶著 0～4 歲孩童到迪士尼海洋樂園，因小朋友的生活狀況，通常沒辦法太早進入園區，有許多遊樂設施未滿 102 或 117 公分孩童無法入場，建議欣賞遊行表演及劇場等設施，包括絕頂精彩復活節 (限期 3 月底至 6 月中旬)、哈囉！紐約、動感大樂團、摯友達菲、可琦安：彩車巡遊、幻境頌歌、辛巴達傳奇之旅等，或前往劇場類型的設施。若當日天氣好的話，可選擇占位子欣賞夜空煙火秀。
- 每日樂園的總人數不同，可依當時的狀況調整遊玩設施的順序。
- 達菲系列商品 (包括娃娃、餅乾、糖果等) 店鋪位置於地圖 41 美國海濱史高治百貨。
- 嬰兒或小孩童會因雷射聲光秀的聲音受到驚嚇哭鬧，請家長自行評估孩子的狀況。

前往東京士迪尼樂園之前，須準備及注意的事項如下：

1. 查詢迪士尼樂園官方網站的資訊，包括開園時間、遊行時間、煙火秀及遊樂設施維修時間等，如果能事先規畫行程日期的話，盡量避開週六、週日及日本國定假日。
2. 購買東京迪士尼樂園門票的方式有下列幾種：
   - 現場售票處購買。
   - 迪士尼樂園官方授權的單位及旅行社 (海外版門票)。
   - 東京迪士尼官方網站線上購票。
   - 東京迪士尼商店 (Disney Store) 購買，例如澀谷店。
   - 日本便利商店購買，例如 7-ELEVEN(マルチコピー機)、Family Mart(Fami ポート)、LAWSON (Loppi) 等。
3. 手機或平板下載 APP 軟體 TDR 排隊時間 (Android 版) 或 D 的待ち時間 (Apple IOS 版)，可查詢當天遊樂設施所需排隊等待的時間，可節省時間及安排遊玩設施的計畫。
4. 從東京迪士尼官方網站線上購票者，異動 (包括退票、手續費) 相關辦法及規定等內容請參閱官方網站。當園區人員發現有心人士違反園區票券銷售規定，確實以營利目的不當轉賣園區票券時，相關票券不論已轉賣與否皆一律失效。非官方售票窗口、票券轉賣網站、拍賣網站等處銷售的園區票券有可能被列為無效票券。

📷 自由之丘 自由が丘／じゆうがおか
Jiyugaoka

位於東京目黑區的自由之丘街道範圍包括自由通り、學園通り、目黑通り、鈴懸通り(すずかけ通り)等主要道路，街道景色充滿濃濃的歐洲風格。自由之丘駅是以東急東橫線及東急大井町線相互匯集的交通要道，除此之外，市區內的交通路線包括東急巴士、長途巴士及社區巴士等。來到自由之丘可以安排4～6小時左右時間遊玩，自由之丘車站正面口、北口及南口商圈的店鋪皆以洋菓子店、服飾、鞋店、生活雜貨及下午茶甜點為名，每間餐廳的裝飾都獨具有特色，很適合一群好姐妹來此逛逛，走累了還可以走進餐廳品嘗咖啡、水果茶、馬卡龍、蛋糕、泡芙、可麗餅、

鬆餅及冰淇淋等餐點，有閒情逸致可來段悠閒美好時光，知名的店鋪包括九品仏川綠道旁甜點森林(Sweets Forest)、彼得兔花園咖啡廳，日式庭院古桑庵等。車站附近的服飾及生活雜貨用品店鋪林立，有許多服飾店鋪是以自行設計款示提供給顧客挑選，其他服飾連鎖店的品牌還包括Gap、UNIQLO及無印良品等。生活雜貨店鋪以美妝、餅乾小物、廚房用品、器皿杯子、餐具、家具、居家用品、文具等為主，商品多樣化的款式應有盡有，知名的店鋪包括CRAFTHOLIC宇宙人專賣店、ACME FURNITURE及TODAY'S SPECIAL等，大多數的店鋪營業時間為10:00～20:00。

🗺 自由之丘

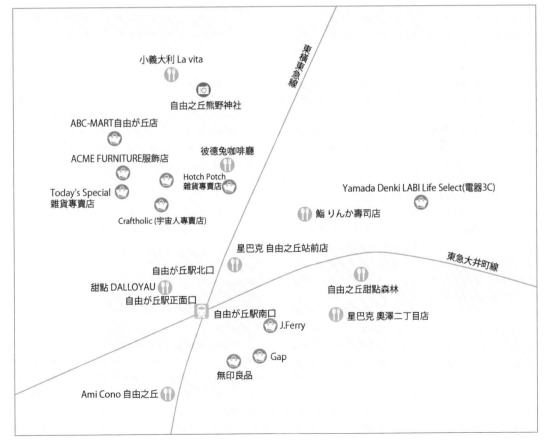

- 從澀谷駅可搭乘東急東橫線急行列車至自由之丘駅即可抵達，車程約 9 分鐘（車資約 180 円）。若從新宿、池袋及東京駅出發的話，可先搭乘 JR 山手線前往澀谷駅再轉乘東急東橫線即可。

- 從橫濱駅可搭乘東急東橫線急行列車至自由之丘駅即可抵達，車程約 21 分鐘（車資約 290 円）。

- 從上野駅可搭乘東京地鐵日比谷線至中目黑駅，步行至隔壁月台轉乘東急東橫線特急列車（往元町、中華街方向）至自由之丘駅即可抵達，車程及轉乘時間約 40 分鐘（車資約 440 円）。地鐵中目黑駅與東急東橫線共軌則不須出站，若使用東京地鐵 (Tokyo Subway Ticket) 券者，出站須前往駅務室補票 180 円。

▲ 自由之丘駅東急電車

▲ 自由之丘駅南口星巴克外觀

CRAFTHOLIC 宇宙人專賣店

　　為日本 ACCENT CORPORATION 公司的商品，設計風格以時尚流行、活潑色彩的造型為主。娃娃的外型手長腳長，可愛的外觀非常療癒，看起來長得很像外星人的 CRAFTHOLIC 宇宙人，造型款示五彩繽紛的宇宙人風格深受粉絲好評，也吸引許多少女朋友的喜愛，除了娃娃的相關產品之外，還有抱枕、毛巾、餐具、便當盒、3C 手機外殼、吊飾等。宇宙人的商品除了位於東京都目黑區自由ヶ丘カトレア通り專賣店之外，還可前往東京澀谷區竹下通り旁 CRAFTHOLIC 原宿店 (11:30 ～ 19:30) 購買商品。

◀ 宇宙人店鋪外觀

▲ aCCENT STYLe 宇宙人商品

@ CRAFTHOLIC
宇宙人專賣店

🏠 東京都目黑區 9 自由之丘 2-9-2 辻田ビルディング 1F-B 📞 03-6421-3286 🚶 從自由之丘駅正面口或北口出來，往みずほ銀行旁的道路步行約 4 分鐘即可抵達 🕚 11:00 ～ 19:00 💲 依商品而異 🗺 參閱地圖 P.247

📷 小義大利 La vita

　　位於東京都目黑區自由之丘2丁目的街道旁的小義大利La vita（ラ・ヴィータ 自由が丘），這裡的建築、街道、紅色拱橋及運河等景象令人覺得彷彿來到歐洲義大利威尼斯，喜歡外拍的朋友們來此可以捕捉到許多美美的照片，令人流連忘返。La vita面積範圍並不大，店鋪包括美髮沙龍、皮革用品、雜貨、寵物用品等。若還有空餘時間的話，可前往自由之丘熊野神社走走（步行經ヒルサイド通り約3分鐘抵達）。

▲ 小義大利 La vita 街道景象

▲ 紅色拱橋及運河

▲ 紅色拱橋及運河

🔍 東京都目黑區自由之丘 2-8-3 📞 03-3723-1881 🚉 從自由之丘駅正面口或北口出來，往みずほ銀行旁的道路步行約7分鐘即可抵達 🕙 10:00～18:00 💲 自由參觀 💬 適合親子旅遊，建議待30分鐘遊玩 🗺 參閱地圖 P.247

@ 小義大利 La vita

🍽 彼得兔花園咖啡廳

　　室內裝飾充滿英國鄉村風格的彼得兔花園咖啡廳，令人彷彿置身於童話世界，感覺真的像彼得兔就在身邊用餐，不管是餐桌椅、彼得兔玩偶、菜單(Nemu)、餐點、服務人員的制服皆有彼得兔的元素，料理包括彼得兔蔬食沙拉、起士馬鈴薯泥、焗烤牛肉、麵包、蛋包飯、咖啡、英式下午茶、蛋糕、水果奶油冰淇淋等輕食。咖啡廳有設置彼得兔伴手禮專區，商品包括玩偶、明信片、吊飾、馬克杯、筆記本、兒童圖畫文具等紀念品提供顧客選購。

▲ 彼得兔相關產品

🔍 東京都目黑區自由之丘 1-25 － 20 📞 03-3725-4118 🚉 從自由之丘駅正面口或北口出來，經女神通り步行約4分鐘即可抵達 🕙 11:00～20:00 💲 每人平均消費 1,580 円～ 2,580 円 🗺 參閱地圖 P.247

@ 彼得兔花園咖啡廳

位於東京都武藏野市商業中心的吉祥寺駅，交通匯集 JR 電鐵中央線、中央總武線及京王電鐵井之頭線，車站出入口處分為中央口 (利木津巴士乘車處)、北口及南口，各地市區往返的公車路線四通八達，不管要前往中野、布調、八王子、井之頭恩賜公園、三鷹吉卜力美術館、武藏野市區等地交通都非常方便。吉祥寺地區的居住環境怡人，曾被日本民眾票選最想居住的區域，吉祥寺車站北口商圈的範圍包括吉祥寺商店街 (SUNROAD 為東京人票選最愛的十大商店街之一)、口琴橫丁 (ハーモニカ橫丁)、伊勢丹、PARCO 百貨、東急百貨、UNIQLO、ABC MART、Coppice Kichioji A Hall 購物中心等；車站南口商圈的範圍包括 0101 丸井百貨、唐吉訶德、山田電機 (LABI) 等。吉祥寺商店街有許多商品好逛好買，例如大創（Daiso）百元商品、DHC 直營專賣店、服飾、鞋襪商品 (包括靴下屋、SHOE PLAZA、ABC MART 等)、精品及吊飾、生活雜貨及文具用品 (LOFT、Free Design)、藥妝店 (松本清及 OS drug)、3C 電器ヨドバシカメラ (Yodobashi kamera) 等，美食的部分包括拉麵、炸牛丸、可麗餅、鯛魚燒等。

▲ 吉祥寺商圈

吉祥寺

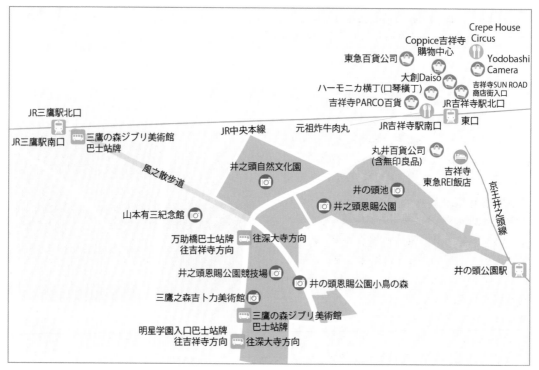

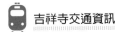
- 從 JR 新宿駅可搭乘 JR 中央線快速列車至 JR 吉祥寺駅，車程時間約 15 分鐘 (車資約 230 円) 抵達。
- 從澀谷駅可搭乘京王電鐵京王井之頭線急行列車至吉祥寺駅，車程時間約 17 分鐘 (車資約 230 円) 抵達。
- 從南大沢駅可搭乘京王線特急列車 (前往相模原線、京王線新宿駅方向) 至明大前駅，再轉乘京王井之頭線急行列車至吉祥寺駅，車程及轉乘時間約 50 ～ 53 分鐘 (車資約 390 円) 抵達。

🍽 元祖炸牛肉丸

　　吉祥寺商店街 (SUNROAD) 內有間知名精肉食品黑毛和牛さとう專門店鋪，為吉祥寺名物之一，主要是販賣日本國產黑毛和牛高檔精肉，另一方面販賣炸物熟食，2 樓為牛排館 (ステーキハウスさとう)，若有機會來此，一定要來排隊購買及品嘗現炸的元祖炸牛肉丸 (元祖丸メンチカツ)，黑毛和牛所製作的炸肉丸 (SATOU) 外層香酥內餡鮮肉多汁，除了炸牛肉丸之外，還可購買牛肉串、極厚牛排、自製豬肉、炸豚肉等。

▲ 黑毛和牛さとう專門店鋪

🔍 東京都武藏野市吉祥寺本町 1-1-8　📞 0422-22-3130　🚉 從吉祥寺駅北口至吉祥寺商店街入口左側街道方向步行約 3 分鐘抵達　🕙 10:00 ～ 19:00　💲 元祖丸メンチカツ 300 円、炸薯餅 200 円　🗺 參閱地圖 P.250

@ 元祖炸牛肉丸

🍽 Crepe House CIRCUS

　　位於吉祥寺商店街 (SUNROAD) 日式甜甜圈 Mister Donut 店鋪對面的巷口街道內，Crepe House CIRCUS(クレープハウス CIRCUS) 可麗餅製作方式類似法式薄餅，餅皮的口感 Q 軟，口味種類非常多樣化，包括生奶油、奶油、草莓、香蕉、火腿、起士、巧克力、玉子蛋、蘭姆葡萄等，料理食材用得很豐富，雖然店鋪範圍不大，給客人座位並不多，若遇到學生放學的時候，店門口總是大排長龍等待享用美食。

▲ Crepe House CIRCUS 店鋪外觀

🔍 東京都武藏野市吉祥寺本町 1-12-13 (センチュリーホーム吉祥寺ビル)　📞 0422-21-4257　🚉 從吉祥寺駅北口經吉祥寺商店街、1 丁目步行約 6 分鐘抵達　🕙 13:00 ～ 19:30　💲 270 円起　🗺 參閱地圖 P.250

@ Crepe House CIRCUS

井之頭恩賜公園

位於東京都武藏野市和三鷹市之間的都立井之頭恩賜公園，腹地面積範圍廣泛，園區的步道沿路綠意盎然，可在草地上野餐，可悠閒地漫步其中，十分愜意，深受當地居民喜愛，公園裡有各式休閒設施、神社、水池(井之頭池、三寶寺池及善福寺池並稱武藏野三大湧水池)，除此之外，公園範圍包括井之頭自然文化園、動物園、水生物館、井之頭弁財天、玉光神社、競技場、三鷹之森吉卜力美術館、文化交流廣場、棒球場等。公園中央的井之頭池畔旁可租借天鵝船遊玩，水池四周環境綠意盎然。

於每年春天3月下旬至4月上旬是櫻花季節，約500棵櫻花樹粉紅綻放(日本賞櫻名所100選)，夏天有森林樹群，秋天有紅葉之美。井之頭恩賜公園非常適合親子同遊，若假日來到公園漫步遊玩的話，有機會遇到雜貨市集的攤販，以及街頭藝人彈吉他唱歌、表演拉小提琴及小朋友喜愛的活動等。

▲ 井之頭池天鵝造型遊客划船

🏠 東京都武藏野市御殿山 1-18-31　📞 0422-47-6900　🚃 從吉祥寺駅南口經井之頭通り、都道 7 號步行約 7 分鐘抵達井之頭恩賜公園；從三鷹吉卜力美術館步行約 1 分鐘抵達　🕐 24 小時　💲 免費　💬 適合親子旅遊，建議待 2～4 小時遊玩　🗺 參閱地圖 P.250

@ 井之頭恩賜公園

三鷹之森吉卜力美術館

三鷹の森ジブリ美術館／みたかのもりジブリびじゅつかん
Mitaka no Mori Jiburi Bijutsukan

位於日本東京都三鷹市井之頭恩賜公園西園範圍內的三鷹之森吉卜力美術館，簡稱為吉卜力美術館，館主為吉卜力工作室的代表人物宮崎駿先生。當走進吉卜力美術館門口時，可見到大龍貓站在售票口內供遊客拍照，走進園區步道時，彷彿置身於夢幻森林裡，沿路綠意盎然，美術館的建築外觀被植物藤蔓所覆蓋著，充滿著神祕感。館內的展示包括原創的動畫短片、作者手繪展示區（作品包括龍貓、天空之城、魔女宅急便、楓之谷、神隱少女、霍爾的移動城堡等）、動畫企畫及製作展示區、龍貓巴士兒童遊樂區、圖書閱覽室及紀念品商店（商品包括各種服飾 T-shirt、手提袋及錢包、文具用品筆及鉛筆盒、人物玩偶、餐具、馬克杯、隨身吊飾等，館外的展示包括屋頂庭園的天空之城機械士兵及拉普達文字的石碑。

▲ 三鷹之森吉卜力美術館外觀

▲ 建築外觀被植物藤蔓覆蓋

注意事項

- 吉卜力美術館禁止拍照、攝影及飲食。
- 原創的動畫短片，每人一張門票僅能觀賞一次，播放時間大約 15 分鐘。
- 龍貓巴士兒童遊樂區僅提供小學六年級以下的小朋友遊玩。
- 三鷹之森吉卜力美術館有控管參觀人數，一天僅開放 4 個時段場次，時間分別為 10:00（最後入場時間 10:30）、12:00、14:00、16:00，須於入場前 30 分鐘抵達美術館入口處排隊報到。
- 門票正面印有購買者的護照名字，入場時需要攜帶護照、身分證及學生證，請在博物館入口確認購票者的身分，若幫團友購買的話，須帶著團友一起確認購票者的身分才能入館。
- 第一場入場 10:00（最後入場時間 10: 30）、第二場入場 12:00（最後入場時間 12: 30）、第三場入場 14:00（最後入場時間 14:30）、第四場入場 16:00（最後入場時間 16:30）。
- 網路購買的門票（入場引換券）記得要列印紙本，內容顯示的預約番號及 QR Code 很重要，1 位代表最多可購買 6 張門票。

購買三鷹之森吉卜力美術館門票方法

- 吉卜力美術館官方授權的旅行社及販售機構。
- 日本 LAWSON(ローソン) 便利商店 Loppi 機台操作及領取「三鷹の森ジブリ美術館」電子預約單至結帳台付費購買。
- 電話語音預約。
- 每月 10 日早上日本時間為 10:00 開始可至購票網址購買下個月分的門票，例如預定 4 月 15 日要去吉卜力美術館，則 3 月 10 日早上 09:00 開始準備上網搶票。

@ 購票網址

三鷹之森吉卜力美術館交通資訊

- 從 JR 新宿駅搭乘 JR 中央線特快列車 (往立川、高尾方向) 至 JR 三鷹駅，車程時間約 14 分鐘 (車資約 230 円)，或搭乘 JR 中央線快速列車 (往立川、高尾方向) 至 JR 三鷹駅，車程時間約 18 分鐘，步行至南口左側三鷹站牌轉搭接駁巴士至三鷹の森ジブリ美術館站牌 (車資大人約 210 円、兒童 110 円)，再步行約 1 分鐘抵達。接駁公車三鷹站牌～三鷹の森ジブリ美術館站牌之間的往返優惠票券大人 320 円，兒童 160 円)
- 從 JR 三鷹駅南口步行經風之散步道，右轉吉祥寺通り至三鷹吉卜力美術館約 18 分鐘抵達
- 從吉祥寺駅南口搭乘吉 01、吉 02(小田急)、吉 04、吉 06、吉 12、吉 13、吉 14(京王東) 巴士至明星學園入口站牌或萬助橋站牌下車，車程時間約 5 ～ 7 分鐘 (車資約 220 円)，再步行約 3 分鐘抵達。巴士乘車處 3 ～ 8 號位於井之頭通り及 0101 丸井百貨公司門口旁 (吉 01 乘車處為 3 番、吉 06 乘車處為 4 番、吉 13 乘車處為 5 番、吉 04 乘車處為 6 番、吉 14 乘車處為 8 番)。

▲三鷹之森吉卜力美術館門票

- 從深大寺步行至深大寺小學校站牌 (三鷹通り) 搭乘吉 14(京王東)、吉 06 巴士至明星學園入口站牌，車程時間約 20 ～ 25 分鐘 (車資約 220 円)，再步行約 3 分鐘抵達。
- 京王調布駅中央口 (菊屋ビル旁布調駅北口 11 或 12 號乘車處) 可搭乘吉 06、吉 05(小田急)、吉 14(京王東) 巴士至明星學園入口站牌，車程時間約 35 ～ 40 分鐘 (車資約 220 円)，再步行約 3 分鐘抵達。

▲ JR 三鷹駅南口左側三鷹站牌的接駁巴士

🏠 東京都三鷹市下連雀 1-1-83 (都立井之頭恩賜公園西園內) 📞 0570-055-777 ⏰ 110:00~18:00，週二休館 (不定期休館，請至官方網站查詢) 💲 大人 (大學生)1,000 円、中高生 700 円、小學生 400 円、幼兒 (4 歲以上)100 円 💬 適合親子旅遊，建議待 1.5 ～ 2 小時遊玩 🗺 參閱地圖 P.250

@ 三鷹之森吉卜力美術館

位於東京都調布市已有 1300 多年歷史的深大寺，建於西元 733 年，山號浮岳山，是一間有名厄除元三大師的古寺，也是東京都歷史第二悠久的古寺(僅次於淺草觀音寺)，寺院的範圍包括山門、鐘樓、元三大師堂、常香樓、本堂、水手舍、多聞院坂、五大尊池、書院、客殿、白山神社、釋迦堂(白鳳仏奉安)、梵鐘等。掛有「浮岳山」匾額的山門(入口)為深大寺重要的歷史建築，在進行參拜之前，先要到水手舍洗手洗淨身上不好的東西。常香樓似為香爐，可用手將香爐上的煙氣往身上撥一撥，據說可消除身上的晦氣及治癒身體疼痛的疾病。本堂供奉阿彌陀三尊像，保佑民眾以結緣、除厄、消災為主。赤駒是深大寺有名的鄉土民藝品，水木茂先生曾經送給太太的禮物，據說赤駒馬可以保平安順心、戀人結緣。

深大寺每年 3 月初會舉辦厄除元三大師祭典及不倒翁市集的活動，寺院門外商店街道有幾間知名的蕎麥麵店鋪及攤販，店內所販賣的蕎麥麵、草まんじゅう及蕎麥羊羹，皆是深大寺地區的名物，蕎麥麵條沾上清香的醬油時，口感吃起來清涼爽口，草まんじゅう口感吃起來像烤麻糬及草粿，外皮酥脆，內餡食材是紅豆泥，蕎麥羊羹吃起來口感甜味適中不彈牙。

▲深大寺本堂外觀

🗺 ## 深大寺

📷 神代植物公園

青渭神社前巴士站牌(吉14)
往吉卜力美術館方向

📷 深大寺

青渭神社前巴士站牌(吉14)
往調布駅方向

📷 深大寺山門

青渭神社 📷

三鷹通り

🍴 鬼太郎茶屋

調布市立 深大寺小学校

📷 深大寺遊客中心

🚌 深大寺巴士站牌

深大寺小学校巴士站牌(吉14)
往吉卜力美術館方向

深大寺通り

📷 神代植物公園 水生植物園

深大寺交通資訊

- 從新宿駅搭乘京王電鐵京王線特急列車至調布駅，車程時間約 15 分鐘 (車資約 280 円)，從中央口步行至 11 番乘車處轉搭乘調 34 巴士至深大寺站牌下車，車程約 15 分鐘 (車資約 220 円)，再步行約 1 分鐘抵達。

- 從新宿駅搭乘京王電鐵京王線區間急行列車至つつじヶ丘駅北口，車程時間約 20 分鐘 (車資約 230 円)，從北口轉搭乘丘 21 至深大寺站牌下車，車程約 15 分鐘 (車資約 220 円)，再步行約 1 分鐘抵達。

- 從澀谷駅搭乘京王電鐵京王井之頭線至明大前駅，轉乘京王線至調布駅，車程及轉乘時間約 25 分鐘 (車資約 280 円)，從中央口步行至 11 番乘車處轉搭乘調 34 巴士至深大寺站牌下車，車程約 15 分鐘 (車資約 220 円)，再步行約 1 分鐘抵達。

- 從調布駅中央口步行至 11 番乘車處搭乘吉 14(吉祥寺駅方向)、調 35、鷹 66(往三鷹駅方向) 巴士至深大寺小學校前站牌下車，車程約 10 分鐘 (車資約 220 円)，再步行約 5 分鐘抵達。

- 從 JR 吉祥寺駅 (南口)6 番乘車處可搭乘吉 04(乘車處為 6 番) 巴士至深大寺站牌下車，車程約 25 分鐘 (車資約 220 円)，再步行約 3 分鐘抵達；或搭乘吉 14(乘車處為 8 番) 巴士至深大寺小學校站牌下車，車程約 20 分鐘 (車資約 220 円)，再步行約 5 分鐘抵達。

🏠 東京都調布市深大寺元町 5-15-1 📞 042-486-5511 🕐 09:00 ～ 17:00 💲 免費，參拜國寶佛像 (白鳳仏) 費用 300 円 💬 建議待 30 分鐘遊玩 🗻 參閱地圖 P.255

@ 深大寺

📷 鬼太郎茶屋

已故作者水木茂先生出生於鳥取縣境港市，後來移居到東京都調布市，作品以妖怪鬼太郎 (ゲゲゲの鬼太郎) 為主題的鬼太郎茶屋位於深大寺旁，茶屋門外有許多鬼太郎人物角色及場景提供遊客拍照，包括人物立牌，深受大人孩子的喜愛，室內 1 樓有設置茶點餐廳，菜單（MENU）的內容都與漫畫人物有關，例如饅頭上面有眼球老爹的圖案，咖啡拿鐵製作人物圖案等，用完餐記得將餐具放至回收（返却）處。販賣部有各種鬼太郎系列的文具、零食、玩偶、飾品、音樂光碟、杯子、生活雜貨，和書籍等周邊商品，提供遊客購買，茶屋 2 樓有陳列妖怪博士水木茂先生的簡介、漫畫作品、妖怪模型及妖怪展示藝廊。

▲ 鬼太郎茶屋外觀

🏠 東京都調布市深大寺元町 5-12-8 📞 042-482-4059 🕐 10:00～17:00，每星期一休館 🚉 深大寺站牌旁，從深大寺步行約 1 分鐘抵達 💲 消費 400 円～ 800 円 💬 適合親子旅遊，建議待 30 ～ 50 分鐘遊玩 🗻 參閱地圖 P.255

@ 鬼太郎茶屋

　　喜歡《烏龍派出所》這部動漫作品的朋友們，可安排前往東京都葛飾區周邊的 JR 龜有駅商圈遊玩，車站內資訊欄架有放置中文及英文版的兩津銅像巡遊地圖，可提供遊客領取及尋找烏龍派出所的人物銅像（約 15 座人物銅像，包括兩津勘吉、中川圭一、秋本麗子、麻里愛等），很適合愛尋寶、蓋紀念章、拍照、打卡的旅人。龜有駅北口附近有商店街、派出所交番、龜有公園等景點，平價美食包括摩斯漢堡、松屋、やよい軒等，龜有駅南口附近有亀有リリオ館（7 樓龜有地區中心室內有麗子像）、香取神社、Ario 購物中心等景點，平價美食包括和幸ビーンズ（豬排）、天丼てんや、なか卯 (Nakau)、麥當勞等。

　　前往 JR 龜有駅時，通常會建議大家使用 IC 卡搭乘大眾交通工具的車資會比較節省，因龜有駅屬於 JR 電鐵常磐線的車站，剛好龜有車站這段路程與東京地鐵千代田線為共軌鐵道（常磐線各站停車），若使用東京地鐵 (Tokyo Subway Ticket)

券搭乘千代田線至龜有駅的話，出站之前須拿 Tokyo Subway Ticket 至駅務室補票 140 円給 JR 電鐵站務人員，若回程要使用 Tokyo Subway Ticket 的話，須先至售票機購買 140 円車票進入車站內。JR 上野駅雖有 JR 常磐線快速列車前往我孫子駅（千葉方向），但 JR 電車會從北千住駅直接行駛至松戶駅，中途不會停靠龜有駅。

　　車站北口及南口四周附近皆有烏龍派出所的人物銅像，從 JR 龜有駅北口步行至龜有公園約 3 分鐘，其實烏龍派出所的日文名稱為こちら葛飾區龜有公園前派出所，公園有設置許多兩津銅像，人物外觀生動活潑有趣味。從 JR 龜有駅南口步行至龜有香取神社約 6 分鐘，神社除了有烏龍派出所漫畫兩津勘吉角色的銅像及繪馬之外，還可以看到足球小將大空翼的繪馬圖案，據說來此祈求神明可保佑必勝、足腰健康、良緣成就、安產祈願、交通安全、心願成就、病氣平癒、商業繁盛、家內安全等，御守護身符一個價格約 500 円。

▲歡迎光臨兩津、中川、麗子像，以及秋本老師的手印（南口）

- 從 JR 池袋駅搭乘 JR 山手線（上野／東京方向外環線 7 號月台）至西日暮里駅，出站再轉乘東京地鐵千代田線至龜有駅，車程及轉乘時間約 32 分鐘（車資約 410 円）抵達。
- 從上野駅搭乘東京地鐵日比谷駅至北千住駅，再轉乘東京地鐵千代田線至龜有駅，車程及轉乘時間約 22 分鐘（車資約 350 円）抵達。或從 JR 上野駅搭乘 JR 常盤線至 JR 龜有駅，車程時間約 28 分鐘（車資約 230 円）抵達。
- 從淺草駅搭乘東武晴空塔線至北千住駅，再轉乘東京地鐵千代田線至龜有駅，車程及轉乘時間約 32 分鐘（車資約 380 円）抵達。
- 從澀谷駅搭乘東京地鐵銀座線至表參駅，再轉乘東京地鐵千代田線至龜有駅，車程及轉乘時間約 45 分鐘（車資約 430 円）抵達。
- 從新宿駅搭乘都營地鐵新宿線至小川町駅，出站步行地下聯絡道至新御茶之水駅再轉乘東京地鐵千代田線至龜有駅，車程及轉乘時間約

龜有公園內休息中的兩津像

40 分鐘（車資約 530 円）抵達。
- 建議從東京駅步行至二重橋前駅搭乘東京地鐵千代田線至龜有駅，車程及步行時間約 32 分鐘（車資約 380 円）抵達。

龜有

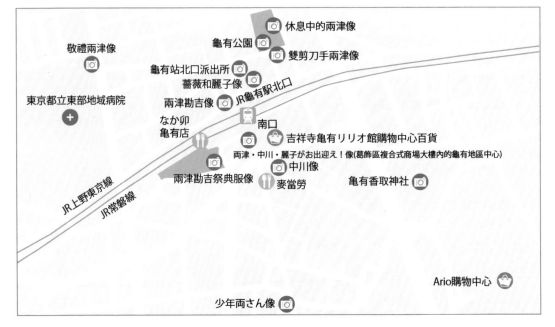

🛍 Ario

　　龜有駅附近除了可尋找搞笑正義的烏龍派出所兩津勘吉等人物銅像之外，附近還有一間超大型的購物商場 Ario（伊藤洋華堂 / アリオ龜有），前往的途中順便可以去香取神社參拜一下。Ario 購物商場 3 樓有設置烏龍派出所遊樂場，遊戲機包括漫畫場景、打地鼠、夾娃娃機等，商場專櫃有許多日本知名廠牌的熱門商品，化妝品包括 KOSE、Kanebo、SHISEIDO、DHC、NIVEA 等；服飾包括 Levi's、H & M、UNIQLO、ABC MART 鞋店等；日用品包括 Loft、無印良品、雪印乳業、阿卡將、明治、花王等；卡通人物商品包括皮卡丘、小熊維尼、海賊王、哆啦 A 夢、拉拉熊、史努比、Duffy、冰雪奇緣、Hello Kitty、美樂蒂 (My Melody) 等。

▲ Ario 購物商場外觀

▲ 阿卡將兒童服飾店外觀

▲ 烏龍派出所遊樂場外觀

📍 東京都葛飾區龜有 3-49-3　📞 03-3838-5111　🚃 從 JR 龜有駅南口前方步行約 6 分鐘抵達　🕐 10:00 ～ 21:00　💲 依店鋪而異　🗺 參閱地圖 P.258

@ Ario

🍽 なか卯

　　在全日本擁有 470 家以上店鋪的なか卯料理連鎖店，以東京及大阪為中心，是日本傳統的家常料理。店內提供牛肉丼飯、海鮮丼、親子丼、喬麥麵、擔擔麵、鰻魚飯、咖哩飯等種類多樣的料理，除此之外還有鮭魚味噌湯及蒸蛋等傳統日式早餐提供給顧客隨意選擇。顧客進入店內操作自動點餐機時，可切換至中文版畫面，運用簡單明瞭的菜單圖片，讓不懂日文的朋友也很容易購買食券。

◀ 海鮮丼　　　▲ なか卯外觀

📍 東京都葛飾區龜有 3-25-1　📞 03-6833-8824　🚃 從 JR 龜有駅南口右側步行約 1 分鐘抵達　🕐 週一至週五 09:00 ～ 21:00、週六及週日 09:00 ～ 20:00(最後點餐時間為關閉前 15 分鐘)　💲 450 円起　🗺 參閱地圖 P.258

@ なか卯

三麗鷗彩虹樂園　サンリオピューロランド
Sanrio Puroland

位於東京都多摩市的彩虹室內主題樂園為日本三麗鷗公司所打造主題樂園，也被大家稱為多摩 HELLO KITTY 樂園，大人及小朋友都為此樂園而瘋狂，園區內的角色人物真的很萌，真的太可愛了，包括凱蒂貓（Hello Kitty）、丹尼爾（Daniel）、大耳狗喜拿、美樂蒂、My Sweet Piano 小綿羊、布丁狗、雙星仙子、帕恰狗、蹦蹦兔等，還有多項遊樂設施可讓人盡情玩樂及拍照留念，包括園區 1F 三麗鷗小鎮可搭乘美樂蒂＆酷洛咪小火車（美樂蒂所生活的世界）、1F 草莓大廳蛋黃哥樂園，設施內有設置蛋黃壽司店，可讓遊客拍照攝影；1F Puro 村莊的戀愛祈願（Hello Kitty 幸福之鐘）；2F Kitty 女士之家（可拍照攝影留念）；2F 可體驗雙星仙子 Kiki & Lala 的閃亮之旅，建築裝飾充滿粉彩色系的夢幻家具及雜貨，在這裡可以自由拍照；2F Puro 村莊的三麗鷗明星家族飄飄船等。

彩虹樂園的歌舞秀與大遊行活動也是非常華麗及精彩，包括凱蒂貓、丹尼爾、美樂蒂等角色搭乘五彩繽紛的花車舉行奇蹟禮物大遊行、3D 光雕投影幻彩歌舞秀（奇蹟光影★ Happiness）、蛋黃哥的電影秀、童話劇場 KAWAII KABUKI Hello Kitty 劇團的桃太郎秀等，尤其是 3D 光雕投影幻彩歌舞秀，故事描述智慧樹上集結了所有人的希望與夢想，最後劇情將敲響幸福的鐘聲。

園區 3 樓有設置紀念商品店鋪，商品店鋪包括 KITTY 女士之家專賣店、蛋黃哥專賣店、入口商店，4 樓有大耳狗週年紀念品商店、美樂蒂專賣店等，令人失心瘋的店鋪可購買到凱蒂貓原創商品，以及三麗鷗所有人物的周邊商品，很多都是限定商品，包括文具、娃娃玩偶、毛巾、吊飾用品、馬克杯、手提包包、服飾、保溫瓶、生活雜貨等，所以來此要好好把握機會血拼。4 樓有設置自助餐廳（用餐過程中有機會遇見喜歡的卡通角色）、三麗鷗彩虹世界餐廳及大耳狗喜拿夢幻咖啡廳，有販賣義大利麵、蛋包飯、肉類、可麗餅、甜點飲料等。

彩虹室內主題樂園交通資訊

- 從新宿駅搭乘京王電鐵京王線準特急列車至京王多摩中心 (京王多摩センター) 駅，車程約 30 分鐘 (車資約 360 円)，再步行約 8 分鐘抵達彩虹室內主題樂園；或從新宿駅搭乘小田急電鐵快速急行列車至京王多摩中心 (京王多摩センター) 駅，車程約 33 分鐘 (車資約 390 円)，從南口再步行約 8 分鐘抵達彩虹室內主題樂園。

- 從澀谷駅搭乘京王電鐵井之頭線急行列車 (往吉祥寺方向) 至明大前駅，再轉乘京王線準特急列車 (往橋本方向) 至京王多摩中心 (京王多摩センター) 駅，車程約 35 分鐘 (車資約 360 円)，從南口再步行約 8 分鐘抵達彩虹室內主題樂園。

- 從立川北駅搭乘多摩單軌電車至多摩中心駅，車程約 25 分鐘 (車資約 410 円)，再步行約 9 分鐘抵達彩虹室內主題樂園。

- 從南大澤駅搭乘京王電鐵京王相模原線至京王多摩中心 (京王多摩センター) 駅，車程約 4 分鐘 (車資約 160 円)，從南口再步行約 8 分鐘抵達彩虹室內主題樂園。

多摩彩虹樂園

▲ 彩虹室內主題樂園入口大廳

▲ 京王及小田急多摩センター駅

▲ 彩虹室內主題樂園入口大廳

▲ Puro 村莊建築

注意事項：

- 遊行演出前 30 分鐘至遊行結束期間，戀愛祈願 (Hello Kitty 幸福之鐘) 的遊樂設施暫停使用。
- 紀念商品店鋪門口有設置貨幣兌換機。
- 嬰兒車限於 3 樓及 4 樓使用，置物櫃費用 600 円。
- 園區 1 樓有設置嬰兒室可供 4 人使用，母嬰室內有配置兒童專用洗手間和尿布更換台等設備。
- 園區 4F Melody 的家旁邊有設置服務櫃檯，提供紀念商品免稅服務。

🏠 東京都多摩市落合 1-31 📞 042-339-1111 🕐 平日 09:30 ～ 17:00；假日包括週末，法定節假日以及三麗鷗彩虹樂園認定的學校假日 08:30 ～ 18:00 💲 平日大人 (18 歲以上) 4,300 円、兒童 (3 ～ 17 歲)3,200 円，午後入場大人 2,800 円、兒童 2,500 円；週末節假日門票 4,900 円，兒童 3,800 円，午後入場大人 3,200 円、兒童 2,900 円 💬 適合親子旅遊，建議待 4 ～ 6 小時遊玩 🗺 參閱地圖 P.261

@ 彩虹室內
主題樂園

MITSUI OUTLET PARK 多摩南大澤

位於八王子市京王電鐵相模原線南大澤駅旁的 MITSUI OUTLET PARK 多摩南大澤（三井アウトレットパーク 多摩南大沢），店鋪總數約有 110 家，駐進許多日本及歐美知名品牌，多數店鋪有提供旅客免稅服務，建築的規畫分為 2 個區域，分別為 A 及 B 街區，購物商場的建築及街道外觀有如法國普羅旺斯的鄉村風格，每年 11 月中下旬至 12 月中旬來此購物的話，有機會欣賞秋天行道樹楓紅的街景。商場 A 街區範圍內有設置各式服飾及配件、兒童服飾、精品包包（MICHAEL KORS、COACH 等）、運動休閒（Nike、New Balance、Adidas、PUMA、ASICS、Columbia 等）、生活雜貨用品等店鋪，B 街區範圍內的店鋪包括 GAP 服飾、Green & Pet、美食餐廳（燒肉、義大利料理、自助餐、涮涮鍋、Butter 甜點等）、Sakagami 超級市場等。OUTLET PARK 每到假日時光，園區內的舞台會舉辦各種表演及

親子互動活動，尤其是每年元旦新年、萬聖節、聖誕節等。購物商城也有提供輪椅、嬰兒車的出借、母嬰休息室、兒童遊戲區、投幣室置物櫃、商品宅配等設施及服務。

 多摩南大澤交通資訊

- 從新宿駅可搭乘京王線特急列車（前往相模原線橋本駅方向）至南大澤駅，車程時間約 40 分鐘（日幣約 390 円）抵達，再往首都大學東京南門方向步行約 3 分鐘抵達。
- 從澀谷駅可搭乘京王電鐵京王井之頭線急行列車（前往吉祥寺方向）至明大前駅，再轉乘京王線特急列車（前往相模原線橋本駅方向）至南大澤駅，車程及轉乘時間約 47 ～ 50 分鐘（日幣約 390 円）抵達，再往首都大學東京南門方向步行約 3 分鐘抵達。
- 從吉祥寺駅可搭乘京王電鐵京王井之頭線急行列車（前往澀谷方向）至明大前駅，再轉乘京王線特急列車（前往相模原線橋本駅方向）至南大澤駅，車程及轉乘時間約 50 ～ 53 分鐘（日幣約 390 円）抵達，再往首都大學東京南門方向步行約 3 分鐘抵達。
- 從 JR 橫濱駅可搭乘 JR 橫濱線（往八王子方向）至橋本駅，再轉乘京王電鐵相模原線至南大澤駅，車程及轉乘時間約 70 分鐘（日幣約 820 円）抵達，再往首都大學東京南門方向步行約 3 分鐘抵達。因 JR 橫濱駅前往八王子方向的班次不多，建議先搭乘 JR 京濱東北‧根岸線（大宮、八王子方向）至 JR 東神奈川駅再轉乘 JR 橫濱線前往 JR 橋本駅轉乘京王電鐵相模原線即可。

▲ OUTLET 建築及街道外觀

▲ 京王電鐵南大澤駅外觀

@ 多摩南大澤
地圖

@ 多摩南大澤

🏠 東京都八王子市南大澤 1-600 📞 042-670-5777 🕐 10：00 ～ 20：00(餐廳 11：00 ～ 22：00，超級市場 10：00 ～ 21：00)，不定期休館 💲 免費 💬 適合親子旅遊，建議待 2 ～ 4 小時遊玩

藤子・F・不二雄博物館

藤子・F・不二雄ミュージアム
Fujiko・F・Fujio Museum

日本知名的漫畫作家藤子·F·不二雄（ふじこふじお）是兩位日本漫畫作家藤本弘與安孫子素雄共用的筆名，皆為富山縣人，哆啦A夢是藤子·F·不二雄的代表作，深受大人及小朋友喜愛，另外熱銷的作品還包括奇天烈大百科、超能力魔美、小鬼Q太郎、小超人帕門等。位於神奈川縣川崎市多摩區的藤子・F・不二雄博物館於2011年9月3日正式開幕，博物館的門票皆採用預約制，售票方式可選擇官方網站訂票、LAWSON便利商店的Loppi機台操作預約訂票，官方授權的旅遊售票公司等，進館時間有4個梯次時段，分別為10:00、12:00、14:00、16:00。

博物館內有3個樓層，1樓及2樓的範圍為漫畫家作品展示區，1樓可參觀企畫會場、作者書房所設置的物品及博物館禮品店，紀念商品包括手巾、漫畫、筆記本、娃娃、馬克杯、手機吊飾、服飾、餅乾（記憶吐司餅乾）、竹蜻蜓頭飾等。

2樓有兒童遊戲區、漫畫區、動物房（由紙屑製成的動物），以及富士劇場（每20分鐘播放一部簡短的電影）等；3樓為戶外展示區，包括屋頂遊樂場及餐廳。屋頂遊樂場有許多人物景物很值得遊客拍照遊玩，例如任意門、哆啦A夢與三根水泥管、大雄的恐龍、胖虎水井、哆啦美、靜香、小夫、小超人帕門、布比等。博物館餐廳的菜單充滿哆啦A夢的元素，菜單項目包括鈴鐺圖案的漢堡套餐、哆啦A夢造型的焗烤料理及拿鐵、起士蛋糕、記憶吐司等，除了哆啦A夢的造型餐食之外，也包括其他漫畫人物造型的拉麵、甜點、牛奶、茶及果汁。

從登戶駅的生田綠地口步行至藤子・F・不二雄博物館接駁巴士站牌，可搭乘藤子・F・不二雄ミュージアム線循環巴士前往博物館，巴士車廂內的造型及布置也充滿漫畫人物，車程時間約10分鐘（車資約210円）抵達。

▲ 大雄的恐龍

▲ 3樓餐廳及販賣部外觀

注意事項

- 官方網站可於每月30日開始預訂未來兩個月內的入場門票。
- 須於指定進館的時間後30分鐘內入館。
- 博物館沒有提供停車場設施。
- 館內1樓及2樓展示區禁止拍照。
- 富士劇場可憑門票免費觀賞，影片播放時間約20分鐘。
- 若要在博物館內的餐廳用餐的話，建議中午11:00左右入場，以免遊客太多須排隊等候。

- 從新宿駅可搭乘小田急電鐵小田原線快速急行列車 (往藤澤、伊勢原、向丘遊園方向) 至登戶駅，車程時間約 17 分鐘 (車資約 270 円)，再轉乘博物館接駁巴士即可抵達。

- 從表參道駅搭乘千代田線急行列車 (往伊勢原、向丘遊園方向) 至登戶駅，車程時間約 23 分鐘 (車資約 410 円)，再轉乘博物館接駁巴士即可抵達。東京地鐵千代田線與小田急電鐵小田原線鐵路共軌。

- 從池袋駅可搭乘東京地鐵副都心線至明治神宮前駅，再轉乘東京地鐵千代田線急行列車 (往伊勢原、向丘遊園方向) 至登戶駅，車程及轉乘時間約 45 分鐘 (車資約 440 円)，再轉乘博物館接駁巴士即可抵達。

- 從東京駅可搭乘東京地鐵丸之內線至國會議事堂前駅，再轉乘東京地鐵千代田線急行列車 (往伊勢原、向丘遊園方向) 至登戶駅，車程及轉乘時間約 45 分鐘 (車資約 440 円)，再轉乘博物館接駁巴士即可抵達。

- 從澀谷駅可搭乘東京地鐵銀座線至表參道駅，再轉乘東京地鐵千代田線急行列車 (往伊勢原、向丘遊園方向) 至登戶駅，車程及轉乘時間約 30 分鐘 (車資約 410 円)，再轉乘博物館接駁巴士即可抵達。

- 從上野駅可搭乘東京地鐵銀座線至表參道駅，再轉乘東京地鐵千代田線急行列車 (往伊勢原、向丘遊園方向) 至登戶駅，車程時間約 55 分鐘 (車資約 490 円)，再轉乘博物館接駁巴士即可抵達。

- 從淺草駅可搭乘東京地鐵銀座線至表參道駅，再轉乘東京地鐵千代田線急行列車 (往伊勢原、向丘遊園方向) 至登戶駅，車程及轉乘時間約 60 分鐘 (車資約 490 円)，再轉乘博物館接駁巴士即可抵達。

- 從橫濱駅可搭乘東急電鐵東橫線特級列車至武藏小杉駅，轉乘 JR 南武線至 JR 登戶駅，轉乘時間約 35 分鐘 (車資約 430 円)，再轉乘博物館接駁巴士即可抵達。

- 從小田急小田原線向丘遊園駅至博物館步行約 16 分鐘抵達。

- 從 JR 南武線宿河原駅至博物館步行約 15 分鐘抵達。

▲ 眺望川崎市街景

藤子・F・不二雄博物館

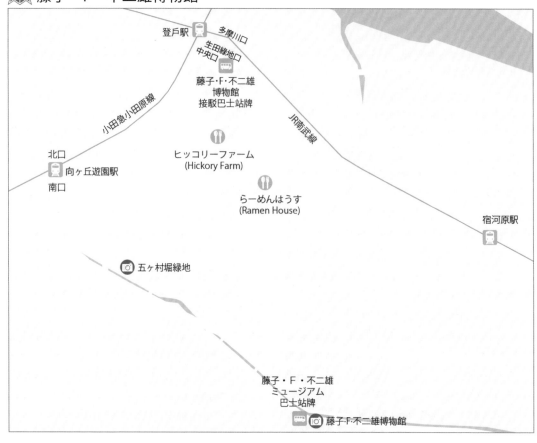

登戸駅　多摩川口
生田線地口
中央口
藤子・F・不二雄
博物館
接駁巴士站牌

小田急小田原線

JR南武線

北口
向ヶ丘遊園駅
南口

ヒッコリーファーム
(Hickory Farm)

らーめんはうす
(Ramen House)

宿河原駅

五ヶ村堀緑地

藤子・F・不二雄
ミュージアム
巴士站牌

藤子·F·不二雄博物館

▲ 屋頂遊樂場

▲ 哆啦 A 夢焗烤料理

神奈川縣川崎市多摩區長尾 2-8-1　0570-055-245　10:00 ～ 18:00，休館日為每週二、年底年初 (12/30 ～隔年 1/3)　成人 1,000 円、中學生 700 円、4 歲以上小孩 500 円，3 歲以下兒童免費　適合親子旅遊，建議待 2 ～ 3 小時遊玩　參閱地圖 P.266

@ 藤子・F・不二雄
博物館

國營昭和紀念公園 こくえいしょうわきねんこうえん
Showa Kinen Park

於 1983 年 (昭和 58 年) 正式開園營業至今的國營昭和紀念公園，位於東京都立川市與昭島市之間。公園是為了紀念昭和天皇執政 50 年所建造而成的，面積約 165 公頃，範圍占地非常廣闊，園區內有寬敞的人行步道、自行車道以及各種花園及廣場森林，為東京都最大的公園。一年四季公園種植了各式各樣的花卉可以欣賞，例如春季可欣賞櫻花、鬱金香、薰衣草等；夏季可欣賞荷花睡蓮、向日葵；秋季可欣賞楓葉、波斯菊；冬季可欣賞銀杏、梅花、水仙等。每年春季賞櫻、秋季 11 月底欣賞楓葉及銀杏樹林的期間，最吸引遊客前來留拍照留念。

昭和紀念公園區域範圍包括花の丘、櫻之園、梅之園、水鳥の池、噴泉廣場、地底の泉、砂山園、日本庭園、みんなの原っぱ、綜合案內所及昭和天皇紀念館等，非常適合安排親子踏青、騎自行車的活動。公園有很多的入口處，包括あけぼの口、高松口、立川口、紀念館口、西立川口、昭島口、玉川上水口及砂川口，通常建議大家從西立川口售票處進入園區內比較方便。

國營昭和紀念公園很適合全家大小一同前來踏青遊玩，是老少咸宜的自助旅行景點，園區內可搭乘園內周遊小火車及租借腳踏車 (須額外費用)，園內周遊小火車每次搭乘費用大人約 310 円、兒童約 160 円。水鳥の池有提供遊客划船 (須另外費用)，附近的戲水區提供遊客免費遊玩，彩虹水上樂園 (須門票) 於暑假期間 (7 月中旬至 9 月初) 開放。日本庭園一年四季都有迷人的風景供遊客觀賞，尤其每年 11 月分可欣賞庭園的楓紅美景，夜晚也有秋之葉點燈活動，可提供遊客散步遊園。庭園周邊環境的範圍包括涼亭、木棧橋梁、岩石、松竹、遊湖棧道等，呈茶日式木屋有提供抹茶及和菓子的服務，一人份費用約 610 円，可一邊欣賞日式庭園，以及靜靜坐著享用日式茶點；盆栽苑內有展示許多植物盆栽，可供遊客欣賞。

▲ 園內周遊小火車

▲ 日式庭園水池、植物、岩石之景

▲ 日式庭園水池、植物、岩石之景

國營昭和紀念公園交通資訊

- 從 JR 新宿駅可搭乘 JR 中央線特快列車 (11 或 12 號月台往高尾、大月方向) 至 JR 立川駅，車程時間約 28 分鐘 (車資約 490 円)，再往車站北口方向經多摩單軌電車立川北駅，沿著人行聯絡道空橋步行約 10 分鐘抵達公園あけぼの口。

- 從 JR 新宿駅可搭乘 JR 中央線特快列車 (往高尾方向) 至 JR 立川駅，再轉乘 JR 青梅線至 JR 西立川駅，車程及轉乘時間約 36 分鐘 (車資約 490 円)，再往車站公園口方向步行約 2 分鐘抵達公園西立川口售票處。若搭乘 JR 中央線往青梅快速列車 (或青梅特快) 的話，不用在立川駅轉乘，電車可直接停靠西立川駅，車程時間約 46 分鐘抵達。

- 從 JR 東京駅可搭乘 JR 中央線特快列車 (1 號月台往大月方向) 至 JR 立川駅，車程時間約 43 分鐘 (車資約 660 円)，再往車站北口方向經多摩單軌電車立川北駅，沿著人行聯絡道空橋步行約 10 分鐘抵達公園あけぼの口。

- 從多摩中心駅搭乘多摩單軌電車至立川北駅，車程約 25 分鐘 (車資約 410 円)，再步行約 8 分鐘抵達公園あけぼの口。

▲ JR 西立川駅外觀

▲ 國營昭和紀念公園西立川口售票處

▲ 花田みんなの原っぱ

國營昭和紀念公園

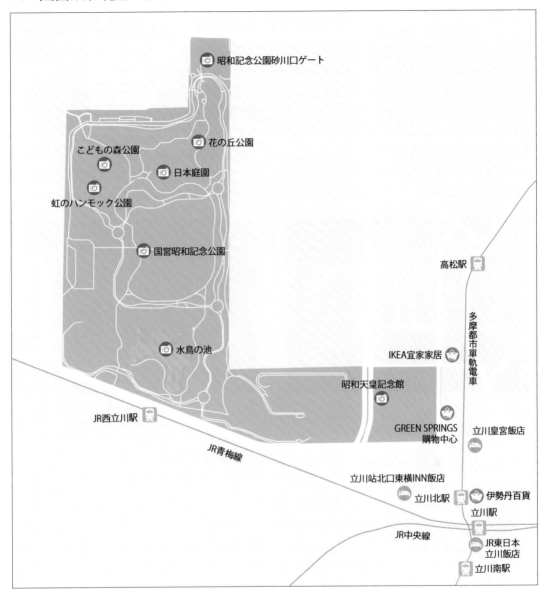

昭和記念公園砂川口ゲート

花の丘公園

こどもの森公園

日本庭園

虹のハンモック公園

国営昭和記念公園

水鳥の池

高松駅

多摩都市單軌電車

IKEA宜家家居

昭和天皇記念館

JR西立川駅

GREEN SPRINGS
購物中心

立川皇宮飯店

JR青梅線

立川站北口東橫INN飯店

立川北駅

伊勢丹百貨

立川駅

JR中央線

JR東日本
立川飯店

立川南駅

東京都立川市綠町 3173 📞 04-2528-1751 🕐 09:30 ～ 17:00(3/1 ～ 10/31)、09:30 ～ 16:30(11/1 ～隔年 2 月底)、09:30 ～ 18:00(4/1 ～ 9/30 的週六、週日及國定假日)、八月第三個星期日 09:30 ～ 19:00，隔天 09:30 ～ 18:30，12/31 及隔年 1/1(新年元旦休園) 💲 當日門票大人 (15 歲以上)450 円、65 歲以上 210 円；園區 2 日券大人 (15 歲以上)500 円、65 歲以上 250 円、0 ～ 14 歲免費入園 💬 適合親子旅遊，建議待 3 ～ 4 小時遊玩 🗺 參閱地圖 P.269

@ 國營昭和
紀念公園

都營電鐵荒川線是東京都唯一僅留下的路面軌道電車，三之輪橋駅至早稻田駅之間全長約 12.2 公里，全線合計 30 個車站，每次搭乘大人車資約 170 円、兒童小學生資約 90 円，都電荒川線一日自由乘車券 (Tokyo Sakura Tram) 成人 400 円、兒童 200 円，售票地點為都電車廂內、荒川電車營業所等，限購買當日有效。

都電荒川線沿途中保有許多懷舊的傳統商街、日本文化及歷史遺跡，景點包括巢鴨地藏通商店街、梶原銀座通、鬼子母神堂、高岩寺等，喜愛鐵道文化的電車鐵道迷們，可前往三之輪橋及荒川車庫前拍攝復古的電車。除此之外，每年 3 月底至 4 月中旬於路面電車沿線可欣賞到盛開的櫻花 (賞櫻花的景點被稱為東京櫻花路面電車)，5 月上旬至 6 月上旬、10 月上旬至 11 月上旬在東京櫻花路面電車沿線上可欣賞美麗的玫瑰花，從 7 月下旬至 8 月上旬期間巢鴨地藏通商店街會舉行盂蘭盆祭典大會。

▲ 都營電鐵荒川線路面電車外觀

▲ 電車行駛站名資訊

 **前往荒川區的交通路線建議如下**
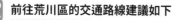

- 從 JR 池袋駅可搭乘 JR 山手線 (上野 / 東京方面外環線 7 號月台) 至 JR 大塚駅，車程時間約 2 分鐘 (車資約 150 円)，再步行至都電荒川線大塚駅前駅即可；或從池袋駅搭乘東京地鐵有樂町線至東池袋駅 4 號出口，車程時間約 2 分鐘 (車資約 180 円)，再步行至都電荒川線東池袋四丁目駅前駅即可。
- 從 JR 上野駅可搭乘 JR 京濱東北線至 JR 王子駅，車程時間約 12 分鐘 (車資約 180 円)，再步行至都電荒川線王子駅前駅即可；或從上野駅搭乘東京地鐵日比谷線至三之輪駅 3 號出口，車程時間約 4 分鐘 (車資約 180 円)，再步行至都電荒川線三之輪橋駅約 5 分鐘抵達。
- 從澀谷駅搭乘東京地鐵副都心線至雜司が谷駅 1 號出口，車程時間約 15 分鐘 (車資約 210 円)，再步行至都電荒川線鬼子母神前駅即可。
- 從東京駅步行至大手町駅搭乘都營地鐵三田線至巢鴨駅 A3 出口，車程步行時間約 20 分鐘 (車資約 220 円)，再經巢鴨地藏通商店街步行約 13 分鐘至都電荒川線庚申塚駅；或從 JR 東京駅搭乘 JR 山手線 (往上野 / 池袋方向內環線 4 號月台) 至 JR 巢鴨駅，車程時間約 20 分鐘 (車資約 180 円)。
- 從 JR 新宿駅可搭乘 JR 山手線 (池袋 / 上野方向外環線 15 號月台) 至 JR 大塚駅，車程時間約 11 分鐘 (車資約 180 円)，再步行至都電荒川線大塚駅前駅即可。

📷 三之輪橋

　　位於東京都荒川區ジョイフル三ノ輪商店街及三之輪橋停留場旁的三之輪橋駅，是屬於東京都交通局都電荒川線的起迄車站，被選為關東百選認定駅之一。三之輪橋駅軌道兩邊有種植玫瑰花，喜歡拍照攝影的朋友，可於每年5月上旬至6月上旬及10月上旬至11月上旬期間拍攝電車與玫瑰的美麗照片。車站面前的三之輪橋回憶館(三ノ輪橋おもいで館)內有販賣都營電鐵的紀念交通票券等相關商品。街道及車站環境非常樸實，充滿昭和年代的復古風格，附近的店鋪包括文具書店、花店、味增、醬菜、蔬果肉品商店、日式點心、懷舊小吃(日式炸物)、南北雜貨、澡堂等。

▲ 三之輪橋駅及電車

📍 東京都荒川區南千住 1-17-7 🚃 搭乘都電荒川線至三之輪橋駅步行約 1 分鐘抵達 🕐 廣場 24 小時 💲 免費 💬 建議待 30 ～ 45 分鐘遊玩

@ 三之輪橋地圖

📷 尾久八幡神社

　　位於東京都荒川區都電荒川線宮之前駅旁的尾久八幡神社創建年代不詳，登錄為東京都荒川區的重要文化財產，據說鎌倉時代末期(西元1312年)為鎌倉鶴岡八幡宮的分祀，神社境內的面積不大，範圍包括鳥居、手水舍、嚴島神社、拜殿、本殿等，御祭神為應神天皇(相殿)、經津主命、伊邪那美命、天照皇大神、天御中主神等，尾久八幡神社的御朱印有兩種版本，御朱印會從早上 10 點開始接受信眾的申請，御朱印一份費用為 300 円。

▲ 尾久八幡神社鳥居

▲ 拜殿外觀

📍 東京都荒川區西尾久 3-7-3 📞 03-3893-1535 🚃 搭乘都電荒川線至宮之前駅步行約 1 分鐘抵達 🕐 廣場 24 小時 💲 免費 💬 建議待 15 ～ 20 分鐘遊玩

@ 尾久八幡神社
地圖

@ 尾久八幡神社

📷 北とぴあ展望台

　　東京北區王子駅交通匯集 JR 電鐵、東京地鐵南北線及都營荒川線，位於北本通り旁的北とぴあ (Hoku Topia Observation Lobby) 大樓 17 樓展望台，大廳有設置三個側面的景觀窗戶，分別為北面、東面及西面，可俯瞰、晴空塔、JR 地鐵電車及新幹線快速行駛的狀況，天氣晴朗及能見度好的時候可遠望筑波山、秩父山、赤城山及富士山的景色。

▲ 北とぴあ展望台

📍 東京都北區王子 1-11-1 展望ロビー (北とぴあ 17 階)　📞 03-5390-1100　🚃 搭乘都電荒川線至王子駅前駅步行約 5 分鐘抵達；搭乘東京地鐵南北線 5 號出口步行約 1 分鐘抵達；搭乘 JR 京濱東北線至 JR 王子駅北口步行約 4 分鐘抵達　🕐 08:30 ～ 22:00，每年 12/29 日至隔年 1/3 休館　💲 免費　💬 建議待 15 ～ 20 分鐘遊玩

@ 北とぴあ
展望台地圖

@ 北とぴあ
展望台

📷 飛鳥山公園

　　位在東京都北區的飛鳥山公園 (あすかやまこうえん)，是東京歷史悠久的賞櫻名所之一，與上野公園及芝公園齊名，每年春季 3 月底至 4 月中旬公園所種植約 600 株的染井吉野櫻花滿滿盛開，同時公園也會舉辦櫻花祭典園遊會及夜間賞櫻活動，因此會吸引許多遊客來此賞花及野餐，人潮絡繹不絕。春天除了櫻花祭之外，5 月分還有繡球花 (紫陽花)，秋季有楓紅和銀杏可欣賞。

　　飛鳥山公園境內占地範圍非常廣闊，當你從 JR 王子駅中央出口處左轉時，可見到飛鳥山單軌小纜車，可從公園入口免費搭乘至公園山頂兩端，除了纜車設施之外，還有兒童遊樂設施、型號 D51853 老舊火車及電車 6080 車廂、紙博物館、北區飛鳥山博物館、澀澤史料館、舊澀澤庭園可以參觀，非常適合親子一起活動的地方。

▲ 公園內花圃

▲ 電車 6080 車廂內

📍 東京都北區王子 1-1-3　📞 03-3916-1133(北區飛鳥山博物館)　🚃 搭乘都電荒川線至王子駅前駅或飛鳥山駅步行約 2 分鐘抵達入口處；搭乘東京地鐵南北線 1 號出口步行約 3 分鐘抵達入口處；搭乘 JR 京濱東北線至 JR 王子駅中央口或南口步行約 1 分鐘抵達入口處　🕐 24 小時　💲 免費，北區飛鳥山博物館開館時間 10:00 ～ 17:00，門票大人 300 円、高齡者 (65 歲以上)150 円、小學生、中學生、高校生 100 円　💬 單軌小纜車不定檢修，建議待 1 ～ 2 小時遊玩

@ 飛鳥山公園
地圖

@ 飛鳥山公園

荒川遊樂園

位於荒川區隅田川旁的荒川遊樂園 (あらかわ遊園) 是小朋友玩樂的天堂,遊樂園內有許多兒童遊樂設施,例如摩天輪、雲霄飛車、咖啡杯、小火車、碰碰車、旋轉木馬等,範圍還包括下町都電ミニ資料館、天鵝池、釣魚露天廣場、いこいの広場 (懷舊都營電車一球さん号 6000 型車輛)、動物廣場、愛麗絲廣場 (水上舞台),動物廣場內有許多可愛小動物,包括貓鼬、小馬、水豚、牛、獼猴、松鼠猴、雄鹿、豪豬、馬拉、尾巴和小鳥,小朋友還可體驗及觸摸小兔子、綿羊,騎小馬等。

🏠 東京都荒川區西尾久 6-35-11 📞 03-3893-6003 🚃 搭乘都電荒川線至荒川遊園地前駅往あらかわ遊園運動場及荒川遊園通り方向步行約 6 分鐘抵達 🕘 09:00 ～ 17:00 💲 門票大人 (高校生以上)800 円、高齡者 (65 歲以上) 及中學生 400 円、小學生 200 円 💬 建議待 3～4 小時遊玩

@ 荒川遊樂園

@ 荒川遊樂園地圖

▼ 摩天輪及雲霄飛車設施

📷 都電記憶廣場

位於都電荒川線荒川車庫前駅旁的都電記憶廣場(都電おもいで広場)，車庫內設置各種舊款型號且已退役的都營電車及列車廂，包括展示車廂為昭和 29 年製造 5500 型 (5501 号車) 及昭和 37 年製造旧 7500 型 (7504 号車)，於每週六、週日及假日的時候，有開放遊客進入車庫及廣場內參觀，喜愛路面電車的鐵道迷們可以來此攝影拍照。車廂內充滿昭和 30 年代復古的回憶，有展示模型、車票、車廂座位、手拉環、駕駛座等設施，還有東京以前昭和時代路面電車的老舊照片，包括行經澀谷、銀座、築地、東京鐵塔等地。

▲ 都電記憶廣場

🏠 東京都荒川區西尾久 8-33-7 📞 03-3893-7451 🚃 搭乘都電荒川線至荒川車庫前駅步行約 1 分鐘抵達 🕐 每週六，週日和假日 10:00 ～ 16:00，每年 12/29 ～隔年新年 1/3 關閉 💲 免費 💬 建議待 20 ～ 30 分鐘遊玩

 @ 都電記憶廣場地圖

 @ 都電記憶廣場

🍴 菓匠明美本鋪

位於梶原銀座商店街上的菓匠明美 (明美日式菓子店) 皆以日式的傳統菓子為主，店鋪內最大的特色就是製作都電荒川線路面電車為主題的菓子糕點及可愛的小紀念周邊商品。除了路面電車的相關商品之外，還有迷你汽車、飛機、車庫等模型菓子，非常適合喜歡甜點及採買土產的朋友們帶回家分享禮物。和菓子商品的食材都是最新鮮的，所以保存賞味期限約 7 天左右，若有機會搭乘都電荒川線旅行的話，記得來此一遊。

▲ 菓匠明美本鋪店鋪外觀

▲ 都電和菓子

🏠 東京都北區堀船 3-30-12 📞 03-3919-2354 🚃 搭乘都電荒川線至梶原駅往梶原銀座商店街步行約 1 分鐘抵達 🕐 10:00 ～ 18:00，週一休館 💲 免費

 @ 菓匠明美本鋪地圖

 @ 菓匠明美本鋪

巢鴨地藏通商店街

位於地鐵巢鴨駅及都電荒川線庚申塚駅之間的巢鴨地藏通商店街全長約 800 公尺，因為早期日本江戶時代曾經是東京最熱鬧的舊中山道商店街，經時空轉換時代的變遷之後被稱為爺爺奶奶的原宿或老人的原宿，來此可以逛到許多屬於年長者、銀髮族的服飾及日用品，除此之外，店鋪包括咖啡廳、和菓子、食堂、超商雜貨、傳統小吃 (蕎麥麵、菠蘿麵包、仙貝、鹹菜、大福)、紅內衣專賣店等。商店街的吉祥動物是巢鴨 (SUGAMON)，據說只要輕輕地摸巢鴨的屁股可以長壽身體健康，穿上紅內衣褲也代表象徵開運及身體健康。巢鴨郵便局門口外的巢鴨郵箱造型很可愛，除了可以與郵箱自拍紀念之外，還可以現場填寫明信片投入郵箱內 (國際郵件) 寄送回家。

▲ 巢鴨郵便局外觀

🏠 東京都豐島區 18 巢鴨 4-22-8 📞 03-3918-2101 🚃 從都營地鐵三田線巢鴨駅 A3 出口步行約 1 分鐘抵達；從 JR 地鐵山手線線巢鴨駅北口往西北方向步行約 2 分鐘抵達；從都電荒川線庚申塚駅下車步行約 1 分鐘抵達 🕐 依店鋪而異，大多商店營業時間為 10:00 ～ 18:00 💰 依店鋪而異 💬 建議待 15 ～ 20 分鐘遊玩

@ 巢鴨地藏通商店街地圖

@ 巢鴨地藏通商店街

🎞 高岩寺

位於豐島區巢鴨地藏通商店街旁的高岩寺擁有歷史文化，寺內拔刺地藏菩薩高約 3.45 公尺，參拜者能祈求保佑長壽、治癒疾病及身體健康，據說寺院外的洗觀音以治癒身體的疾病聞名，每天有許多民眾排隊使用淨身水瓢澆淋觀音像，再使用毛巾擦拭觀音像的部位 (對應身體疼痛部位)，祈求身體病痛的部位能早日好轉。洗觀音隔壁有位老婆婆擺攤販售幸福的糰子，1 枝糰子日幣 100 元，醬汁味道甜甜的，吃起來真的有幸福的感覺。高岩寺每個月 4 日、14 日及 24 日會舉辦活動，隨著巢鴨地藏通商店街的人氣也會變得更熱鬧。

▲ 高岩寺主殿

🏠 東京都豐島區巢鴨 3-35-2 📞 03-3917-8221 🚃 從都營地鐵三田線巢鴨駅 A3 出口步行約 4 分鐘抵達；從 JR 地鐵山手線線巢鴨駅北口往西北方向步行約 5 分鐘抵達；從都電荒川線庚申塚駅下車步行約 10 分鐘抵達 🕐 24 小時 💰 免費，洗觀音毛巾 100 円 💬 建議待 15 ～ 20 分鐘遊玩

@ 高岩寺地圖

@ 高岩寺

📷 鬼子母神堂

　　據說流傳鬼子母是個餓鬼，為了養活 500 個孩子，在人間殺害別人的嬰兒及小孩作為食物，後來佛祖將她的小孩藏起來，希望鬼子母能夠因失去小孩及感同身受的心情而感化了她。之後鬼子母神社成為專門保佑孕婦、嬰兒和小孩的健康平安相當靈驗的神社，神堂範圍包括糖果屋上川口屋、大黑堂、武芳稻荷神社、地藏堂等。除了參拜之外，神社旁還有一株非常大的銀杏樹，樹齡約 700 多年，神社境內 200 多年歷史、現存最古老的菓子屋 (上川口屋)，通常於重要祭典及每月一次的手創市集會開店營業。

▲ 鬼子母神堂外觀

🏠 東京都豐島區雜司が谷 3-15-20 📞 03-3982-8347 🚉 從都電荒川線鬼子母神前駅下車往鬼子母神表參道方向步行約 4 分鐘抵達；從東京地鐵副都心線雜司が谷駅 1 號出口往鬼子母神表參道方向步行約 5 分鐘抵達；從 JR 池袋駅東口往西武百貨店、明治通り、新宿方向步行 16 分鐘抵達；從 JR 目白駅出口目白通り往東 (右側) 方向步行約 15 分鐘抵達 🕘 09:00 ～ 17:00(大黑堂 10:30 ～ 16:30) 💲 免費 💬 建議待 15 ～ 20 分鐘遊玩

@ 鬼子母神堂地圖

@ 鬼子母神堂

📷 早稻田大學

　　位於東京都新宿區的早稻田大學（Waseda University，簡稱早大），是全世界具知名度，以及日本國內首屈一指的私立大學，創校於 1882 年明治維新時期，校園每棟建築保有獨特風格，包括日式大隈庭園（開放時間 4 月～ 9 月 09:00 ～ 17:00；10 月～隔年 3 月 09:00 ～ 16:30），充滿歐洲哥德式建築的大隈紀念講堂，於 2007 年被政府指定為日本重要文化財，建築鐘塔頂端四面皆有時鐘，每日於 08:00、09:00、12:00、16:00、20:00、21:00 等時段會發出鐘響。最吸引許多國內外的遊客前來校園走訪的原因，是每年春天 3 月底至 4 月初的櫻花盛開，秋季 11 月底至 12 月中旬，可欣賞金黃色的銀杏大道，還有學生食堂 (大隈 Garden House/25 號館)，便宜又好吃的餐點包括豬排簡餐、牛丼飯、烏龍麵、咖哩飯、美式漢堡、麵包等應有盡有。

▲ 校園秋季楓紅景象

🏠 東京都新宿區戶塚町 1-104 📞 03-3203-7747 🚉 搭乘都電荒川線早稻田駅步行約 7 分鐘；搭乘東京地鐵東西線早稻田駅步行約 5 分鐘抵達；搭乘東京地鐵副都心線西早稻田駅步行約 15 分鐘 🕘 校園 24 小時 💲 免費，學生食堂每人消費約 800 円起 💬 建議待 50 ～ 60 分鐘遊玩

@ 早稻田大學地圖

@ 早稻田大學

位於神奈川縣的橫濱市是風景相當迷人的港灣城市，距離東京新宿距離約 35 公里，從 JR 新宿駅搭乘 JR 電鐵湘南新宿線車程最快約 30 分鐘即可抵達 JR 橫濱駅，不管從日本哪裡出發前往橫濱旅遊，搭乘的交通工具會以電車為主。橫濱駅匯集 JR 電鐵東海道本線、橫須賀線、湘南新宿線、東北京濱線、根岸線、橫濱線、南武線、成田特快等，以及行經新橫濱駅的 JR 東海道新幹線；私鐵的部分包括、京濱急行電鐵 (京急本線及逗子線)、橫濱市營地下鐵 (藍線及綠線)、東急電鐵 (東橫線、目黑線、田園都市線)、相模鐵道 (相鐵本線、泉野線)、港未來線 (みなとみらい) 等。JR 橫濱駅出口分為中央北札口、中央南札口、北札口及南札口，通道皆都在 B1 樓層，京急線為正面札口，東橫線為南札口，札口外方向又分東口及西口，地鐵札口皆與人行聯絡道相通。橫濱車站附近百貨林立，從西口方向的人行聯絡通道可前往相鐵 JOINUS、高島屋、BicCamera、YODOBASHI 等百貨等，東口方向可前往 YCAT 機場巴士轉運站、LUMINE、SOGO、OIOI 丸井、SKY、Bay Quarter 港灣等百

貨商場，可提供喜愛血拼購物者逛逛流行服飾、化妝品、鞋子、包包、家具用品、家電、雜貨、藥妝、書店音樂、生鮮超市等。從 Bay Quarter 2F 可搭乘 SEA BASS 水上巴士前往港未來、紅磚倉庫、山下公園等地旅遊。

橫濱港是日本最大的國際港口，於 1859 年建造完成 (幕府江戶時代末期)，營運至今已發展成為貿易、商業、貨運及工業的國際大港，橫濱保有許多百年歷史的建築，吸引許多觀光遊客前來悠閒漫步。橫濱鄰近有許多知名的觀光景點包括港未來 21、山下公園、中華街、拉麵博物館、麵包超人博物館等，附近也有設置許多購物商場，喜歡逛街的遊客可以盡情購物血拼，包括橫濱駅百貨商圈、紅磚倉庫、橫濱地標大廈 (橫濱ランドマークタワー) 等。

每年 3 月底至 4 月 8 日期間，橫濱港未來 21 櫻花大道、山下公園、大岡川等地皆為熱門的賞櫻花景點，櫻花主要以染井吉野櫻為主，位於 JR 櫻木町駅附近大岡川兩側種植許多櫻花樹，長約 8.5 公里，每年 4 月櫻花花瓣開始凋謝櫻吹雪時，大岡川河面有如純白色的櫻花大道。

▼ 宇宙世界 COSMOWORLD 摩天輪

横浜駅

横濱BAY QUARTER

横浜家系ラーメン
總本山 吉村家

横濱灣
喜來登大飯店

横濱市區機場巴士轉運站

東横INN横浜駅
西口飯店

横濱麵包超人兒童博物館&購物商場
(横浜アンパンマンこどもミュージアム&モール)

横浜家系ラーメン
山崎家

相鉄本線・相鉄港未來JR(相鉄本線・相鉄港未來JR)

東急東横線

新高島駅

港未來線(横濱駅~元町、中華街駅)

平沼橋駅

JR根岸線

横濱皇后廣場
(Queen's Square Yokohama)
購物中心

横濱洲際渡假飯店

高島町駅

横濱威斯汀酒店

港灣未來
(みなとみらい)駅

横濱灣
東急飯店

戸部駅

京急本線

横濱地標大廈
(横浜ランドマークタワー)

横濱泡麵

横濱皇家
公園酒店

横濱 COSMOWORLD主題樂園

帆船日本丸

運河公園站 (横濱空中纜車)

横濱港博物館

Café & Ro
LA COCO

科萊特馬雷港未來
(Colette Mare Minatomirai)購物中心

櫻木町站
(横濱空中纜車)

營藍桜木町駅

桜木町駅

馬車道駅

横濱櫻木町
華盛頓飯店

横濱櫻木町
東横INN飯店

ホテルルートイン
横浜馬車道

Breeze Bay Hotel
Resort & Spa

Richmond Hotel
Yokohama Bashamichi

Comfort Hotel
Yokohama Kannai

横濱
東横

野毛山動物園

横濱關内MYSTAYS飯店

日ノ出町駅

大岡川

関内駅

横濱棒

横濱地鐵藍線

伊勢佐木長者町駅

黄金町駅

Mystays横浜飯店

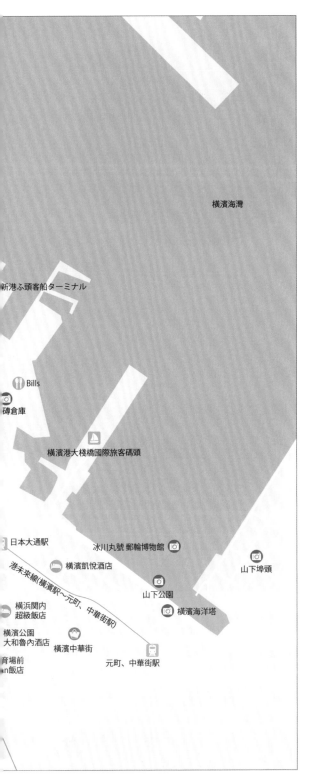

横濱海灣

新港ふ頭客船ターミナル

Bills

磚倉庫

横濱港大棧橋國際旅客碼頭

日本大通駅

港未來線(橫濱駅～元町、中華街駅)

橫濱凱悅酒店

冰川丸號 郵輪博物館

山下埠頭

横浜關內超級飯店

山下公園

橫濱公園大和魯內酒店

橫濱海洋塔

育場前n飯店

橫濱中華街

元町、中華街駅

- 從澀谷駅可搭乘東急東橫線特急列車（往元町、中華街方向）至橫濱駅，車程約25分鐘（車資約310円）。

- 從 JR 新宿駅可搭 JR 湘南新宿線快速列車至橫濱駅，車程約 37 分鐘（車資約 580 円）。若在新宿三丁目駅附近者，建議搭乘東京地鐵副都心線（往元町、中華街方向，東急東橫線直通）至橫濱駅，車程約 42 分鐘（車資約 490 円）。

- 從池袋駅可搭乘東京地鐵副都心線（往元町、中華街方向，東急東橫線直通）至橫濱駅，車程約 48 分鐘（車資 520 円）。

- 從 JR 東京駅可搭 JR 東海道線至 JR 橫濱駅，車程約 26 分鐘（車資約 490 円）。

- 從 JR 品川駅可搭 JR 東海道線至 JR 橫濱駅，車程約 18 分鐘（車資約 310 円），或搭乘京急本線快特列車至橫濱駅，車程約 26 分鐘（車資約 320 円）。

- 從 JR 上野駅可搭乘 JR 上野東京線（往熱海方向）至 JR 橫濱駅，車程時間約 32 分鐘（車資約 580 円）。從 JR 上野駅也可選擇搭乘 JR 京濱東北線（往大船方向）至 JR 橫濱駅，但中途停靠的車站較多，車程時間較長。

- 從淺草駅可搭乘都營地鐵淺草線（特急直通京急本線往京急久里濱或三崎口方向）至橫濱駅，車程時間約 52 分鐘（車資約 630 円）；若搭乘的特急列車是往羽田機場第 1、第 2 航廈方向的話，須在泉岳寺駅或品川駅轉乘京急本線快速特急列車至橫濱駅。都營地鐵淺草駅與京急本線共軌則不須出站，若使用東京地鐵（Tokyo Subway Ticket）券者，出站須前往駅務室補票 320～330 円。

- 從羽田機場第 3 航廈駅可搭乘京急機場線急行列車（京急本線直通）至橫濱駅，車程約 34 分鐘（車資約 370 円）。

- 從成田機場可搭乘 JR NEX 成田特快至橫濱駅約 90 分鐘抵達（車資約 4,370 円）。

🍽 橫濱家系ラーメン

　　起源於 1974 年日本橫濱家系ラーメン約有 50 多個拉麵派系，拉麵的湯頭非常濃郁，口味分別有豚骨、醬油、鹽味可以選擇，店內菜單包括中華拉麵、叉燒拉麵、叉燒魚介沾麵、醬油叉燒拉麵、煎餃、玉子等，拉麵也可選擇辛辣口味，麵的分量分別有一般（普盛）及大碗（大盛），拉麵的特色是使用 Q 彈的直麵，以及令人有飽足感的海苔片及嫩菠菜，假如麵食吃完，還有多餘的湯頭的話，可自行去飯鍋旁添飯配湯享用。

▲ 叉燒拉麵

🔍 神奈川縣橫濱市西區南幸 2-8-10 シャトー橫濱西口ビル 1F（山崎家）📞 045-594-9302 🕐 11:00 ～ 24:00
🚃 從相模鐵道本線、京濱急行本線、東急東橫線、みなとみらい線、JR 橫濱駅みなみ西口步行約 6 分鐘抵達
💲 拉麵 800 円起 🗺 參閱地圖 P.278

@ 橫濱家系拉麵

- -

📷 橫濱港水上巴士 (SEA BASS)

　　Bay Quarter Yokohama 建築外觀是以船舶為主題的購物商場，每個樓層設置許多名產商店、咖啡店及餐廳，天氣好的話還可以選擇露天座位區，一邊享用美食，一邊欣賞橫濱港灣的美景。水上巴士乘船處就位於 Bay Quarter 1 樓，前往水上巴士（シーバス）乘船處的沿路上皆有シーバス (SEA BASS Terminal) 的船型指標，若行經PORTA、SOGO 百貨公司的話，步行聯絡通道橋後的右側下樓梯就可抵達渡船碼頭。水上巴士（シーバス）乘船處除了橫濱駅東口乘船處之外，還可以選擇港未來 21（みなとみらい 21）、紅磚倉庫及山下公園之乘船處搭乘遊船，橫濱駅東口至山下公園乘船處航程約 15 分鐘，假如從橫濱駅東口乘船處出發，中途停靠港未來 21、紅磚倉庫再到山下公園乘船處的話，遊船時間約 35 分

▲ 橫濱水上巴士

鐘。船公司還有推出其他觀光遊船的套裝行程，可以在遊船的甲板上，一邊吹著微風及遠眺橫濱港都的景色，如果時間充裕的話，還可以試著安排慢活遊船之旅哦！

🔍 橫濱市神奈川區金港町 1-10 (Bay Quarter Yokohama) 📞 050-1790-7606 🕐 10:00 ～ 19:00 🚃 從橫濱駅東口前往水上巴士乘船處（のりば），步行約 7 分鐘即可抵達橫濱駅東口乘船處（橫濱ベイクォーター 2 階）。從新高島駅經由港未來大橋步行約 9 分鐘抵達 💲 橫濱駅東口乘船處至山下公園乘船處單程大人 1,000 円、小人 500 円 🗺 參閱地圖 P.278

@ SEA BASS

📷 港未來橫濱紅磚倉庫

　　港未來橫濱紅磚倉庫 (橫濱赤レンガ倉庫 /
よこはまあかレンガそうこ) 早期於明治與大正
時代，是神奈川縣橫濱地區重要的貿易與關稅港
口。在第二次世界大戰之前，倉庫專門保管菸、
洋酒、食物及機器等物資，於第二次世界大戰期
間則保管軍用物資，大戰後被美軍接收成為港灣
司令部，直到 2002 年以紅磚倉庫為中心打造成
具有歷史代表性的觀光景點，將 1 號倉庫館設計
為文化展示設施，包括創作、發表作品、文藝、
戲劇、爵士樂、流行樂等表演活動的場地，2 號
倉庫館為商業設施，包括咖啡廳、冰淇淋店、時
尚服飾、帽子、雜貨、鞋子、餐飲等。倉庫外廣
場會隨季節變化舉辦各式各樣的活動，包括園遊
會、商品拍賣、舞台話劇、演唱會等活動，是民
眾休閒的好去處。

▲ 紅磚倉庫花卉展

🏠 神奈川縣橫濱市中區新港 1-1 📞 045-
211-1515(1 號倉庫)， 045-227-2002(2 號
倉庫) 🕐 1 號館 10:00 ～ 19:00；2 號館
11:00 ～ 20:00，店鋪及餐廳營業時間依店
鋪而異 🚃 搭乘 JR 根岸線或橫濱市營藍線地
鐵至櫻木町駅，經人行空橋聯絡道路步行約
15 分鐘。搭乘港未來線 (みなとみらい線)
馬車道駅 6 號出口或日本大通り駅 1 號出口
(縣廳口) 步行約 8 分鐘 💲 依店鋪而異 💬
適合親子旅遊，建議待 2 ～ 4 小時遊玩 🧭
參閱地圖 P.279

@ 港未來橫
濱紅磚倉庫

🍽 Bills

　　被譽為世界上最好的雞蛋菜餚就在 Bills，包括
招牌炒雞蛋義大利乳清乾酪薄煎餅，還有多樣化口
味的雞蛋烤餅 (吃起來口感像鬆餅) 相當好吃，且
受到當地民眾和遊客的廣泛喜愛，店內菜單種類分
為 4 個時段，分別為早餐 (只提供至 11:00)、午餐
(11:00 開始提供)、晚餐 (17:00 開始提供)、下午茶
及暢飲。Bills 在東京、神奈川、大阪及福岡皆有分
店，若選擇前往 Bills 橫濱紅磚倉庫店吃早餐的話，
通常早上 09:00 左右店內客滿，想用餐的話需要花
些時間排隊。

▲ 辣椒炒蛋培根烤三明治

🏠 神奈川縣橫濱市中區新港 1-1-2 (橫濱紅磚倉庫 2 號館 1F) 📞 045-650-1266 🕐 平日 09:00 ～ 22:00；假日
08:00~23:00(最後點餐時間 22:00，最後點飲料時間 22:30) 🚃 搭乘 JR 根岸線或橫濱市營藍線地鐵至櫻木町駅，經
人行空橋聯絡道路步行約 15 分鐘。搭乘港未來線 (みなとみらい線) 馬車道駅 6 號出口或日本大通り駅 1 號出口 (縣
廳口) 步行約 8 分鐘 💲 每人消費平均 1,800 円～ 2,500 円 🧭 參閱地圖 P.279

@ Bills

🍽️ Café & Rotisserie LA COCORICO

以烤雞肉、帕爾瑪火腿、手工製作義大利麵、串烤、披薩、精釀啤酒等主題的創意料理，Café & Rotisserie LA COCORICO 餐廳廚師精心挑選的葡萄酒及各種時令的食材，深受民眾喜愛。午餐提供的義大利套餐包括開胃菜，主餐還可選擇烤雞肉或烤豬肉套餐，附餐的部分包括開胃菜及抓飯，沙拉套餐包括開胃菜、沙拉及麵包。

▶ 生菜沙拉

◀ 明太子義大利麵

▶ 當季水果甜點

🏠 神奈川縣橫濱市中區新港 1-1-2 (橫濱紅磚倉庫 2 號館 1F) 📞 045-225-8251 🕐 午餐 11:00 ～ 15:00；咖啡廳 14:00 ～ 17:00；晚餐 17:00 ～ 23:00(最後點餐時間 22:00，最後點飲料時間 22:30) 🚉 搭乘 JR 根岸線或橫濱市營藍線地鐵至櫻木町駅，經人行空橋聯絡道路步行約 15 分鐘。搭乘港未來線 (みなとみらい線) 馬車道駅 6 號出口或日本大通り駅 1 號出口 (縣廳口) 步行約 8 分鐘 💲 每人消費平均 1,800 円～ 2,500 円 🗺️ 參閱地圖 P.279

@ LA COCORICO

📷 橫濱地標大廈

港未來的橫濱地標大廈 LandMark Tower (橫濱ランドマークタワー) 位於橫濱市西區，大廈高約 296 公尺，共 73 層樓，大樓的 49 樓以下作為辦公與零售用途，49 至 70 樓為旅館，展望觀景台設置在 69 樓 (高約 273 公尺)，觀景台處可環狀眺望附近商業辦公大樓、酒店、會議中心、Queen's Square 購物中心、Cosmo World 遊樂園、宇宙世界 COSMOWORLD (コスモワールド) 摩天輪、帆船大樓、櫻花通 (さくら通り)、橫濱皇后廣場 (クイーンズスクエア)、橫濱跨海大橋、日本丸 (日本丸紀念公園) 等知名建築及娛樂場所。建議傍晚的時候前來觀景台，可看見白天、黃昏夕陽及入夜的港灣美景。

▲ 橫濱地標大廈外觀

🏠 神奈川縣橫濱市西區みなとみらい 2-2-1 📞 045-2225-015 🕐 10:00 ～ 21:00(最後入場時間 20:30)，每週六、國定假日前一晚及其他特定日期，將延長營業時間 10:00 ～ 22:00(最後入場時間 21:30) 🚉 從橫濱駅可搭乘港未來線至港未來駅 5 號出口，步行約 4 分鐘抵達；搭乘 JR 岸根線或橫濱市營地鐵至櫻木町駅，步行約 6 分鐘抵達 💲 大人 1,000 円、老年人 (65 歲以上)、高校生 800 円、中小學生 500 円、4 歲以上 200 円 🗺️ 參閱地圖 P.278

@ 橫濱地標大廈

📷 日本丸紀念公園

公園占地約 50,500 平方公尺，範圍呈扇形斜坡的綠地公園 (包括帆船日本丸及橫濱港博物館)，為廣大民眾及遊客喜愛的休憩活動場所之一。橫濱著名大帆船日本丸 (Memorial Park) 曾被稱為太平洋白鳥，從 1985 年退役後停泊在橫濱港內，石造船塢內公開展出，讓遊客可以登船參觀帆船，船內可見到昔日的駕駛室、舵輪、船艙寢室、船長室、機關室、實習生室等。橫濱港博物館是以展示海港及船為主題，介紹 19 世紀時代橫濱港建港至今的發展歷史，以及海港與航海技術相關的最新研究等各種資訊。

▲ 大帆船日本丸外觀

▲ 日本丸紀念公園廣場

🏠 橫濱市西區港未來 2-1-1 📞 045-221-0280 🕐 自由參觀遊覽，帆船日本丸及橫濱港博物館營業時間為 10:00 ～ 17:00，最後進場時間 16:30，週一休館，若遇國定假日延至週二休館、年底 12/29 ～ 12/31 休館、官網公告休館 🚃 從 JR 根岸線櫻木町站步行 5 分鐘、從橫濱駅搭乘港未來（Minatomirai）線之港未來駅 5 號出口 (近 Queen's Square Yokohama 購物中心)，步行約 5 分鐘 💲 帆船日本丸，橫濱港博物館的共同通成人 800 円、65 歲以上 600 円、中小學生日幣 300 円 💬 適合親子旅遊，建議待 1 ～ 2 小時遊玩 🗺 參閱地圖 P.278

@ 日本丸
紀念公園

📷 山下公園

面對橫濱港灣的山下公園是橫濱最著名填海造陸而成的臨海公園，山下公園沿著海岸約 1 公里長，範圍包含和平紀念碑、紅鞋女孩雕像、日美友好女童軍銅像、Artemio Ricarte 將軍紀念碑、石階舞台、花卉紀念園區、觀光船 SEA BASS 渡船碼頭、世界廣場等。公園的碼頭旁邊停靠著一艘高級豪華的客輪，曾經被日本稱為太平洋女王的日本郵船冰川丸。夜晚的山下公園可遠望各式五彩繽紛的建築燈光，包括橫濱地標塔、橫濱皇后廣場（クイーンズスクエア）、宇宙世界 COSMOWORLD

（コスモワールド）的摩天倫、橫濱跨海大橋、日本郵船冰川丸等夜景，美不勝收。

花卉與噴水池

📍 神奈川縣橫濱市中區山下町 279 📞 045-623-7812 🕐 24 小時 🚃 搭乘港未來線至元町、中華街駅 1 號或 4 號出口，步行約 3 分鐘抵達；搭乘 JR 根岸線至石川町駅或關內駅，步行約 15 分鐘抵達；從 JR 線橫濱駅東口搭乘水上巴士 (Sea Bass) 至山下公園渡船口處，下船後抵達 💬 適合親子旅遊，建議待 1 ～ 2 小時遊玩 💲 免費 🗺 參閱地圖 P.279

@山下公園

📷 冰川丸

日本郵船冰川丸建造（三菱重工株式會社）於 1930 年，當時是一艘設備先進的客貨船，曾長期服務日本至北美（包括西雅圖）之間往來的航線。冰川丸是屬 12,000 噸級別的遠洋貨客船，在第二次世界大戰時被徵用為海軍特種醫療船，大戰結束後的 1953 年才再度復航，冰川丸在太平洋上活動約 254 次，載客量超過約 25,000 人次，直到 1960 年退役後，於 1961 年停泊並保存在山下公園前。

從 2008 年重新整建及開放日本郵船冰川丸，一年四季提供民眾及遊客參觀，因當時郵船被高度評價為具有重要價值的工業遺產，可傳達造船技術和客船內部，並於 2016 年被指定為重要文化財產。在郵輪室內有設置郵輪區，可參觀客船房間，乘務員區是介紹船員的工作場所，展示區則展示有關冰川丸號的輝煌歷史，除此之外，還可

參觀駕駛艙（船舶的總控制室）、操舵控制裝置、船長室、頭等艙吸菸室、頭等艙豪華客房、頭等艙社交活動室、入口大廳、頭等艙兒童活動室、頭等艙餐廳、機房及三等艙客房等。在郵船戶外甲板上，遊客可欣賞橫濱港美景。

▲ 冰川丸外觀

📍 神奈川縣橫濱市中區山下町山下公園地先（日本郵船冰川丸）📞 045-641-4362 🕐 10:00 ～ 17:00(最後入場時間 16:30) 🚃 搭乘港未來線至元町、中華街駅 1 號或 4 號出口，步行約 5 分鐘抵達；搭乘 JR 根岸線至石川町駅或關內駅，步行約 15 分鐘抵達；從 JR 線橫濱駅東口搭乘水上巴士 (SEA BASS) 至山下公園渡船口處，下船再步行約 1 分鐘抵達 💲 成人 300 円、老年人 (65 歲以上)200 円、高中及中小學生 100 円，當天若參觀日本郵船歷史博物館套票，成人 500 円、老年人 (65 歲以上) 、高中及中小學生 300 円 💬 適合親子旅遊，建議待 40 ～ 60 分鐘遊玩 🗺 參閱地圖 P.279

@冰川丸

元町中華街

已有百年歷史的橫濱元町中華街，街道兩旁的建築具有濃厚的中華文化及風格，目前是日本規模範圍最大及最繁華的唐人街，商店和餐廳約 600 間以上，知名的餐廳包括鵬天閣、萬珍樓、聘珍樓、金龍飯店、橫濱飯店、謝甜記、廣東飯店、永華樓、蓬萊閣、翠香園等，中華料理美食的部分包括廣東料理、四川料理、北京及上海料理等，人氣美食的部分包括小籠包、煎餃、叉燒包、烤鴨、廣東粥、珍珠奶茶等，除此之外，還可購買到許多糕點名產。

保有歷史悠久及傳統中華文化的橫濱中華街，是根據陰陽五行等元素所設計建設而成，門牌樓分別是朝陽門（東為青龍神）、朱雀門（南南為朱雀神）、延平門（西為白虎神）及玄部門（北

▲ 中華街入口處

為玄武神）等元素，中華街的範圍還包括關帝廟、橫濱媽祖廟、中華會館、中華學院、戲院、橫濱趣味水族館等，位於關帝廟大道上有天長門、地久門，從善鄰門前往 JR 石川町駅北口還有西陽門。元町中華街與關西神戶南京町、九州長崎新地中華街並稱為日本三大中華街。

@ 元町中華街

🔍 神奈川縣橫濱市中區山下町 📞依店鋪而異 🕐依店鋪而異 🚃搭乘港未來線至元町中華街駅 1 號、2 號出口，步行約 1 分鐘抵達朝陽門；搭乘 JR 岸根線至 JR 石川町駅（北口）步行約 7 分鐘至中華街善鄰門 💲 依店鋪而異 💬 適合親子旅遊，建議待 2 ～ 3 小時遊玩 🗺 參閱地圖 P.279

📷 橫濱海洋塔

位於日本神奈川縣橫濱市中區山下町橫濱港的橫濱海洋塔（橫濱マリンタワー），鄰近山下公園及元町中華街，也是象徵橫濱港紀念性建築的地標之一，橫濱海洋塔於 2010 年被選為戀人的聖地。海洋塔的外觀設計為十角形，塔高約 106 公尺，重量約 12,000 噸，29 層及 30 層為景觀展望台，可眺望及欣賞橫濱港的景色，包括港未來 21 地區和橫濱海灣大橋、山下公園等景觀。

🔍 神奈川縣橫濱市中區山下町 15 號 📞 045-664-1100 🕐 10:00 ～ 22:00(最後入場時間 21:30) 🚃 搭乘港未來線至 4 號出口，步行約 1 分鐘抵達；搭乘 JR 根岸線至石川町駅或關內駅，步行 15 分鐘抵達；從 JR 線橫濱駅東口搭乘水上巴士 (SEA BASS) 至山下公園渡船口處，下船再步行約 3 分鐘抵達 💲 10:00 ～ 18:00 一般（高校生以上）平日 1,000 円、小學生・中學生 500 円，假日一般（高校生以上）1,200 円、小學生・中學生 600 円；18:00 ～ 22:00 一般（高校生以上）平日 1,200 円、小學生・中學生 700 円，假日一般（高校生以上）1,400 円、小學生・中學生 800 円 💬 適合親子旅遊，建議待 40 分鐘遊玩 🗺 參閱地圖 P.279

@ 橫濱海洋塔

▼ 港灣美景

📷 麵包超人兒童博物館

橫濱麵包超人兒童博物館 (あんぱんマンミュージアム) 於 2019 年 7 月搬遷重新開幕，博物館內規畫及布置為 3 層樓，分別為 1 樓的紀念品商店及美食廣場餐廳、2 樓範圍包括博物館入口與博物館商店，以及 3 樓的博物館遊樂區、麵包 DIY 製作教室。麵包超人與他的夥伴們會出來巡邏與遊客小朋友一起互動玩耍，以及拍照留念。WAIWAI PARK 是表演活動的舞台，依時間的公告可見到麵包超人帶動大家一起唱歌及跳舞，紀念商品店有販售以麵包超人和他的夥伴們為主題的限定周邊商品，餐廳內的菜單料理充滿麵包超人造型的元素。美食區包括麵包超人餐廳、漢堡店、爆米花店、冰淇淋店等，果醬叔叔的麵包工廠可選購許多可愛造型的麵包，包括麵包超人、吐司超人、咖哩超人、蜜瓜超人、螺旋麵包超人、奶油麵包小弟、細菌人、紅精靈、藍精靈等。

▲ 麵包超人博物館外觀

🏠 神奈川縣橫濱市西區みなとみらい 6-2-9 📞 045-227-8855 🕐 博物館 10:00 ～ 17:00(最後入館時間為 16:00)，餐廳與商店營業 10:00 ～ 18:00，休館日為元旦及設施維護日 🚇 搭乘港未來線至新高島駅 4 號出口步行約 3 分鐘抵達；搭乘 JR 橫濱駅東口步行約 13 分鐘抵達 💲 博物館門票 2,200 ～ 2,600 円 (未滿 1 歲免費)，餐廳與商店入場免費 💬 適合親子旅遊，建議待 3 ～ 4 小時遊玩 📍 參閱地圖 P.278

@ 麵包超人
兒童博物館

🗺 新橫濱

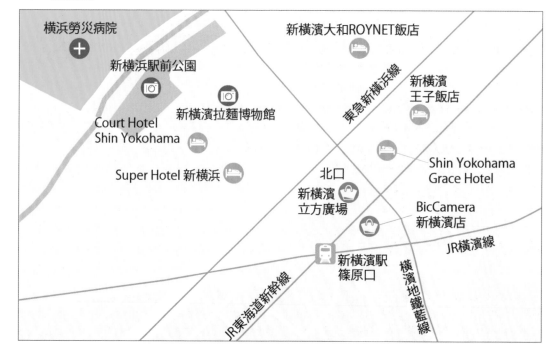

新橫濱拉麵博物館

　　創建於 1994 年 (平成 6 年) 新橫濱拉麵 (ラーメン) 博物館以料理拉麵為主題的美食園區。新橫濱拉麵博物館共有三層樓，1 樓、B1 及 B2，樓層 B2 以昭和 33 年的懷舊街道的場景為主題。館內有歷史記載，日本於 1859 年逐漸開始開放城市港口貿易，華人也開設許多中華料理店，其中麵條料理的飲食文化傳入日本，最後研發成日本的拉麵文化，光是在日本國內各地至少有 30 種以上的拉麵，館內有全日本票選前 10 名最美味好吃的拉麵，包括利尻昆布拉麵、濃白雞湯拉麵、沖繩琉球通堂新麵、九州熊本豬骨拉麵、阿八豚骨拉麵、辣味噌拉麵、鮪骨拉麵、蒜味叉燒拉麵等。博物館內除了拉麵店鋪之外，還有展示拉麵相關

資料中心、販售土產店等。新橫濱駅前公園距離博物館約 1000 公尺，每年 4 月初至 4 月中旬櫻花盛開，有空之餘可規畫前往賞花。

▲ 展示全日本票選前十名最美味好吃的拉麵

▲ 新橫濱駅前公園櫻花盛開

▲ 巷弄內的拉麵店景

▲ 昭和年代懷舊街道的全景

🏠 神奈川縣橫濱市港北區新橫濱 2-14-21 📞 045-471-0503 ⏰ 11:00 ～ 21:00，假日 10:30 ～ 21:00 拉麵店的最終點餐時間為閉館 30 分鐘之前，休館日為年底及元旦新年假期 🚇 從新橫濱駅搭乘橫濱市營地鐵 (營藍線) 至新橫濱駅，再從 8 號出口步行約 2 分鐘 (車資約 250 円) 抵達 💲 大人 450 円、小・中・高校生 100 円、老人 (60 歲以上)100 円、幼兒 (未滿 6 歲) 免費，拉麵費用平均 650 円～ 1,300 円 💬 適合親子旅遊，建議待 2 小時遊玩 🗺 參閱地圖 P.286

@ 新橫濱
拉麵博物館

愛　　生　　活　　　　0　　7　　6

東京自由行終極指南

國家圖書館出版品預行編目 (CIP) 資料

東京自由行終極指南/King Chen著. -- 初版. -- 臺北
市：健行文化出版事業有限公司出版：九歌出版社有限
公司發行, 2024.04
　面；　公分. -- (愛生活；76)
　ISBN 978-626-7207-62-8 (平裝)

　1.CST: 自助旅行　2.CST: 日本東京都

731.72609　　　　　　　　　　　　　　　　113002757

作　　者 —— King Chen
攝　　影 —— King Chen
責任編輯 —— 張晶惠
發 行 人 —— 蔡澤蘋
出　　版 —— 健行文化出版事業有限公司
　　　　　　台北市 105 八德路 3 段 12 巷 57 弄 40 號
　　　　　　電話／02-25776564 • 傳真／02-25789205
　　　　　　郵政劃撥／0112263-4

九歌文學網　www.chiuko.com.tw

印　　刷 —— 晨捷印製股份有限公司
法律顧問 —— 龍躍天律師 • 蕭雄淋律師 • 董安丹律師
發　　行 —— 九歌出版社有限公司
　　　　　　台北市 105 八德路 3 段 12 巷 57 弄 40 號
　　　　　　電話／02-25776564 • 傳真／02-25789205

初　　版 —— 2024年4月
定　　價 —— 450 元
書　　號 —— 0207076
I S B N —— 978-626-7207-62-8
　　　　　　9786267207635 (PDF)
　　　　　　9786267207642 (EPUB)